Reinhard Wolters

# DIE SCHLACHT IM TEUTOBURGER WALD

Reinhard Wolters

# DIE SCHLACHT IM TEUTOBURGER WALD

*Arminius, Varus und das römische Germanien*

Verlag C. H. Beck

Mit 19 Abbildungen, 2 Stammbäumen und 9 Karten

Die erste Auflage dieses Buches erschien 2008.

2., durchgesehene Auflage. 2009


Satz: Kösel, Krugzell
Druck und Bindung: CPI – Ebner & Spiegel, Ulm
Gedruckt auf säurefreiem, alterungsbeständigem Papier
(hergestellt aus chlorfrei gebleichtem Zellstoff)
Printed in Germany
ISBN 978 3 406 57674 4

*www.beck.de*

# Inhalt

# Vorwort

Seit der frühen Neuzeit haben sich Gebildete, späterhin professionelle Historiker und schließlich Archäologen um ein Verständnis der «Schlacht im Teutoburger Wald» bemüht. In diesen Jahrhunderten wurde das Ereignis zugleich regelmäßig Gegenstand künstlerischer Bearbeitungen – als Drama, Roman oder Gedicht, als Oper, Gemälde oder Denkmal. Nicht zuletzt haben zahlreiche Laienforscher immer wieder mit großem Engagement ihre Ansichten und Thesen zur «Schlacht im Teutoburger Wald» vorgestellt. Eine Folge dieser zahlreichen und unterschiedlichen Annäherungen an das Thema ist, dass rekonstruierte Geschichte, Fiktionalität und interessengebundene Darstellungen vielfach ineinander fließen. Nicht nur für unbefangene Leser bleibt eine angemessene Einschätzung der oft völlig gegensätzlichen Auffassungen zu Arminius oder Varus, zur römischen Herrschaft in Germanien oder zu dem Untergang des Varusheeres schwierig.

Vor diesem Hintergrund ist es das Ziel des vorliegenden Bandes, eine zeitgemäße, ebenso kritische wie transparente Orientierung über den aktuellen Stand unseres Wissens zur «Schlacht im Teutoburger Wald» zu bieten – zu ihrer Vorgeschichte, ihrem Verlauf, aber auch den Folgen, die diese schwere römische Niederlage gegen die Germanen nach sich zog. Zugleich soll deutlich werden, worauf sich dieses Wissen gründet und wie fundiert es im Einzelnen tatsächlich ist. Den Ausgangspunkt der Darstellung bilden die archäologischen und literarischen Quellen. Die Differenzen zwischen den nicht selten voneinander abweichenden Überlieferungssträngen sollen aufgezeigt, die Bedingungen ihres Zusammenwirkens erhellt und darauf aufbauend auch weiterführende Perspektiven entwickelt werden. Bei der Auseinandersetzung mit den oft kontroversen Positionen der Forschung habe ich mich bemüht, die wichtigsten Interpretationen vor Abgabe eines eigenen Urteils vorzustellen. Doch auch die spezifischen Entstehungsbedingungen der verschiedenen Auffassungen sollen im Rahmen der Wirkungsgeschichte verdeutlicht werden.

Mein Dank gilt allen Kolleginnen und Kollegen und nicht zuletzt den Studierenden, mit denen ich während der zurückliegenden Jahre in mehreren

Lehrveranstaltungen die verschiedenen Aspekte des Themas überaus gewinnbringend erörtern konnte. Die Leiter der im Folgenden vorgestellten archäologischen Grabungsplätze haben mich in großzügiger Weise regelmäßig über aktuelle Funde informiert und die Befunde mit mir diskutiert. Die Gerda Henkel Stiftung hat die Recherchen zu diesem Buch in dankenswerter Weise gefördert, und Martin Ziegert hat die sich daraus ergebenden Aufgaben mit Engagement und Umsicht wahrgenommen. Kathrin Johrden hat zahlreiche Anregungen gegeben und bei den Korrekturarbeiten geholfen. Schließlich danke ich Dr. Stefan von der Lahr, der als Lektor des Verlags C. H. Beck dieses Buchprojekt angeregt und seine Entstehung mit großem Einsatz begleitet hat.

*Tübingen, Mai 2008* *Reinhard Wolters*

# Einleitung: Verschiedene Wirklichkeiten – Bilder von der «Varusschlacht»

Im Jahr 2009 jährt sich zum 2000sten Mal die schwere Niederlage, welche die Römer im Herbst 9 n. Chr. unter ihrem Feldherrn Publius Quinctilius Varus gegen germanische Gruppen, angeführt von dem Cherusker Arminius, erlitten haben. Dabei wurden drei römische Legionen sowie weitere Verbände und ein nicht zu beziffernder Tross – alles in allem mehr als 18 000 Mann – vollständig vernichtet. Sind solche Jahrestage ohnehin geeignet, öffentliches Interesse auf historische Ereignisse zu lenken, so erfreut sich die «Schlacht im Teutoburger Wald» auch davon unabhängig bereits seit einiger Zeit großer Aufmerksamkeit. Ausgelöst wurde dies vor allem durch die Entdeckung des mutmaßlichen Ortes jenes dramatischen Geschehens bei Kalkriese nördlich von Osnabrück: Nach Jahrhunderten der Suche scheint durch eine glückliche Fügung der Originalschauplatz gerade rechtzeitig zum Bimillennium gefunden worden zu sein. Doch auch darüber hinaus hat die Archäologie innerhalb der beiden letzten Jahrzehnte in einer geradezu sensationellen Serie spektakulärer Neuentdeckungen gleich mehrere römische Militärplätze rechts des Rheins identifizieren können; unser Wissen über jene Jahre, in denen die römischen Truppen Germanien durchzogen, hat dadurch eine weitgehend neue Grundlage erhalten.

Das lebhafte Interesse an allem, was mit der «Schlacht im Teutoburger Wald» zusammenhängt, resultiert vor allem aus der besonderen historischen Bedeutung, die diesem Ereignis im Allgemeinen zugemessen wird. Als «Wendepunkt der Weltgeschichte» bezeichnete Theodor Mommsen, einer der herausragenden Historiker des 19. Jahrhunderts, die «Varusschlacht».[1] Inhaltlich war das Urteil Mommsens freilich nicht neu, vielmehr steht die Autorität des Wissenschaftlers am Ende all jener Einschätzungen, durch die seit dem 15. Jahrhundert dem erfolgreichen Kampf des Cheruskers gegen die römischen Legionen gehuldigt wurde; insbesondere in Literatur und Künsten hatte dieser Lobpreis seinen vielfach prägenden und nachwirkenden Ausdruck gefunden. Noch heute dient Mommsens Diktum als gern zitierte

Gewissheit: «Diese Schlacht änderte den Verlauf der Weltgeschichte», führt beispielsweise der amerikanische Archäologe Peter S. Wells seinen Gegenstand in einer jüngst erschienenen Monographie ein.[2] Auch jene, die sich der unbekümmerten eurozentristischen Perspektive von Mommsens 19. Jahrhundert bewusst sind, sprechen immerhin noch von einem «Wendepunkt der europäischen Geschichte».[3]

Mommsen nahm für sein Urteil die Perspektive des *Imperium Romanum* ein und sah die Varuskatastrophe als denjenigen Moment, «der in der äußeren Politik Roms nach der Fluthöhe den Beginn der Ebbe markiert.»[4] Die jahrhundertlange kontinuierliche Expansion des Römischen Reiches, von der kleinen Stadt am Tiber zum Herrscher über fast die gesamte antike Welt, fand am Rhein ihre Grenzen. In dem Gegensatz von romanischen und germanischen Sprachen, aber auch in zahlreichen anderen kulturellen Unterschieden lassen sich das Vordringen der römischen Zivilisation in die Gebiete links des Rheins und die ausgebliebene Romanisierung in den Regionen rechts von ihm noch heute wiederfinden.

Mit noch größerer Gewissheit wird die Einschätzung der «Schlacht im Teutoburger Wald» als epochales Ereignis im Allgemeinen aus einer germanischen Perspektive abgeleitet, welche von Mommsen gleichfalls bereits berücksichtigt wurde: Demnach seien die bis dahin im schrift- und überlieferungslosen Dasein verharrenden Germanen mit dem Sieg über die Römer in das helle Licht der Geschichte eingetreten. «Die deutsche Geschichte beginnt mit der Schlacht im Teutoburger Wald. Der Cherusker Arminius ist der erste Nationalheld unseres Volkes», urteilte – als einer von vielen – der Althistoriker Ernst Kornemann.[5] Und Friedrich Koepp konstatierte: «Glorreicher hat sich kein anderes Volk in die Geschichte eingeführt als unsere Vorfahren durch diesen Sieg über die Herren der Welt.»[6] Auch heute noch bedient sich – in eher irritierender Weise – das Deutsche Historische Museum in Berlin dieser weit verbreiteten Vorstellung und setzt die «Schlacht im Teutoburger Wald» an den Anfang seiner Dauerausstellung: Als eine Art «Urknall» wird das Ereignis zum Beginn deutscher Geschichte. Die Ausstellung ist so geeignet, die Auffassung zu stärken, dass von diesem Moment eine deutsche Identitätsfindung ihren Ausgang genommen habe und in nur wenig gebrochener Kontinuität fortdauere.[7]

Freilich gab es auch immer Kritiker, die auf Distanz zu national-anachronistischen Vereinnahmungen des Arminius gingen und jene Patrioten verspotteten, denen bereits «bei dem Namen der Varusschlacht die Brust schwellen mag».[8] Heinrich Heine beschwor vor den Augen seiner Leser den Morast des Teutoburger Walds herauf und entwarf mit der Formulierung «Die Deutsche Nation, sie siegte in diesem Drecke» das Bild einer schlammgeborenen Nation. Knapp ein Jahrhundert später lästerte Werner Hegemann in ketzerischer Perspektivenumkehr: «Des Arminius anfänglicher Sieg im Verzweiflungskampf gegen Rom hatte zum Verzweifeln böse Folgen für Deutschland östlich und nördlich des römischen Grenzwalls: Die Römer überließen künftig die Germanen östlich des Rheins ihrer Barbarei.»[9]

Aussagen dieser Art wirken – auch wenn sie verfremden – nicht nur als ordnende oder um Erkenntnis bemühte historische Urteile, sondern sie waren vielfach mit sehr persönlichen Erfahrungen verbunden, aus denen sich die innere Anteilnahme der Autoren erklärt: Das Thema «Was bedeutet uns Heutigen Hermann der Deutsche?» wird in Lion Feuchtwangers Roman «Die Geschwister Oppermann» dem Schüler Berthold von seinem neuen Lehrer Dr. Vogelsang als Hausaufgabe gestellt. Der Schüler legt sein Referat dialektisch an und sammelt für dessen erste Hälfte Argumente, weshalb von dem Cherusker eher keine historische Wirkung ausging. Aus der zeitgenössischen römischen Perspektive schildert er die Aussichtslosigkeit des Aufstands gegen eine glänzend organisierte Übermacht: Für die Römer sei das alles nicht mehr als eine Niederlage in einem Kolonialkrieg gewesen, mit der sie rasch fertig geworden seien, denn schon zwei Jahre später hätten die Römer wieder über dem Rhein gestanden. Die Vernichtung der Legionen des Varus sei mithin nutzlos gewesen und für die Deutschen ohne jede Folgen: «Keine Frage, Luthers Bibelübersetzung, Gutenbergs Erfindungen waren für Deutschland und sein Ansehen in der Welt bedeutsamer als die Schlacht im Teutoburger Wald. Die Tat des Arminius, das müssen wir zugeben, blieb praktisch ohne Bedeutung.» Die zweite Hälfte von Berthold Oppermanns Vortrag sah Gegenargumente vor, die Widerlegung dieser Einwände und eine Würdigung des Cheruskers: Bedeutend sei auch der politisch ergebnislose Widerstand für die Identitätsfindung der damaligen Germanen gewesen, und das Wagnis allein biete bereits eine ausreichende Grundlage für jene Bewunderung, welche die Deutschen der Gegenwart für die Tat des Arminius empfinden müssten. Doch Lehrer Vogelsang hält schon das Anhören der einschränkenden Argumente nicht aus und unterbricht den Schüler scharf und laut: «Nein, nicht zugegeben. Ich gebe das nicht zu. Niemand hier gibt das zu. Ich dulde das nicht. Ich höre das nicht länger mit an. (…) Hier, vor deutschen Menschen (...) wagen sie es, die ungeheure Tat, die am Beginn der deutschen Geschichte steht, als nutzlos, als sinnlos zu bezeichnen?» In harschem Ton fordert er den Schüler auf: «Wenn Ihnen schon selber jeder Funke deutschen Gefühls abgeht, dann verschonen Sie doch wenigstens uns vaterländisch Fühlende mit Ihren Kotwürfen.»[10]

Die Beispiele der hier im Roman zugespitzten, schwierigen Annäherung an die Beurteilung des vergangenen Geschehens ließen sich beliebig vermehren. In jedem Fall aber wird deutlich, wie stark die Anteilnahme mit der jeweiligen Gegenwart verbunden ist, und viele der Urteile ordnen sich in der Zeit: Mommsen hielt seine Rede über «Die germanische Politik des Augustus» im März 1871, zwei Monate nach der Reichsgründung und der Proklamation Wilhelms I. zum Deutschen Kaiser; Lion Feuchtwanger zeigte sich bereits 1933 als scharfsichtiger Beobachter eines verblendeten und die Augen vor anderen Perspektiven bewusst verschließenden Nationalstolzes: Der sich an der Haltung zum Cherusker Arminius entzündende Konflikt mit dem national gesinnten Lehrer treibt in Feuchtwangers Roman den jüdischen Schüler Oppermann schließlich in den Freitod. – Auch in anderen Ländern fehlte es nicht an entschiedenen Urteilen zur historischen Bedeutung der «Schlacht im Teutoburger Wald» oder an positiven Würdigungen des Arminius;[11] empfundene Identität und konstruierte Kontinuität machten entsprechende Annäherungen aber gerade in Deutschland immer besonders kontrovers.

Selbst wenn man nur versucht, sich Klarheit über den reinen Ereignisverlauf der «Schlacht im Teutoburger Wald» zu verschaffen, gilt es gleichsam, einen Nebel aus ganz unterschiedlichen, oft ästhetisierenden Vorstellungen zu durchdringen: Gewissermaßen die oberste Schicht dieses Nebels wird beherrscht von Bildern des Waldes, der Dunkelheit, der Nässe und des Lastenden – ein Assoziationsrahmen, wie er in der Eingangsszene im Film «Gladiator» für Kämpfe in Nordeuropa aufgegriffen und ausgemalt wird, ebenso in dem von Claus Peymann inszenierten Untergang des Varusheeres – als grandiose Rutschpartie auf morastigem Boden und in strömendem Regen samt krachendem Gedonner – in seiner Bochumer Aufführung der Kleistschen Hermannsschlacht, darüber hinaus in den teils düsteren Ausstellungsgängen des Museums von Kalkriese, aber auch in Anselm Kiefers mächtigem Waldgemälde «Varus» von 1976. Auch der Wald erscheint als ein Träger von Bedeutung – und eignet sich zur Herstellung von Kontinuität. Bei seinem Kuraufenthalt 1801 in Bad Pyrmont notierte Goethe: «Nun aber kann man (...) in dieser Gegend nicht verweilen, ohne auf jene Urgeschichten hingewiesen zu werden, von denen uns römische Schriftsteller so ehrenvolle Nachrichten überliefern. Hier ist noch die Umwallung eines Berges sichtbar, dort eine Reihe von Hügeln und Tälern, wo gewisse Heereszüge und Schlachten sich hatten ereignen können (...), und man mag sich wehren und wenden wie man will, man mag noch so viel Abneigung beweisen vor solchen aus dem Ungewissen in Ungewissere verleitenden Bemühungen, man findet sich wie in einem magischen Kreis befangen, man identifiziert das Vergangene mit der Gegenwart (...) und fühlt sich zuletzt in dem behaglichsten Zustande, weil man für einen Augenblick wähnt, man habe sich das Unfasslichste zur unmittelbaren Anschauung gebracht.»

Ganz unterschiedliche Vorstellungen rufen bereits die verschiedenen Benennungen des Ereignisses wach, das nicht nur als «Schlacht im Teutoburger Wald», sondern auch als «Arminiusschlacht», «Hermannsschlacht» oder «Varusschlacht» angesprochen wird: Der Sieger selbst erscheint mit dem in den Quellen bezeugten «Arminius» sowie der ab dem frühen 16. Jahrhundert aufgekommenen Eindeutschung «Hermann» gleich in zwei verschiedenen Namensformen. Noch bemerkenswerter ist allerdings die Bezeichnung des Geschehens aus wechselnder Perspektive – mal nach dem Sieger, mal nach dem Verlierer. Gegenüber der in den literarischen Bearbeitungen des 16. bis 19. Jahrhunderts dominierenden Bezeichnung «Hermannsschlacht» hat in unserer Gegenwart der Begriff «Varusschlacht» die Oberhand gewonnen: In ganz und gar unüblicher Weise hat die «Schlacht» den Namen des besiegten Feldherrn erhalten – ein indirektes Zeugnis auch für die vorherrschende römische Perspektive, vorgegeben durch die uns zur Verfügung stehenden Quellen, die allein aus diesem Blickwinkel berichten.

Viel problematischer im Hinblick auf die dadurch eröffneten Assoziationsräume ist indes das Wort «Schlacht» – und mithin genau jener Zusatz, der allen neuzeitlichen Benennungen gemeinsam ist. Die antiken Quellen kennen den Begriff in diesem Zusammenhang nicht. Sie sprechen von einer «Niederlage», in einem Fall vom «Krieg» des Varus, ohne dass aus diesen Begriffen Rückschlüsse auf den Ablauf des Ereignisses selbst zu gewinnen wären: Insgesamt ist auch die Heroisierung des Sieges über Varus als Ergebnis einer «Schlacht» erst ein in der Neuzeit geborener Mythos.

Dort, wo die antiken Quellen deutlicher werden, beschreiben sie in einem Fall den Sieg des Arminius über Varus als einen Angriff germanischer Krieger auf ein römisches Militärlager, in anderen Fällen beschreiben sie ihn als

Resultat eines verräterischen Hinterhalts, gelegt in schwierigem Gelände, in das die Germanen die ahnungslosen Legionen gelockt hätten: Selbst die antike Überlieferung gibt sich uneinheitlich.

Die Zahl der Fragen und der bereitstehenden Bilder wird nicht kleiner, wenn es um die Protagonisten geht: Sollen wir uns den römischen Befehlshaber Publius Quinctilius Varus als einen rigorosen und unsensiblen Rechtsfanatiker, einen militärischen Dilettanten, vielleicht auch einen geldgierigen Ausbeuter vorstellen – oder als einen weichlich-dekadenten, im Kern vielleicht doch eher gutmütigen als dummen Mann, der in seiner Naivität der angeblichen Tücke der nördlichen Barbaren nicht gewachsen war? Weit verbreitet ist das zwiespältige Lob des Varus als Verwaltungsexperte. Doch wie erklärt sich dann, dass ihm eines der größten Heere, über welches das römische Kaiserreich seinerzeit verfügte, anvertraut worden war, und warum entsprechen die genannten Urteile so wenig dem, was wir von der vorherigen Karriere des Varus wissen?

Nicht geringer sind die Schwierigkeiten einer Annäherung an seinen Gegenspieler Arminius: War der Cherusker Anführer einer nationalen Bewegung zur Befreiung der Germanen – und kann eine solche Sichtweise überhaupt den zeitgenössischen gesellschaftlichen und politischen Strukturen der Bewohner rechts des Rheins entsprechen? Welcher Art war die Struktur der germanischen Stämme, worauf beruhte überhaupt die Führungsstellung des Cheruskers, und auf welche Weise konnte er den so erfolgreichen Angriff organisieren? War Arminius heroisch, wie sein Standbild in Detmold suggeriert, oder verschlagen und skrupellos, wie seine literarische Nachzeichnung bei Kleist? Darf man dem Cherusker überhaupt höhere Motive zugestehen, oder hatte er letztlich nur den Ausbau seiner eigenen Machtstellung im Blick? Die neuere Forschung hat diesen verschiedenen Perspektiven noch jene hinzugefügt, derzufolge es sich bei der «Schlacht im Teutoburger Wald» möglicherweise gar um eine von dem römischen Offizier Arminius angeführte Meuterei innerhalb des römischen Heeres gehandelt habe – ein provozierender Gegenentwurf zum Bild des Freiheitshelden, als der Arminius über Jahrhunderte gefeiert wurde.

Ursächlich für die unterschiedlichen Deutungen sind die Lückenhaftigkeit der Überlieferung und nicht weniger die Widersprüche, die bereits in den antiken Quellen enthalten sind. Die literarischen Berichte stammen aus verschiedenen Jahrhunderten und stehen in unterschiedlicher zeitlicher Distanz zu den beschriebenen Ereignissen: Sie geben Auskunft über die wechselnden Horizonte der Deutung bereits in der Antike – und diese Deutung war jeweils geleitet von den Interessen der Autoren und geprägt von ihren je spezifischen zeitgenössischen Erfahrungen. Eine seit der frühen Neuzeit einsetzende und schier unablässig steigende Flut wissenschaftlicher Deutungen, instrumentalisierender politischer Pamphlete, literarischer, musikalischer, graphischer, malerischer, bildnerischer und monumental-künstlerischer Bearbeitungen hat schließlich unaufhörlich neue Bilder von der «Schlacht im Teutoburger Wald» erzeugt – und das historische Ereignis unter einer mehr als 500 Jahre währenden Rezeption geradezu begraben.

So hat man es heute im Hinblick auf die «Schlacht im Teutoburger Wald» eher mit einem Überangebot an Vorstellungen zu tun – erwachsen teils aus standortfreien und teils aus interessengebunden Darlegungen und oft genug als Resultat ohnehin freierer künstlerischer Formungen. Diese verschiedenen Bilder werden in unterschiedlicher Weise abgerufen, vielfach ohne Rücksicht auf dabei entstehende Widersprüche. Schon allein deshalb irritiert, wie fest einzelne Vorstellungen mitunter verwurzelt sind und wie entschieden sie behauptet werden.

In jüngster Zeit scheint mit dem Fundplatz von Kalkriese, der als Ort der Varuskatastrophe gedeutet wird, ein archäologischer Befund die literarische Überlieferung glücklich zu ergänzen. Der im Boden erhaltene, scheinbar unverfälschte primäre Befund wird genutzt, um die literarische Überlieferung zu kontrollieren und Lücken zu schließen. Doch tatsächlich trägt auch der neue Platz eher noch zu einer Vermehrung der Bilder bei: Neue Fragen erwachsen aus dem vorliegenden archäologischen Befund im Hinblick auf Größe und Dauer des militärischen Ereignisses. So wird die in den Schriftquellen überlieferte viertägige Auseinandersetzung von manchen auf einen sehr begrenzten Raum und eine Dauer von nur einer Stunde reduziert. Der bei Kalkriese aufgedeckte langgezogene Wall, die in Bodenlöchern verscharrten Leichen und die Streuung der Funde erzeugen gänzlich neue Vorstellungen vom Verlauf der «Schlacht im Teutoburger Wald». Die eher ebene und offene, doch sumpfige Landschaft bei Kalkriese wird bald bei vielen Besuchern das Bild der Hügel und der dunklen Schwere des Waldes ablösen. – Doch auch nach der Entdeckung von Kalkriese ist die Frage der Verortung des Geschehens, die auf ihre Weise dazu beigetragen hat, das Thema über Jahrhunderte präsent zu halten, noch nicht für alle wirklich abschließend beantwortet, und die Diskussion darüber hält zu Recht noch an.

Diese vielfältigen und unterschiedlichen Aspekte bestimmen auch den

Rahmen der vorliegenden Darstellung. Sie ist nicht zuletzt der Frage gewidmet, wie es überhaupt zur «Schlacht im Teutoburger Wald» kam. Darüber hinaus soll sie dazu beitragen, ihren Verlauf zu erhellen, ein klareres Bild von den Protagonisten des Geschehens – Varus und Arminius – zu erlangen und schließlich die tatsächlichen Auswirkungen der römischen Niederlage und ebenso ihr Nachleben zu erfassen. So müssen stets verschiedene Ebenen möglicher Deutungen in den Blick genommen und enthüllt, gelegentlich auch vertraute Vorstellungen durchbrochen werden. Dies gilt für das Zusammenspiel zwischen literarischer und archäologischer Überlieferung, das zu verstehen unverzichtbar ist, wenn man zu einem plausiblen Gesamtbild gelangen will. Dies gilt aber mehr noch für Versuche, neben der römischen Perspektive auch eine germanische Sichtweise auf das Geschehen herauszuarbeiten; denn diese ist allenfalls über die Formulierungen und Denkweisen der römischen Autoren zu erschließen. Auch diese Aussagen sind in ihrer Zeit entstandene Deutungen, die es immer wieder auf ihre Urheber und deren spezifische Kenntnisse und Intentionen zurückzuführen gilt.

Eine Annäherung an die politischen Hintergründe der versuchten römischen Okkupation Germaniens, die Suche nach den Gründen ihres Scheiterns und die Bestimmung der Rollen, welche Arminius, Varus und die «Schlacht im Teutoburger Wald» in diesem Kontext einnahmen, ist insoweit einer Ausgrabung nicht unähnlich: Der eigentliche Gegenstand ist von vielen Ebenen der Deutung und Instrumentalisierung überlagert, von denen er – Schicht um Schicht – befreit werden muss. Das verheißt jedoch nicht nur eine spannende Entdeckungsgeschichte. Am Ende lässt sich über das historische Ereignis hinaus auch erkennen, wie die Menschen seit der Antike, durch all die Jahrhunderte und bis in die heutige Zeit über «Die Schlacht im Teutoburger Wald» gedacht haben und wie die jeweiligen Bilder von der «Schlacht» ihre eigenen Sorgen, Ansprüche und Hoffnungen spiegeln. In diesem Sinne soll auch die phototechnische Durchtrennung der bekannten Gesichtsmaske aus den Ausgrabungen von Kalkriese – auf dem Umschlag dieses Buches – etablierte Sehgewohnheiten durchbrechen und in der Verfremdung die Suggestionskraft starker Bilder erfahrbar machen.

# 1. Der Barbar als Nachbar

Im Herbst des Jahres 12 v. Chr. drangen germanische Gruppen unter Führung der Sugambrer, die ihre Siedlungsgebiete ungefähr im Bereich des heutigen Ruhrgebiets hatten, in kriegerischer Absicht über den Rhein (Abb. 1). Drusus, der Stiefsohn des römischen Herrschers Augustus und Statthalter in Gallien seit dem Jahr zuvor, eilte auf diese Nachrichten hin aus dem mittleren Frankreich an den Rhein und schlug die Sugambrer zurück. Sodann ließ er sein Heer etwas oberhalb der Mündung über den Strom setzen. Aus nördlicher Richtung stieß er durch das Gebiet der Usipeter zu dem der Sugambrer vor und verwüstete es.[1]

Im Anschluss daran unternahm Drusus, obwohl das Jahr schon weit vorangeschritten war, noch einen zweiten Vorstoß in das rechtsrheinische Gebiet. Mit einer Flotte fuhr er flussabwärts in die Nordsee und von dort Richtung Osten. Die an der Küste siedelnden Friesen schlossen sich dem Heer des Drusus mit ihren eigenen Mannschaften an. Schon als es gegen ihre östlichen Nachbarn, die Chauken, ging, leisteten die Friesen den mit ihrer Flotte in Bedrängnis geratenen Römern Hilfe. Zum selben Unternehmen gehörten wahrscheinlich auch die erfolgreiche Belagerung der Insel Burchanis (wohl Borkum) sowie Auseinandersetzungen mit den Brukterern auf der Ems.[2] Da mittlerweile der Winter eingesetzt hatte, führte der Statthalter sein Heer nach Gallien zurück. Drusus selbst reiste nach Rom, wo er im folgenden Jahr mit der Prätur ein städtisches Richteramt übernehmen sollte.

Die Unternehmungen des Herbstes 12 v. Chr. – sowohl im Hinblick auf Anlass, Dauer als auch auf ihre räumliche Ausdehnung von eher begrenztem Umfang – bildeten den Auftakt fortan regelmäßig vorgetragener römischer Vorstöße ins rechtsrheinische Gebiet. Jahr für Jahr wurden römische Truppen weiter in den Osten geführt, und schon 9 v. Chr. standen die Legionen erstmals an der Elbe. Gewaltige Militäranlagen und stadtartige Siedlungen wurden rechts des Rheins errichtet, und ein weit verzweigtes Wegenetz zu Wasser und zu Lande erschloss und sicherte das neu gewonnene Gebiet.

*Abb. 1 Germanische Stämme und Stammesgebiete*

Zweimal – am 1. Januar 7 v. Chr. sowie am 26. Mai 17 n. Chr. – wurde in der römischen Hauptstadt in einem feierlichen Triumph ein bis zur Elbe besiegtes Germanien gefeiert. Und in seinen *Res Gestae*, dem ausführlichen Tatenbericht des Augustus, der nach dem Tod des Herrschers 14 n. Chr. an verschiedenen Stellen des Reiches inschriftlich veröffentlicht wurde, hob dieser unter seinen außenpolitischen Erfolgen die Befriedung des sich bis zur Elbe erstreckenden Gebietes hervor:[3] In unterschiedlicher Weise hatten die Stämme rechts des Rheins in dieser Zeit den Status von Unterworfenen, aber auch von Verbündeten Roms erlangt.

## 1.1 *Römer am Rhein*

Seit der Eroberung Galliens durch Caesar (58–51 v. Chr.) waren die Germanen Nachbarn des Römischen Reiches. In beispielloser Weise hatte Caesar das Herrschaftsgebiet Roms von der heutigen Provence – der schmalen Landverbindung zwischen Italien und dem römischen Spanien – bis an den Atlantik im Nordwesten und den Rhein im Osten vorgeschoben. Innerhalb weniger Jahre wurde von ihm das Gebiet des heutigen Frankreich, der Beneluxstaaten sowie der westlichen Teile Deutschlands erobert. Zur Sicherung der Herrschaft standen in den Jahrzehnten nach Caesar mächtige Heereskontingente im Innern des Landes. Sie kontrollierten zentrale Orte und wichtige Verkehrsverbindungen und unterstützten die Durchsetzung der neuen römischen Ordnung.[4] Dabei griff Rom nicht nur mit der Forderung nach Abgaben tief und schmerzlich in die traditionellen Verhältnisse und das Selbstverständnis der gallischen Stämme ein. Der noch von Caesar unter größten Mühen niedergeschlagene Aufstand des Vercingetorix 52 v. Chr. signalisierte überdeutlich, dass die gallischen Stämme die römische Oberherrschaft nicht widerstandslos hinzunehmen bereit waren. Zwar hatten manche von ihnen die Ankunft Caesars noch begrüßt und vor dem Hintergrund interner Auseinandersetzungen geglaubt, in ihm einen Verbündeten in eigener Sache gefunden zu haben, doch schon bald war für jedermann der ausgeprägte römische Wille zur eigenen Herrschaft erkennbar geworden. Auch in den Jahrzehnten nach Caesar brachen in den verschiedenen Teilen Galliens immer wieder Unruhen aus. Sie machten die Präsenz starker römischer Heeresverbände auf Dauer erforderlich.

*Das römische Heer und Herrschaftstechniken*

Der Statthalter einer Provinz war zugleich der Oberbefehlshaber der darin stationierten Truppen. Insgesamt verfügte der römische Staat nur über einen kleinen Beamtenapparat. So war es selbstverständlich, dass ein Statthalter sein privates Hauspersonal, die Sklaven und die Freigelassenen, Familienangehörige sowie politische Freunde als Hilfskräfte und Unterstützer für die Verwaltung in die ihm zugewiesene Provinz mitnahm. Steuern einzutreiben war im wesentlichen Aufgabe privater Unternehmer, die im Staatsauftrag tätig wurden. Geradezu unerlässlich war jedoch in jeder Provinz die Kooperation mit den einheimischen Eliten: Ohne deren Mitwirkung wäre die Herrschaft in einem Gebiet von der Größe des *Imperium Romanum* – mit den unterschiedlichsten politischen, gesellschaftlichen und kulturellen Traditionen in den einzelnen Regionen, den verschiedensten Sprachen, aber auch den verkehrsgeographisch oft abgelegenen und nur schwer erreichbaren Gebieten – gar nicht möglich gewesen. Schon zur Erringung, vor allem aber zur Aufrechterhaltung der Herrschaft brauchte Rom Mittelsmänner aus der einheimischen Bevölkerung, die kraft der Tradition ihrer jeweils eigenen Gesellschaft als Autorität akzeptiert wurden und bereit waren, sich in den Dienst Roms zu stellen.[5]

Das römische Heer beschränkte sich nicht auf die Rolle eines militärischen Zwangsapparats, sondern die Truppen beteiligten sich auch am Ausbau der Infrastruktur, an der Anlage von Straßen, Brücken und Gebäuden – bis hin zur Entwicklung neuer Siedlungen. Die Soldaten dienten dem Statthalter ebenso in der Zivilverwaltung als Hilfspersonal – soweit man überhaupt militärische und zivile Angelegenheiten voneinander scheiden kann.

Kern der Truppen waren die Legionen: Einheiten mit einer Sollstärke von rund 6000 Mann, rekrutiert allein aus römischen Bürgern. Seit 13 v. Chr. waren sie durch feste Regelungen der Dienstzeiten, der Besoldung und Entlassungsbedingungen auch rechtlich Berufssoldaten.[6] Vor allem der männlichen Bevölkerung jener Gebiete, denen erst in jüngerer Zeit das römische Bürgerrecht verliehen worden war, erschien der Dienst im Heer attraktiv: In großer Zahl lassen sich in den Legionen Bewohner Norditaliens, Gallier aus der Provence sowie Spanier nachweisen.[7] Doch auch Griechen und Männer aus Kleinasien oder Nordafrika dienten in den Verbänden, da die Vergabe des Bürgerrechts an Einzelpersonen stets möglich und als Belohnung verbreitet war. Inhabern des Bürgerrechts stand eine Karriere innerhalb der traditionellen römischen Gesellschaft offen. Seine Verleihung war für das

Römische Reich ein kaum hoch genug einzuschätzendes Mittel der Integration. Über das gesellschaftliche Prestige hinaus machten handfeste Privilegien wie Steuerfreiheit und Schutz der Person durch das Römische Recht den Status eines *civis Romanus* – eines römischen Bürgers – begehrt.

Der Dienst im römischen Heer bot vor allem denjenigen, die besitzlos waren – und nicht etwa zu Hause den Hof oder einen kleinen Handwerksbetrieb übernehmen konnten –, einen guten und sicheren Verdienst sowie attraktive Aufstiegsmöglichkeiten. Unterstützt wurden die Legionen durch Hilfstruppen *(auxilia)*: Sie waren aus den Kontingenten der römischen Bundesgenossen in republikanischer Zeit sowie aus den für Geld angeworbenen Söldnereinheiten hervorgegangen. Caesar, der Gallien nicht zuletzt durch die tatkräftige Mithilfe gallischer Krieger eroberte, stellte darüber hinaus in großem Umfang Hilfstruppen aus soeben erst unterworfenen Gebieten in Dienst. Durch dieses Verfahren wurde vormals feindlichen Stämmen nicht nur die Wehrkraft entzogen, sondern die Kampfkraft der fremden Krieger wurde darüber hinaus für das römische Heer nutzbar gemacht. Zugleich beförderte der Dienst in den Hilfstruppen die Integration der ehemaligen Gegner.[8] Die von den Stämmen zunächst nur für den konkreten Kriegseinsatz und vorübergehend angeworbenen Truppen blieben anfangs ethnisch geschlossen und unterstanden als kleinere Kampfeinheiten weiterhin ihren einheimischen Befehlshabern. Das römische Bürgerrecht war für die Soldaten der *auxilia* nicht erforderlich. Der von Rom gezahlte Sold fiel zwar etwas geringer aus als in den Legionen, doch auch der Dienst in den Hilfstruppen bot ein gutes Auskommen und Möglichkeiten zum sozialen Aufstieg.[9]

Der Übergang von alliierten und aus dem Kreis der Unterworfenen angeworbenen Truppen zu standardisierten und fest in das römische Heeressystem integrierten *auxilia* – mit genormten Truppengrößen, einheitlicher Gliederung, abermals genauer Festschreibung von Dienstzeiten, Karriereschemata und Entlassungsbedingungen – war erst in claudischer Zeit (41–54 n. Chr.) abgeschlossen. Reichsweit entsprach die Gesamtzahl der Kämpfer in den *auxilia* wohl schon unter Augustus ungefähr jener der Legionssoldaten.[10] Als kleinere Einheiten von 500 oder 1000 Mann, die als Reiter, zu Fuß oder als gemischte Verbände kämpften, waren die *auxilia* taktisch sehr flexibel einsetzbar. Eine leichtere Bewaffnung und darauf abgestimmte spezifische Kampftechniken ließen sie auf einen Gegner oft deutlich besser eingestellt sein, als dies den schwerbewaffneten, damit aber auch weniger beweglichen Legionen möglich war. Nicht zuletzt wurde durch eine überwiegend heimatnahe Verwendung der Hilfstruppen ihre bereits im Kampf mit den Gegnern aus der Nachbarschaft erprobte Kampftechnik, aber auch ihre spezifische Ortskenntnis nutzbar gemacht.

*Germanen in Gallien: die unruhige Rheinzone*

Der Einfall der Sugambrer nach Gallien war kein einmaliges Ereignis. Auch war der Rhein keine Barriere, die unüberwindbar gewesen wäre. Schon in der Zeit vor Caesar hatten rechtsrheinische Gruppen immer wieder den Strom überquert, zum Teil aus eigener Initiative, oft aber auch ausdrücklich von gallischen Führern herbeigerufen. Das bekannteste Beispiel bieten die Sueben Ariovists.[11] Gegen Ende der 70er Jahre des 1. Jahrhunderts v. Chr. wurden sie als Söldner von den gallischen Arvernern und Sequanern im Kampf gegen die gleichfalls gallischen Häduer zur Hilfe gerufen. Infolge fortgesetzter Auseinandersetzungen erhielten die von Ariovist geführten Jungmannschaften von anfangs 15 000 Kämpfern Zuzug aus weiteren Stämmen rechts des Rheins, und mit der Zeit ging die ursprüngliche Anwerbung von Söldnern durch Nachzug von Frauen, Kindern und Alten in eine allgemeine Siedlungsbewegung über. Zur Zeit Caesars sollen die von Ariovist geführten Sueben bereits auf eine Gruppe von 120 000 Personen angewachsen sein. Rund ein Drittel des Gebietes der Sequaner im heutigen Elsass hatten sie besetzt, und sie forderten nun ein weiteres Drittel. Nöte in der Heimat dürften die Ursache, die deutlich besseren Böden sowie die materiell weiter entwickelte Kultur mit Städten und Geldwirtschaft dürften der Anreiz gewesen sein, in dem fremden, doch deutlich wohlhabenderen Land links des Rheins eine neue Existenzgrundlage zu suchen.[12] Hinzu kam für die Krieger die Aussicht, als Söldner von den Konflikten der gallischen Stämme fortgesetzt zu profitieren. Als weitere Germanen den Rhein bereits überschritten hatten und noch größere Bevölkerungsmassen unmittelbar vor dem dauerhaften Übertritt nach Gallien standen, griff Caesar ein: Unter Berufung auf ein gallisches Hilfsgesuch und unter Beschwörung der Gefahren, die von dieser gewaltigen Bevölkerungsbewegung auch für Rom ausgehen würden, trieb sein Heer in mehrtägigen blutigen Gefechten die Germanen über den Rhein zurück.

Zur Erkundung und Unterbindung des auf Gallien lastenden Wanderdrucks überquerte Caesar zweimal selbst den Strom.[13] Vor seinem ersten Übergang 55 v. Chr. hatte er Usipetern und Tenkterern, die bereits im Rheinmündungsgebiet in Gallien eingedrungen waren, die Ansiedlung verwehrt, ein Großteil von ihnen niedergemetzelt und die verbliebenen Reste über den Rhein zurückgetrieben. Nach Caesars eigenen Angaben soll es sich um insgesamt 430 000 Männer, Frauen und Kinder gehandelt haben.[14] Zwar hatten Usipeter und Tenkterer, die ihrerseits von den östlichen Sueben aus ihren eigenen Gebieten vertrieben worden waren, zuvor als Gegenleistung für die Anweisung von gallischen Ländereien ihre Dienste als Söldner versprochen, doch lehnte Caesar das Angebot ab. Bei seinem Rheinübergang ließ der Prokonsul eine imposante Brücke errichten, ein für alle sichtbares Symbol der technologischen Überlegenheit seiner Legionen. Der Vorstoß selbst galt den Sugambrern, zu denen ein Teil der Reiterei der Usipeter und Tenkterer geflüchtet war. Die Sugambrer hatten deren Auslieferung verweigert und beharrten darauf, dass der Prokonsul, wenn er denn den Germanen keinen Übertritt nach Gallien zugestehe, sich seinerseits auch nicht in Angelegenheiten rechts des Rheins einzumischen hätte. Caesars Gesandte setzten dem in bewährter Rhetorik entgegen, dass die rechtsrheinischen Ubier um Hilfe gerufen und ein Erscheinen des römischen Heeres in ihrem Gebiet ausdrücklich erbeten hätten. Die Sugambrer zogen sich ins Landesinnere zurück, und Caesar musste sich mit der Verwüstung der von ihnen verlassenen Häuser und Dörfer begnügen. Insgesamt 18 Tage hielt er sich im Rechtsrheinischen auf, dann führte er sein Heer zurück. Die Brücke, errichtet wohl im Bereich des heutigen Bonn, ließ er abreißen.[15]

Der zweite Übergang erfolgte zwei Jahre später. Er war eine Reaktion auf die Anwerbung germanischer Söldner durch die gallischen Treverer, und vermutlich erfolgte die Überquerung jetzt im Bereich des Neuwieder Beckens. Auch diesmal begnügte sich Caesar mit der Verwüstung germanischer Felder. In das Landesinnere, wohin sich die Sueben mit ihren Verbündeten zurückgezogen hatten, rückte er nicht weiter vor. Um jedoch seine jederzeit mögliche Wiederkehr unübersehbar zu signalisieren, ließ Caesar diesmal nur einen Teil der Brücke abbrechen. Das dicht vor dem gegnerischen Ufer endende Kopfstück sicherte er durch einen hoch aufragenden Wachturm, der sich wanderungswilligen Germanen drohend entgegenstellte.[16]

Mehr als ein Jahrzehnt nach dem Abzug Caesars aus Gallien, um 39/38 v. Chr., überschritt Marcus Agrippa – engster Vertrauter, späterer Schwiegersohn, fähigster General und immer wieder entscheidender Schlachtenhelfer des Oktavian/Augustus – mit seinen Truppen als zweiter römischer Feldherr in kriegerischer Absicht den Rhein. Anlass waren Unruhen in Gallien, und vermutlich war der Rheinübergang abermals eine Reaktion auf das Eindringen germanischer Söldner in die römische Provinz.[17] Mit dem Namen Agrippas ist auch die Anlage eines umfassenden Straßennetzes in Gallien verbunden.[18] Eine der Straßen führte in den Nordosten, vom Zentrum Lugdunum – heute Lyon – über Rhône und Mosel nach Trier, von dort weiter über Bitburg und Jünkerath bis Köln am Rhein, vielleicht auch schon mit einem Abzweig nach Neuss. Ob die Straße, die schnelle Truppenverlegungen bis an den Rhein ermöglichte, bereits in dieser ersten oder aber in der zweiten gallischen Statthalterschaft Agrippas rund 20 Jahre später befestigt wurde, ist in der Forschung oft diskutiert worden. Die für nach 18/17 v. Chr. im Wege der Dendrochronologie – einer Datierungsmethode mit Hilfe der Baumringe in verbauten Hölzern – bezeugte Konstruktion einer Brücke über die Mosel bei Trier ist kein zwingendes Argument für eine generelle Spätdatierung. Doch lässt sie zumindest für die Zeit der zweiten Statthalterschaft besondere Bemühungen um die Verfestigung der Infrastruktur erkennen.[19]

In den nordöstlichen Teilen Galliens scheint die römische Herrschaft zögerlicher um sich gegriffen zu haben als in Zentralgallien. Im äußersten Norden besaßen die Menapier zur Zeit Caesars Siedlungsgebiete beiderseits des Rheins,[20] und auch in den Jahrzehnten nach Caesar pflegte man in unterschiedlicher Weise weiterhin Kontakte über den Strom. Die Überlieferung jedoch ist nur fragmentarisch und eher zufällig: Um 30/29 v. Chr. folgten germanische Scharen erneut einem Hilferuf der Treverer. Beide wurden vom Legionslegaten Nonius Gallus geschlagen.[21] Kurz darauf warf Gaius Carrinas, der Statthalter Galliens, Sueben über den Rhein zurück. Da sich seine Aktion im Kern gegen die aufständischen Moriner und ihre Verbündeten richtete, scheint es, dass die rechtsrheinischen Gruppen abermals in die innergallischen Unruhen eingegriffen hatten.[22] Im Gegenzug erfahren wir auch von der Anwesenheit römischer Zivilisten jenseits des Stroms: 25 v. Chr. unternahm der Legat Marcus Vinicius eine Strafexpedition gegen jene Germanen, die römische Händler in ihrem Gebiet getötet hatten. Ausmaß und Bedeutung der Aktion waren immerhin derart, dass Augustus eine sogenannte imperatorische Akklamation annahm, eine besondere Ehrenbezeichnung aufgrund eines militärischen Erfolgs.[23] Schließlich werden auch während Agrippas zweiter Statthalterschaft 20/18 v. Chr. Unruhen infolge von Kämpfen zwischen gallischen Stämmen und das Vordringen germanischer Gruppen überliefert.[24] In bekannter Weise dürften abermals die Germanen entweder als Söldner nach direkter Aufforderung zur Unterstützung oder aber auf eigene Faust an den gallischen Konflikten teilgenommen haben.[25]

*Römisch kontrollierte Siedlungsbewegungen am Rhein*

Die anhaltenden Unruhen an der nordöstlichen Peripherie Galliens, gefördert durch die in die neue Provinz ausstrahlende Mobilität der rechtsrheinischen Bewohner, ließen die Beruhigung der Rheingrenze mehr und mehr zu einer wichtigen Voraussetzung für die römische Herrschaft in Gallien werden. Ganz anders erschien den Römern die Lebensweise der Bevölkerung jenseits des Rheins: Die Mobilität gewaltiger Bevölkerungsmassen, die offenbar stete Bereitschaft, den eigenen Boden zu verlassen, dazu die kriegerische Lebensform – all dies schien nicht auf die Leute Ariovists beschränkt.

Caesar brachte die Sueben Ariovists propagandistisch geschickt in Verbindung mit der für die Römer traumatischen Erinnerung an den Zug der Kimbern und Teutonen mehr als ein halbes Jahrhundert zuvor (113–101 v. Chr.). Indem er diese erstmals nicht mehr als Kelten, sondern als Germanen identifizierte, rückte er die von ihm verspürte germanische Mobilität in den Rang eines überzeitlichen Phänomens.[26] Die bei den Sueben beobachtete bzw. ihnen zugeschriebene halbnomadische Lebensweise übertrug er auf alle Bewohner rechts des Rheins, unabhängig von der konkreten Situation der Wanderschaft bei Ariovist.[27] Bereitwillig folgten die späteren Autoren dem von Caesar gezeichneten Bild.[28] Erst als man das Land und seine Völker aus eigener Anschauung kennen gelernt hatte, verlor sich allmählich die Vorstellung von deren angeblicher Neigung, ständig die Wohnsitze zu wechseln: In der *Germania* – einer ethnographisch-geographischen Schrift des Tacitus vom Ende des 1. Jahrhunderts n. Chr. – ist die Mobilität der Germanen kein Thema mehr.

Dem seinerzeit freilich auf Gallien real lastenden Wanderungsdruck hatte schon Caesar nicht allein mit einfachem Zurückschlagen, sondern ebenso mit gelenkter Ansiedlung zu begegnen versucht. Dabei bezog er auch das rechtsrheinische Vorfeld mit ein:[29] Früh schon übernahm er ein Schutzversprechen für die rechtsrheinischen Ubier, die unter den räuberischen Überfällen der aus dem Landesinneren vorstoßenden Sueben litten.[30] Als Stärkung der Ubier begründete Caesar sein Angebot an Usipeter und Tenkterer, sich bei den Ubiern niederzulassen.[31] In der Zeit nach Caesar verlegten die Ubier dann ihre Wohnsitze auf die linke Rheinseite. Sie zogen in die ehemaligen Gebiete der Eburonen, die Caesar 53 v. Chr. systematisch vernichten ließ.[32] Die Übersiedlung selbst wird mit dem Namen Agrippa verbunden. Vielleicht sanktionierte jener nur eine selbständig ausgelöste Wanderbewegung in das derart besiedlungsfrei gewordene Gebiet, das sich durch überaus fruchtbare Böden auszeichnete.[33] Gegenüber einer Mehrheit der älteren Forschung wird in jüngerer Zeit erst die zweite Statthalterschaft Agrippas (20 – 18 v. Chr.) als Zeitpunkt für die Übersiedlung favorisiert, was bedeuten würde, dass das vormals eburonische Gebiet längere Zeit im Wesentlichen siedlungsfrei geblieben wäre. Die Ansicht stützt sich vornehmlich auf die Verbreitung von Münzen, deren Prägung und Verwendung den Ubiern zugesprochen wird.[34]

Im ehemaligen ubischen Gebiet, das vom Neuwieder Becken bis ins nördliche Hessen und zum Dünsberg bei Gießen reichte, trafen bald die Chatten ein.[35] Zumindest die rheinnahen Ländereien erhielten sie ausdrücklich von Rom als Siedlungsgebiet angewiesen. Noch zu Beginn der Drususfeldzüge war das Verhältnis zwischen Rom und Chatten unbelastet.[36] Als ein Teil der Chatten gelten auch die Bataver, die sich mit römischer Erlaubnis ganz im äußersten Nordosten Galliens niederließen, und zwar auf der zwischen Waal und Rhein gebildeten *insula*.[37] Die Verwendung batavischer Truppen bereits in den Bürgerkriegen nach der Ermordung Caesars lässt vermuten, dass diese Abmachung schon bald nach Caesar getroffen wurde.[38] Auch der Ansiedlung der mit ihnen eng verbundenen Cananefaten nordöstlich der Bataver lag vermutlich ein römisches Einverständnis, wenn nicht eine gezielte Anweisung des Gebietes zugrunde.

Ähnlich gelenkte Siedlungsbewegungen sind im Bereich des Ober- und des Hochrheins zu fassen. Schon Caesar hatte im Südosten die Rückkehr der Helvetier in ihre alte Heimat gefordert, damit keine fremden Gruppen als Nachbarn des Römischen Reiches in das Gebiet zwischen Jura, Rhône, Genfer See und Rhein nachrückten.[39] Unter Augustus siedelten sich sodann suebische Kleingruppen in den Landstrichen links und rechts des Oberrheins an. Die Ansiedlungen erfolgten in mehreren Schüben noch bis in die erste Hälfte des 1. Jahrhunderts n. Chr. und sind nicht immer ausreichend präzise datierbar.[40] Nicht zuletzt verdeutlicht aber die Vorgeschichte zur *clades Lolliana* – einer vernichtenden Niederlage einer Legion unter dem Legaten Marcus Lollius (17/16 v. Chr.) –, bei der römische Zenturionen im Gebiet der Sugambrer ergriffen und hingerichtet wurden,[41] wie selbstverständlich Rom seine Kontrolle bereits von Gallien aus auf das rechtsrheinische Vorfeld ausgedehnt hatte.

*Die Niederlage des Marcus Lollius*

Die auf längere Dauer angelegte Stationierung größerer Truppeneinheiten direkt am Rhein setzte wohl zu Beginn des 2. Jahrzehnts v. Chr. ein. Aufgrund neuer Ausgrabungen und Münzfundauswertungen werden die Anfänge des großen Legionslagers auf dem Hunerberg in Nijmegen bereits in die Jahre 19/18 v. Chr. datiert, und vorbehaltlich der weiteren Bestätigung dieses Ansatzes spricht vieles dafür, die Besetzung dieses strategisch wichtigen Punkts im Bereich der Rheinmündung dann abermals als Initiative Agrippas anzusehen.[42] Das vor kurzem noch als älteste Anlage gedeutete Legionslager von Neuss wird erst etwas später datiert.[43] Nach einer ersten Niederlassung gallischer Hilfsvölker an diesem Ort folgte die Stationierung römischer Legionäre zeitlich wohl erst auf die *clades Lolliana.*

Die *clades Lolliana* war vermutlich nicht einmal der größte Zwischenfall im gallisch-germanischen Grenzgebiet, doch aufgrund seiner symbolischen Wirkung fraglos der bedeutendste: Vorausgegangen war, dass römische Zenturionen, die sich im Gebiet rechts des Rheins aufhielten, von den Sugambrern, Usipetern und Tenkterern gefangen genommen und ans Kreuz geschlagen worden waren. Was die Offiziere bei diesen Stämmen wollten, bleibt ungewiss. Nach einer Texterläuterung zu Horaz, einem sogenannten Scholion, waren die Zenturionen mit der Eintreibung von Abgaben beschäftigt, nach dem spätantiken Autor Iulius Obsequens führten sie Anwerbungen für das Heer durch.[44] Die Tötung der Zenturionen nach Art einer römischen Todesstrafe signalisiert auf makabre Weise bereits die Vertrautheit der germanischen Stämme mit der Jurisdiktion Roms, und sie deutet so abermals in Richtung einer gewissen römischen Vorfeldkontrolle.

Im Anschluss an die Tat überschritten die germanischen Gruppen plündernd den Rhein. Eine erste gegen sie ausgeschickte römische Reitereinheit konnten sie in eine Falle locken und zersprengen. Als ihnen sodann Marcus Lollius mit den Legionssoldaten gegenübertrat, gelang ihnen nicht nur, den glücklos agierenden Legaten zu schlagen, sondern sie erbeuteten – eine besondere Demütigung der Römer – sogar das Feldzeichen, den Adler der 5. Legion. Nur vier Jahre früher war in Rom die Wiedergewinnung der mehr als 30 Jahre zuvor in der Schlacht von Carrhae verlorenen Feldzeichen als «*Signis Receptis*» zur Chiffre für einen entscheidenden militärischen Erfolg und die Unterordnung der Parther geworden, und noch im Vorjahr hatte diese in allen Medien verbreitete Formel als ideologische Grundlage für den feierlichen Anbruch eines neuen Zeitalters *(saeculum)* gedient. Der erneute

Verlust eines Legionsadlers im Westen desavouierte schlagartig alle augusteischen Siegesverlautbarungen, und er war geeignet, die Ideologie der mit der Person des Herrschers verbundenen Sieghaftigkeit in Frage zu stellen.[45] Diesmal hatte sogar ein Heer die Feldzeichen verloren, das unter den göttlichen Vorzeichen (Auspizien) des Augustus gekämpft hatte. Treffend wird die Niederlage von Sueton als *«maioris infamiae quam detrimenti»* charakterisiert, «mehr ehrenrührig als von wirklichem militärischen Gewicht». Für Cassius Dio indes ist die Niederlage des Lollius Zeugnis dafür, dass der größte Krieg, in den die Römer sich zu dieser Zeit noch verwickelt sahen, jener gegen die Germanen war.[46]

Mit Theodor Mommsen wird die *clades Lolliana* zumeist als Wendepunkt der römischen Politik am Rhein angesehen: Im Sommer 16 v. Chr. reiste Augustus, begleitet von seinem Stiefsohn und späteren Nachfolger Tiberius, persönlich nach Gallien und blieb dort während der nächsten drei Jahre. Überraschend schnell war ein Ausgleich mit den Germanen erreicht. Diese zogen sich über den Rhein zurück und garantierten die künftige Einhaltung des Friedens durch die Stellung von Geiseln.[47] Zunächst scheint dies eine vergleichsweise routinierte Regelung derartiger Zwischenfälle zu signalisieren. Doch auf römischer Seite folgte der *clades Lolliana* eine umfassende strategische Neuausrichtung: Offensichtlich wurden jetzt alle größeren Truppenkörper aus dem inneren Gallien an den Rhein verschoben, wo sie mit Nijmegen, Xanten, Moers-Asberg und Neuss – vielleicht auch schon Mainz – ausgesprochen günstig gelegene Plätze besetzten. Auf der einen Seite befanden sich die neuen Standorte am Ende von Wasser- und Straßenverbindungen, die aus Gallien kamen, und gewährleisteten die Versorgung der Truppen aus dem gallischen Binnenland heraus: Schon aufgrund der großen Zahl der Neuankömmlinge war diese von den Bewohnern der Rheinregionen nicht zu leisten. Doch konnten die Truppen auf buchstäblich denselben Wegen rasch wieder zurückverlegt werden, blieben also ein Bedrohungspotential für den Fall innergallischer Unruhen. Auf der anderen Seite lagen die neuen Standorte gegenüber von Flüssen und Wegen, die sich – wie Lippe, Ruhr und Main, Hellweg oder die Verbindung über die Nordsee – ins innere Germanien öffneten. An den Endpunkten dieser Ost-West-Verbindungen konnten künftige Einfälle der Germanen abgewehrt werden, doch ebenso gut konnten die römischen Truppen aus ihren Standorten heraus diese Wege auch offensiv nutzen.[48]

Die in der Regel mit einer oder mit zwei Legionen, also 6000 bis 12 000

Mann, belegten Militärplätze wurden in den vergleichsweise dünn besiedelten Uferregionen des Rheins zu mächtigen Zentralorten voller Betriebsamkeit. Neben den Soldaten kamen Händler und Handwerker, Wirte und Schausteller, Liebende und Prostituierte – sie alle waren in unterschiedlichster Weise an der Versorgung der Soldaten beteiligt bzw. wollten von deren Kaufkraft profitieren. Ein ständiger Austausch von Personen und Waren verband das Rheinland über Maas, Mosel und Rhône mit weiten Teilen Galliens, mit Spanien, Italien und Rom. Die großen Legionslager veränderten schlagartig das Erscheinungsbild an der nordöstlichen Peripherie des Römischen Reiches und das wirtschaftliche und soziale Leben in dieser Region. Mit den Soldaten gelangten eine andere Sprache, andere kulturelle Traditionen und Mentalitäten, andere Götter und auch eine andere Ernährungsweise ins Land. Nicht zuletzt brachten die Soldaten die Geldwirtschaft in die Gebiete an Mittel- und Niederrhein.

Mit dem Eintreffen der Legionen veränderten sich auch Erfahrungswelt und Lebensumstände der dortigen Anwohner. Knapp ein Viertel des gesamten römischen Heeres war jetzt am Rhein stationiert. Die Struktur der Bevölkerung verschob sich in Richtung eines deutlichen demographischen Überhangs von Männern im jugendlichen bis mittleren Alter. Sie bildeten eine materiell und technologisch weit überlegene Mittelstandsgesellschaft, zugleich eine Kaste, die sich an Befehl und Gehorsam orientierte und für die Gewalt das gegebene Mittel zur Durchsetzung der eigenen Interessen war. Wie immer in vergleichbaren Fällen wird es unter den Einheimischen Gewinner und Verlierer der Veränderungen gegeben haben. Eine andere sich bald abzeichnende Entwicklung zeigte sich jedoch auch in einer mit den Neuankömmlingen rasch wachsenden materiellen und kulturellen Differenz zwischen den Bewohnern links und rechts des Rheins.

## 1.2 *Die Germanen*

Jenseits des Rheins siedelten die Germanen – jedenfalls nannten die Römer sie so. Das Problem eines jeden heutigen Versuchs, die Bewohner rechts des Rheins historisch zu fassen, liegt darin, dass es zwar archäologische Hinterlassenschaften von ihnen gibt, doch keine eigenen schriftlichen Zeugnisse. Es fehlen demnach Quellen, die erzählend Zusammenhänge herstellen und dabei die germanische Perspektive wiedergeben. Alle uns vorliegenden Beschreibungen über die Bewohner rechts des Rheins stammen von griechischen und römischen Autoren, repräsentieren also die Sicht von Fremden, entstanden auf prekärer Quellengrundlage. Meist sind die Verfasser dieser Schriften nicht einmal in die Nähe des von ihnen beschriebenen Landes gekommen. Ausführungen zur gesellschaftlichen und politischen Ordnung der Germanen, zu Lebensweise und Religion, Verhalten in Frieden und Krieg, dem Verhältnis zwischen Männern und Frauen, Alten und Jungen, Fürsten, Kriegsführern und Volk sind demnach als ethnographische Erzählungen zu lesen. Die darin geschilderten Sachverhalte sind nur im Bewusstsein dieser begrenzten Möglichkeit des Sehens, Verstehens und Ausdrückens der nicht-eigenen Kultur zu interpretieren. Überlagert wird dieses Quellenproblem durch auf den Inhalt ausstrahlende formale Vorgaben der Textgestaltung, durch die oft eigenwilligen Theorien entwachsenen antiken ethnologischen Vorstellungen sowie nicht zuletzt durch ganz bestimmte Absichten, welche die jeweiligen Autoren mit diesen Berichten verfolgten.[49]

*Der Germanenbegriff*

Nach allem was wir wissen, wurde der Name «Germane» von den Bewohnern jenseits des Rheins niemals als Selbstbezeichnung benutzt. Auch das mit dem einheitlichen Namen suggerierte Bewusstsein einer gemeinsamen Identität gab es nicht. Die Bewohner rechts des Rheins waren und fühlten sich als Sugambrer, Tenkterer, Chatten, Cherusker, Marser oder Chauken. Sie gliederten sich in eine Vielzahl von Stämmen unterschiedlicher Größe, mit eigenen Traditionen und eigener Geschichte, mit eigener gesellschaftlicher und politischer Ordnung und mit je eigener Führung. Zwar existierten Kultgemeinschaften, und man heiratete, zumal unter den führenden Familien, auch über die Stammesgrenzen hinweg, doch ebenso gut grenzte man sich immer wieder von den anderen Stämmen ab und war oft genug mit ihnen in Nachbarschaftsfehden verwickelt.[50]

Zudem war die Stammeswelt vergleichsweise instabil. In der Überlieferung oft nur kurz aufscheinende und dann wieder verblassende Stammesnamen spiegeln Abspaltungen und Zusammenschlüsse, Neubildungen und das Verschwinden von Stämmen. Eine gemeinschaftlich handelnde Gruppe blieb oft nur so lange stabil, wie eine starke Führung oder der gemeinsame Erfolg sie zusammenhielt. Mit den aus den Stämmen herausbrechenden Verbänden und deren Mobilität wurden die Römer bei jenen gefolgschaftlich organisierten Kriegergruppen konfrontiert, die als Räuber oder Söldner nach Gallien gekommen waren und sich auf der Suche nach besseren Lebensbedingungen zur materiell weiter entwickelten Kultur hin orientierten.[51] Mit den jungen Männern waren es vor allem die besonders leistungsfähigen Teile der Gesellschaft, die diesen Schritt wagten. Solange sie Erfolg hatten, blieben solche auch aus Angehörigen unterschiedlicher Stämme zusammengesetzten Gruppen zumeist beieinander. Zur Identifizierung und Abgrenzung belegten sie sich selbst mit einem spezifischen Namen – oder wurden von außen so angesprochen – und konnten sich im Erfolgsfall als «Stamm» verfestigen. Die den Römern gegenübertretende Mischung von Kriegergruppen und Siedlungssuchenden, von Stammesverbänden, Stämmen und Teilstämmen, von An- und Zusammenschlüssen – mal aus dem Moment entstanden, mal auf längere Dauer angelegt – machte es kaum möglich, die Germanen als politische Gegner oder Partner überhaupt klar ins Auge zu fassen. Die Auseinandersetzungen zumal mit den nach Gallien eingefallenen Gruppen – wo seit den Tagen Caesars Sugambrer und Ubier, Usipeter und Tenkterer oft innerhalb kürzester Zeit als Unterstützer oder als Gegner Roms auftraten[52] – entsprachen eher der Wahrnehmung bestimmter Polizeiaufgaben, als dass sie in den Kategorien eines äußeren Krieges zu fassen wären: Viele dieser Raub- und Söldnerzüge lagen außerhalb des Gewaltmonopols der Stammesführung und trugen primär privaten Charakter. Entsprechend unmöglich war es, diesen Problemen mit Verträgen beizukommen.

Der vereinheitlichende Begriff «Germanen» für diese differenzierte und heterogene Gesellschaft wurde überhaupt erst von Caesar in die Mittelmeerwelt getragen.[53] Zwar war der Name «Germanen» bereits zu Beginn des 1. Jahrhunderts v. Chr. vom griechischen Universalgelehrten Poseidonios eingeführt worden, doch Poseidonios benutzte ihn nur als Bezeichnung für eine kleine Volksgruppe im äußersten Nordosten Galliens. Diese beschrieb er vermutlich noch als eine Teilgruppe der Kelten.[54] Erst Caesar klassifizierte die Germanen als eigenständiges Großethnos: Teilte man aus der Perspektive der Mittelmeerwelt bis dahin die nördliche Ökumene – den bekannten Kulturkreis – in eine westliche Keltiké und eine bis zum Kaspischen Meer reichende östliche Skythiké – um die gemeinsam sich nach außen der Nordozean schloss –, so fügte Caesar nun die Germanen als drittes Großethnos zwischen Kelten und Skythen ein. In der für die antike Geographie und Ethnographie typischen Begriffsbildung hatte man in diesem Raum zuvor allenfalls ein Mischvolk, die «Keltoskythen», angenommen.[55]

Kern des caesarischen Germanenbegriffs war eine schiere geographische Abgrenzung, keine ethnologisch differenzierende Beobachtung: Der Rhein auf seiner vollen Länge war für Caesar die entscheidende Grenzlinie zwischen Kelten und Germanen. Mit seinen ethnographischen Exkursen, in denen er angesichts seiner zweiten Rheinüberschreitung die grundsätzliche Verschiedenheit zwischen dem Charakter und der Lebensweise der Gallier einerseits und der Germanen andererseits beschrieb, füllte Caesar den Germanenbegriff inhaltlich und übermittelte das Bild zweier grundsätzlich verschiedener Völker im Norden Europas. Politischer Nebeneffekt, wenn auch sicher nicht ausschließliche Ursache dieser Feststellung war, dass Caesar mit ihr implizit die Grenzen der *Gallia* begründen konnte, die folglich von ihm zur Gänze erobert worden war.

Die auf gemeinsame Sitten und Gebräuche verweisenden archäologischen Überreste, zum Teil flankiert durch die Namensforschung zur Rekonstruktion alter Sprachgrenzen, bieten uns heute jedoch ein anderes Bild:[56] Demnach gab es am Rhein eher eine horizontale – nord-südliche – Abfolge der Kulturen, aber keine vertikalen Unterschiede zwischen Ost und West: Im Süden dehnte sich beiderseits des Stroms die Latène-Kultur aus, die von Spanien über Frankreich und den Süden Deutschlands bis nach Böhmen reichte. Ihre Charakteristika sind befestigte Siedlungen – *oppida* –, eine bereits eingeführte Geldwirtschaft und in Ansätzen auch schon Schriftgebrauch. Nördlich darüber lag im Mittelgebirgsraum eine Übergangszone, die zwar auch noch *oppida* und Münzgebrauch aufweist, jedoch mit aufwändigen Bestattungen ein eigenständiges Profil zeigt. Ganz im Norden hingegen, vor allem im niederländisch-norddeutschen Flachland, gab es dann eine weniger von Ackerbau als von Viehwirtschaft geprägte, halbnomadisch erscheinende Gesellschaft mit gering entwickelter materieller Kultur. Vorherrschend waren Kleinsiedlungen mit Familienclans, während übergeordnete gesellschaftliche Strukturen kaum zu erkennen sind.[57] Das Aufkommen des Germanennamens gerade in diesem Raum spricht dafür, wenn überhaupt, dann in diesem Gebiet und seinen Bewohnern jene Kulturgruppe zu suchen, von der aus aufgrund vermeintlich ähnlicher Lebensformen der Name «Germanen» auf alle Bewohner rechts des Rheins übertragen wurde.[58]

### *Keltentradition und Germanenbild*

Auch wenn Caesars Germanenbegriff in der Antike niemals von den griechischen Autoren übernommen wurde – die weiterhin nur zwischen einer Keltiké im Westen und einer Skythiké im Osten differenzierten –, so hat er sich wirkungsgeschichtlich doch durchgesetzt. Das ist auch deshalb bemerkenswert, weil Caesar in seinem eigenen Werk an durchaus zahlreichen Stellen die komplexere Wirklichkeit durchblicken lässt: So kennt Caesar im Süden die Kelten beiderseits des Rheins, auch spricht er im Norden von den *Germani cisrhenani*, also Germanen diesseits (links) des Rheins.[59] Die hier im Kleinen – wohl aufgrund beobachteter ähnlicher kultureller Prägung – erfolgten Zuordnungen vermochten allerdings nicht, den Theorieentwurf im Großen mit seiner klaren und einfachen Struktur zu beeinträchtigen. Nicht zuletzt setzte sich die von geographischen Gebieten ausgehende ethnische Differenzierung auch deshalb durch, weil bald nach Augustus die römische Herrschaft für Jahrhunderte am Rhein zum Stehen kam: Die mit dem Limes verdichtete politische Grenze wurde unter dem Vorzeichen der Romanisierung zu einer scharf gezogenen Linie beschleunigter kultureller und materieller Entwicklungen links des Rheins und eines weitgehenden Ausschlusses von diesem Prozess in den Gebieten rechts von ihm. Dem von Caesar theoretisch konstruierten Germanenbegriff näherte sich die Wirklichkeit so nach und nach an.

Mit der «Entdeckung» der Germanen als eines von Rom aus noch hinter den Kelten gelegenen Volkes wurden viele Zuschreibungen, die bislang für die Kelten galten, nun an die äußere Peripherie verschoben und auf die Germanen übertragen. Tief geprägt waren die römischen Vorstellungen von den Nordbarbaren durch den Keltensturm des Jahres 387 v. Chr. Der Überfall, bei dem sich die Römer nur durch die Zahlung eines schmählichen Tributs den Abzug der Kelten aus ihrer eigenen Hauptstadt erkaufen konnten, bildete ein über Jahrhunderte tiefsitzendes Trauma. Die existentiell empfundene Angst aktualisierte sich bei Hannibals Zusammengehen mit den Kelten im Zweiten Römisch-Karthagischen Krieg (218–201 v. Chr.), sie steigerte sich zur Hysterie bei dem Erscheinen der Kimbern und Teutonen am Alpenrand ein Jahrhundert danach und sie wurde nochmals 50 Jahre später in berechnender Weise von Caesar zur Verteidigung seiner meist eigenmächtigen Aktionen in Gallien instrumentalisiert.[60] Herleitungen des wilden keltischen Furors aus kalt-feuchtem Klima und gebirgiger Landschaft ihrer nördlichen Heimat gaben diesem einen nicht zur Disposition stehenden Unterbau, und mit den bisherigen Erfahrungen fügten sich die Theorien zu einem geschlossenen Ganzen.[61]

Caesars Beschreibung der Kimbern und Teutonen nicht mehr als Kelten, sondern erstmals als Germanen, öffnete dem neuen Völkerbegriff mit einem Schlag einen gut ausgestatteten Assoziationsraum. Für den Keltenbegriff hielten die Römer spätestens seit der Eroberung Galliens eine neue und in vielem weitaus nüchternere Empirie bereit, die nicht mehr auf Vorstellungen angewiesen war, wie sie alten Erfahrungen, geformter Erinnerung und Theorien entwuchsen. Doch mit der «Entdeckung» der Germanen musste die bisherige Nordbarbarentypologie nicht aufgegeben, sondern sie konnte einfach an die äußere, noch unbekannte Peripherie vorgeschoben werden.[62]

Entwicklungsgeschichtliche Vorstellungen erlaubten es, den Widerspruch zwischen traditionellen Keltenbildern und neuer Zuschreibung dieser Charakteristika auf die Germanen in historischer Perspektive aufzuheben: Schon Caesar und nach ihm Strabon argumentierten, dass bei den Germanen der eigenen Gegenwart die Verhältnisse so wären, wie sie in früherer Zeit einmal bei den Galliern gewesen seien.[63] Strabon versuchte auf diesem Weg sogar eine etymologische Herleitung des Germanennamens, den er als «die Echten, Unverfälschten» erklärt – Kelten, die sich, unberührt von der Mittelmeerzivilisation, noch ihre Ursprünglichkeit bewahrt hatten.[64] Logische Konsequenz war, dass auch in Germanien nicht immer alles so bleiben würde, wie man es derzeit antraf.

Der konkrete Umgang mit diesem fremden und wenig zivilisiert erscheinenden kulturellen Außenraum war durchaus ambivalent. Feldherrn wie Caesar arbeiteten in ihren Kriegsansprachen vor den Soldaten mit diesen Bildern. Einerseits wurde das den Römern Unbekannte beschworen – der große Körperbau, die Kampfkraft und die von den Soldaten gefürchtete Wildheit ihrer Gegner. Doch wurde dem das Vertrauen auf kluge Überlegung und Geduld entgegengehalten: Der barbarische Furor würde verpuffen, sobald er nur auf anhaltenden und koordinierten Widerstand träfe.[65] Allen Barbarenbildern zum Trotz ging von einer wirklichen Überlegenheit der Barbaren wohl niemand aus. Dies hatten nicht zuletzt die Kimbernkriege gezeigt, als die verschiedenen römischen Feldherrn die kriegerische Auseinandersetzung immer wieder ganz bewusst gesucht hatten, um durch einen Sieg persönlichen Kriegsruhm für sich zu ernten. Bei einem in seinem Leistungsvermögen ins Unermessliche gesteigerten Gegner musste dieser Ruhm nur um so eindrucksvoller ausfallen.[66] Nichts zeigt die diesbezügliche Selbstüberschätzung der Römer und ihre fehlerhafte Bestimmung der angetroffenen Verhältnisse deutlicher als die riesigen Verluste, die sie in diesen Kämpfen durch überstürztes und teils offen rivalisierendes Vorgehen ihrer Generäle gleich mehrmals hintereinander erleiden mussten – bis Marius die Kimbern und Teutonen als militärische Gegner endlich ernst nahm.

Auf der anderen Seite nutzte man die Mobilität und Kampfkraft der Barbaren selber. Insbesondere deren gut trainierte Reiterei konnte diesbezügliche Schwächen im römischen Heer ausgleichen. Bereits Caesar hatte sich während seines Krieges in Gallien mehrfach der Hilfe germanischer Söldner bedient.[67] Trotz verbaler Ausgrenzung und teils faktischer Gegnerschaft besaß der militärische Nutzen im Verhältnis zur kulturellen Arroganz die höhere Priorität, und Caesar unterschied sich in der Anwerbung von Germanen nicht von seinen gallischen Kontrahenten. Germanische Söldner folgten Caesar im Bürgerkrieg bis Spanien, Ägypten und Nordafrika, und nach der Ermordung des Diktators (44 v. Chr.) finden sie sich in allen entscheidenden Schlachten um Caesars Erbe, bei Mutina (43 v. Chr.), Philippi (42 v. Chr.) und Naulochos (36 v. Chr.).[68] Nicht weniger verstand man in Rom das furchteinflößende Äußere der großen hageren Gestalten mit ihren hellen Haaren und der blassen Haut publikumswirksam einzusetzen: Wohl schon seit den frühen 30er Jahren bildeten die germanischen Bataver und einige Ubier die persönliche Leibwache *(corporis custodes)* Oktavians. Diese Position der Leibwache des Herrschers sollte Germanen bis in die Zeit Neros (54–68 n. Chr.) vorbehalten bleiben – der Rekrutierung der Schweizer Garde der Päpste nicht ganz unähnlich.[69] Und mit einer persönlichen Leibwache aus Germanen schmückte sich selbst Herodes (40–4 v. Chr.), der in seinem judäischen Königreich auch in dieser Hinsicht dem mit ihm befreundeten Herrscher des *Imperium Romanum* nicht nachstehen wollte.[70]

# 2. Roms Vordringen bis zur Elbe

Die vom Jahre 12 bis zu seinem Tod 9 v. Chr. fortgesetzten Feldzüge des Drusus bilden die erste Phase kontinuierlicher und zugleich massiver militärischer Durchdringung rechtsrheinischer Gebiete durch Rom, die im Triumph des Tiberius vom 1. Januar 7 v. Chr. ihren Abschluss fand. Doch ungeachtet der vor dem stadtrömischen Publikum abgehaltenen großen Siegesfeier werden von der Forschung nicht nur die Ziele, sondern auch das in diesen Feldzügen überhaupt Erreichte äußerst kontrovers beurteilt.

Die vorliegende schriftliche Überlieferung ist spärlich und bietet nicht die erhoffte Klarheit. Der Mehrzahl der Schriften lag zum Zeitpunkt ihrer Abfassung bereits das Wissen um die Einstellung weiterer Feldzüge und das Zurückziehen sämtlicher römischer Truppen auf die Rheinlinie bald nach dem Tod des Augustus zugrunde. Summarische Äußerungen, mangelnde Festlegungen und Doppeldeutigkeiten waren ein Weg, mit einem mutmaßlichen außenpolitischen Scheitern umzugehen – Anklagen und Schuldzuschreibungen waren der andere. Um einen von diesen Wertungen unverstellten Blick auf die eigentlichen Geschehnisse zu erhalten, versucht die Forschung, die individuellen Perspektiven der einzelnen Autoren aufzudecken, die sie dann gewissermaßen bei der Interpretation ihrer Berichte in Abzug bringt. Ansatzpunkte dafür bieten der spezifische gesellschaftliche Hintergrund des jeweiligen Autors, seine Haltung zur römischen Außen- und Militärpolitik oder zum *Imperium Romanum*, zu Augustus oder auch zum Prinzipat – der Kaiserherrschaft – als System. Die Konsequenzen dieser Voreinstellungen eines jeden Autors finden nicht nur in der Bewertung, sondern auch bereits in der Schilderung der Ereignisse ihren Ausdruck.

Einen präziseren Einblick versprechen die Schriften zeitgenössischer Autoren, die die Geschehnisse in ihrer tagesaktuellen Wahrnehmung und ohne wirkungsgeschichtliche Überlagerungen wiedergeben. Hier stehen die oft aufs Jahr genau datierbaren literarischen Werke aus dem Künstlerzirkel um Augustus an erster Stelle. Doch auch diese Texte – obwohl die Außenpolitik sogar häufiger Gegenstand der Lyrik war – helfen kaum weiter: In der Regel spiegeln sie nur die unterschiedlichen Vorstellungen und Erwartungshaltungen ihrer Autoren. Das Geschehen erscheint vor allem als ein Stichwortreservoir für an den Herrscher adressierte Schmeicheleien.[1]

Die Schwierigkeiten der Quellenlage sind insbesondere aber dadurch bestimmt, dass unter den Bedingungen des Prinzipats eine öffentliche Debatte über die Außenpolitik nicht mehr stattfand. Die Grenzprovinzen und das dort stationierte Heer lagen in der Hand des Prinzeps. Ausgestattet mit einem umfassenden Kommando entschied dieser aus eigenem Urteil über das Notwendige. Unstrittiger Vorteil dieser Machtkonzentration war, dass jetzt großmaßstäbliche Planungen erfolgen konnten: In völlig neuer Weise war es möglich, vom *Imperium Romanum* als Ganzem auszugehen, den Westen und den Osten, unter sachlicher Abwägung der zur Verfügung stehenden Ressourcen, gleichermaßen zu berücksichtigen. Für eine allein vom Ehrgeiz einzelner Aristokraten entfesselte und sich von den Interessen des Staatsganzen entkoppelnde Dynamik in den Grenzregionen – wie sie sich bei der eigenmächtigen Eroberung ganz Galliens durch Caesar in besonders drastischer Weise gezeigt hatte – gab es keinen Raum mehr.

Die neuen Strukturen der Außenpolitik mussten zwar nicht zwingend zu einer größeren Rationalität in der Sache führen, aber es darf bei allen Aktivitäten auf diesem Feld doch viel stärker von konkreten Zielvorstellungen ausgegangen werden, die letztlich bei einer Person zusammenliefen. Die von der Öffentlichkeit erwartete Fähigkeit zu einer umfassenden inneren und äußeren Befriedung des Reiches war Ausdruck eines militärischen Leistungsideals, das jetzt vom Prinzeps monopolisiert wurde. Die Kehrseite war, dass ihn dieses Leistungsideal band und ihm Freiheiten nahm: Soweit es nicht überhaupt schon auf seine Handlungen Einfluss ausübte, nötigte es ihm konsequent bestimmte Formen der Präsentation seiner Leistungen in der Öffentlichkeit ab, um sichtbar zu machen, dass er den Erwartungen, die an ihn herangetragen wurden, auch entsprach.

Man darf davon ausgehen, dass Ziele und Absichten der römischen Grenz- und Außenpolitik vom Prinzeps definiert und die Strategien in Abstimmung mit dem Planungsstab der vor Ort Verantwortlichen regelmäßig entwickelt und gegebenenfalls nachjustiert wurden. Alle diese Überlegungs- und Entscheidungsprozesse haben aber ihrem Wesen nach nicht den Weg in die Überlieferung gefunden. Der Forschung bleibt kaum ein anderer Weg, als im Rückschlussverfahren, aus einer detaillierten Analyse von Anlage und Verlauf der einzelnen Militäroperationen die ihnen zugrunde liegenden Absichten zu rekonstruieren.

## 2.1 *Die Feldzüge des Drusus*

Als die germanischen Gruppen 12 v. Chr. nach Gallien einfielen, waren die römischen Truppen bereits in ihre neuen Standorte am Rhein eingerückt.[2] Doch zur gleichen Zeit galt es für sie ebenso noch, Unruhen in Gallien niederzuhalten, die infolge der dort von Rom durchgeführten Steuerschätzung ausgebrochen waren. Blickt man auf die bisherigen Einfälle germanischer Gruppen nach Gallien, dann dürfte auch 12 v. Chr. ein kausaler Zusammenhang zwischen dem Rheinübertritt der Germanen und den Verwicklungen in Gallien bestanden haben.[3]

Die Errichtung der neuen römischen Militärlager hatte sicherlich keine größeren Auswirkungen auf das Verhalten der Germanen. In gewisser Weise konnten diese das linksrheinische Gebiet sogar noch attraktiver machen: Denn dass auch eine römische Legion gegebenenfalls zu besiegen und dabei Beute und Ehre zu erringen war, wusste man seit den Tagen Caesars; jüngst hatte man es noch einmal am Beispiel des Lollius erfahren dürfen. Auf der anderen Seite waren die Römer aber auch stets ein potentieller Partner, bei dem man sich als Söldner verdingen konnte. Ein ideeller Unterschied, ob man nun für oder gegen die Römer oder bestimmte Gruppen der Gallier kämpfte, bestand für die rechtsrheinischen Gruppen mit Sicherheit nicht. Entscheidend für das Eintreten in eine Auseinandersetzung waren allein das Angebot und die persönliche Aussicht auf Erfolg.

Als im Jahre 12 v. Chr. nach Gallien einfallende Germanen nennt die Überlieferung Sugambrer, Usipeter und Tenkterer – und mithin dieselben Namen wie im Zusammenhang der *clades Lolliana* vier bis fünf Jahre zuvor, ungeachtet der im Friedensschluss erfolgten Geiselstellung. Man muss das nicht zwingend als einen «Politikwechsel» bei diesen Stämmen deuten oder gar zwei Parteiungen konstruieren, die sich dort zwischenzeitlich in der Macht abgelöst hätten. Ebenso gut ist es möglich, dass sich die Überfälle auf gallischem Boden einfach den Einflüssen derjenigen entzogen, die Rom gegenüber Garantieerklärungen abgegeben hatten, und dass die gesellschaftliche Struktur der germanischen Stämme den Gegensatz von vertraglicher Bindung und räuberischem Kriegszug aushielt. Der Zusammenschluss junger Männer zum Zwecke gemeinsamer Beutezüge oder in der Absicht, sich als

Söldner zu verdingen, war – zumal wenn er stammesübergreifend erfolgte – für die als politische Verhandlungspartner auftretenden Stammesführungen vermutlich kaum zu kontrollieren. Es bleibt durchaus fraglich, ob sich die Stammesautoritäten für Handlungen derartiger, auf persönlicher Übereinkunft gegründeter Verbindungen überhaupt zuständig und letztlich haftbar fühlten.

Die damals nach Gallien eingedrungenen Gruppen konnten von den Römern schnell zurückgeschlagen werden. Wahrscheinlich gelang dies bereits den Truppenführern vor Ort. Drusus selbst befand sich am 1. August 12 v. Chr. noch in Lugdunum. Dort weihte er das neue politische Zentrum der gallischen Stämme und die Stätte für den Kaiserkult ein, den Altar für Roma und Augustus.[4] Auf die Nachricht vom Einfall germanischer Gruppen brach er nach Nordosten auf. Der Vorstoß gegen die Usipeter und Sugambrer wurde bereits von ihm angeführt. Mit der Verwüstung der Ländereien zielte er auf eine Demütigung und Bestrafung des Gegners in dessen Kerngebiet. Bemühungen um eine neue Friedensregelung sind nicht zu erkennen, und vermutlich hatten sich die Germanen vor den anrückenden römischen Truppen erneut ins Landesinnere zurückgezogen.

### *12 v. Chr.: Erkundung und Eroberung über die Nordsee*

Direkt im Anschluss an diese Aktion startete Drusus noch ein zweites Unternehmen, bei dem er mit einer Flotte in die Nordsee einfuhr (Abb. 2).[5]

Das Unternehmen ist in mehrfacher Hinsicht bemerkenswert: Seetaugliche Schiffe in hinreichender Größe standen schon bereit, und auch mit der Kanalisierung der Vecht, die den Alten Rhein mit dem Flevo-See verband und so die Einfahrt in die östliche Nordsee kürzer und zugleich sicherer machte, war zu diesem Zeitpunkt offensichtlich bereits begonnen worden.[6] Eindeutig handelte es sich bei der Nordseefahrt um eine längerfristig vorbereitete Aktion, nicht um eine Reaktion, die sich erst aus dem Einfall der Sugambrer ergab: Das Unternehmen fand wohl viel mehr trotz der zwischenzeitlich durchgeführten Bestrafungsaktion noch im Jahre 12 v. Chr. statt.

Mit Friesen, Brukterern und Chauken traf Drusus auf Stämme, die bislang nicht durch Übergriffe nach Gallien in Erscheinung getreten waren. Auch die antiken Quellen bemühen keine entsprechende Argumentation zur Rechtfertigung des Flottenvorstoßes. Die Friesen schlossen sich gar dem römischen Heereszug mit Mannschaften an. Tacitus berichtet später von einem mäßigen Tribut, den Drusus den Friesen auferlegt habe.[7] Die Abgabe

*Abb. 2 Die Feldzüge des Drusus 12–9 v. Chr.*

verweist auf einen Status der Friesen als Unterworfene *(dediticii)*, nicht als Bundesgenossen oder Söldner. Durch die Tributforderung band Drusus sein Prestige als Feldherr an die Beibehaltung der neuen Ordnung. Auch die weiteren Aktionen des Feldherrn übersteigen das Maß eines Erkundungszuges: Eine Auseinandersetzung mit den südlicheren Brukterern im Bereich der Ems dürfte bereits zu einem entscheidenden Sieg und zur Unterwerfung des Stammes geführt haben. Ob sich auch die Chauken bereits 12 v. Chr. dem Drusus unterwarfen, ist indes offen.[8]

Vor dem Hintergrund der neu angelegten Standorte der römischen Truppen war die Nordseeküstenfahrt konsequent. Vor allem im Bereich des Nieder- und des oberen Mittelrheins hatten germanische Gruppen immer wieder den Strom überschritten. Sie selbst konnten sich einem von Westen anrückenden Heer durch die Flucht ins Landesinnere entziehen, und einer Verfolgung standen unkalkulierbare logistische Schwierigkeiten für die Römer gegenüber. Bereits Caesar konstatierte, am Rhein stehend, die Undurchdringlichkeit und unermessliche Weite des vor ihm liegenden Gebiets.[9] Der Weg über die Nordsee öffnete eine Alternative: Mit Ems, Weser und gegebenenfalls Elbe führten von der Nordsee aus mehrere Flüsse ins Landesinnere, deren Mündungen gleichsam gestaffelt aufeinander folgten. Die Flüsse waren geeignet, die naturräumlichen Barrieren der West-Ostverbindungen zu umgehen und eröffneten damit die Möglichkeit, den Ruhestörern in die Flanke zu fallen.

Bereits Aristoteles hielt im 4. Jahrhundert v. Chr als Kenntnisstand seiner Zeit fest, dass von dem gewaltigen, Europa quer durchziehenden Herkynischen Gebirge zahlreiche Flüsse in den nördlichen Ozean strömten.[10] Im zweiten Jahrzehnt n. Chr. beschrieb der Geograph Strabon Germanien anschaulich als eine schiefe Ebene, die von eben diesem Herkynischen Wald zum Nordmeer hin abfalle und auf der sich zwischen Rhein und Elbe, parallel verlaufend, schiffbare und in den Nordozean mündende Flüsse befänden.[11] Auch wenn die antiken Quellen übereinstimmend betonen, dass Länder und Völker rechts des Rheins den Römern erst in den Jahren der Okkupation bekannt geworden seien,[12] so dürfte dieser grobe geographische Orientierungsrahmen den Kenntnisstand bereits vor den ersten Feldzügen wiedergeben. Noch vor dem Ende des zweiten Jahrzehnts v. Chr. hatte Agrippa umfassende *commentarii* für den Entwurf einer Weltkarte zusammengetragen, denen zufolge er sogar die Weichsel kannte und als östliche Grenze Germaniens beschrieb.[13] Auf eigener Anschauung beruhte dies allerdings noch nicht, und genauere Kenntnis der genannten Flüsse und Landschaften, der begehbaren Wege und der Streckenentfernungen war nur durch Autopsie zu gewinnen. Insoweit gingen in den nächsten Jahren Erkundung und Eroberung Hand in Hand. Doch für die Erfassung und Beschreibung Germaniens als Raum bildeten die Flussläufe die ersten und wichtigsten Koordinaten. Zugleich boten die Wasserwege Chancen, die Truppen, deren Ausrüstung sowie Getreide, das für die Versorgung von Mensch und Tier erforderlich war, schnell und in großen Mengen heranzuführen. Schon für die Gebiete innerhalb des Römischen Reiches, mit seinen gut ausgebauten Straßen, lässt sich eine Effizienz von Flusstransporten berechnen, die dem zähen Transport mit Packtieren oder Wagen über Land um deutlich mehr als das Zehnfache überlegen war.[14]

*11 v. Chr.: Ausbau rechtsrheinischer Militärlager*

Ungeachtet seines stadtrömischen Amts als Prätor fiel Drusus im Frühjahr 11 v. Chr. erneut mit den in Gallien stationierten Truppen in Germanien ein.[15] Wieder nahm der Feldzug seinen Ausgang vom Niederrheingebiet, vermutlich von Nijmegen oder von Xanten aus. Von dort zog er durch das Gebiet der Usipeter, die er diesmal unterwarf, überquerte die Lippe, unterwarf die Tenkterer[16] und rückte dann in das Gebiet der Sugambrer vor (vgl. Abb. 2). In der Wegeführung entsprach der Feldzug ungefähr dem Verwüstungszug vom Herbst des Vorjahres, doch jetzt nahm Drusus, im Anschluss an die Praxis der Flottenoperation, Unterwerfungen entgegen.

Die Sugambrer – es dürften vor allem die Krieger des Stammes gemeint sein – sollen zu diesem Zeitpunkt ihr Siedlungsgebiet verlassen und sich auf einem Feldzug gegen die südlichen Chatten befunden haben. Ursache des Angriffs war nach Cassius Dio, dass die Chatten sich einem Kampfbündnis gegen Rom verweigert hatten. Dieser Begründung ist nur schwer ein Sinn abzugewinnen, selbst wenn die Chatten bis dahin Rom freundschaftlich verbunden waren: Der zu Grunde liegende Gedanke ist wohl der, dass Cassius Dio die rechtsrheinischen Stämme als gemeinschaftlich handelnde Gruppe auffasst; und wenn die Chatten von den Sugambrern in ein Kampfbündnis hineingezwungen werden sollten, so setzt dies auf Seiten des Autors die Erwartung einer grundsätzlichen römisch-germanischen Auseinandersetzung voraus. Beides ist für diese Zeit aber anachronistisch. Als Paradoxie kommt hinzu, dass ein römischer Angriff von den Sugambrern offenbar nicht erwartet worden ist. Und den sugambrischen Bestrebungen musste nicht weniger zuwiderlaufen, dass die mit ihnen stets eng verbundenen Usipeter und Tenkterer, als zugleich nächste Nachbarn, einem Angriff schutzlos ausgeliefert waren und sich infolge dessen Rom beugen mussten.

Scheinbar ungehindert zog Drusus durch das Gebiet der Sugambrer zu den Cheruskern und schließlich bis zur Weser. Sein Heer dürfte der Lippetrasse oder dem Hellweg gefolgt sein und dann den südlichen Teutoburger Wald überquert haben. Ob er an der Weser ein längeres «Sommerlager» bezog, ist ebenso ungewiss wie die von Livius bereits für dieses Jahr notierte Unterwerfung der Cherusker.[17] Auch eine Parallelaktion der Flotte ist von der Forschung erwogen worden, aber durch die – spärlichen – Quellen nicht bezeugt.[18] Mit dem Erreichen des Flusses waren den Römern jetzt aber Rhein, Nordsee, Lippe, Ems und Weser aus eigener Anschauung bekannt geworden. Der Nordwesten des germanischen Gebietes war spätestens von diesem Zeitpunkt an als Raum umrissen und als Landschaft erfahrbar. Mit der Unterwerfung von Friesen und Brukterern, Usipetern und Tenkterern, Chauken und vielleicht Cheruskern hatte Drusus zugleich zu einer politischen Kontrolle der in diesem Gebiet siedelnden Stämme angesetzt.

Fortgeschrittene Jahreszeit und Proviantmangel zwangen das römische Heer schließlich zur Umkehr.[19] Der Rückmarsch wird aus logistischen Gründen weitgehend auf denselben Routen erfolgt sein wie das Vorrücken, um das Heer aus zuvor angelegten Etappenstationen zu versorgen. Doch wurde der Heereszug mehrfach aus dem Hinterhalt angegriffen. Als Angreifer wird man sich vor allem die zurückgekehrten sugambrischen Krieger vorstellen dürfen, vielleicht unterstützt durch die Chatten, welche die Sugambrer ja hatten gewinnen wollen, sich ihnen anzuschließen. Bei einem Ort namens Arbalo wurden die Römer schließlich in einem Engpass völlig eingeschlossen. Nur dank der ungeordneten Kampfesweise der Germanen soll es den Legionen gelungen sein, sich aus der nahezu aussichtslosen Situation zu befreien.

Als Ergebnis des Jahres wird von Cassius Dio die Errichtung einer «Festung» am Zusammenfluss von Lippe und Elison festgehalten, darüber hinaus die Anlage eines weiteren Militärstützpunkts unmittelbar am Rhein, der sich gegen die Chatten richtete. Die Festung an der Lippe kann mit großer Wahrscheinlichkeit mit dem archäologisch aufgedeckten Militärplatz von Oberaden bei Bergkamen identifiziert werden:[20] Das mit äußerst repräsentativem Stabsgebäude und dichter Innenbebauung ausgestattete Militärlager, mehr als 70 Kilometer östlich des Rheins, ist der größte bislang entdeckte

Truppenstützpunkt der römischen Welt überhaupt! Mit 56 ha umfasst das Lager mehr Raum als zum Beispiel der heutige Vatikanstaat (44 ha). Das Lager bot Platz für deutlich mehr als zwei Legionen. Ihm zugeordnet war das in knapp 3 Kilometer Entfernung an der Lippe gelegene Uferkastell von Beckinghausen, das Versorgungsfunktionen übernommen haben dürfte.[21] Die Verpflegung von Truppen dieser Größenordnung war aus Germanien heraus unmöglich zu leisten, und sie dürfte zum überwiegenden Teil über Rhein und Lippe erfolgt und von den gallischen Stämmen getragen worden sein.

Im Gegensatz zur «Lupia» (Lippe) gibt es für den bei Dio genannten Fluss «Elison» keine überzeugende Deutung.[22] Doch dem Fundspektrum nach ist Oberaden unter den römischen Militärplätzen rechts des Rheins eindeutig der älteste. Die Deutung stützen verbaute Hölzer, deren Fällungsdaten sich anhand der Jahresringe auf den Spätsommer 11 v. Chr. präzisieren lassen. Das Aufeinandertreffen von archäologischem Befund und literarischer Überlieferung hat die an diesem Platz gefundenen Hölzer überhaupt erst zu einem Fixpunkt der Dendrochronologie gemacht: Bis dahin datierte die Forschung die in Oberaden vorkommenden Jahresringe noch 27 Jahre früher.[23] Der literarische Beleg einer 11 v. Chr. an der Lippe errichteten Festung ermöglichte es, die «schwimmende» relative Chronologie mit einem präzisen absoluten Datum zu verbinden. Bis heute hat sich die an dem Fundplatz Oberaden skalierte Baumring-Chronologie bewährt.

Etwas abweichend ist der Befund der Münzen: Die Fundmünzenreihe von Oberaden bricht mit Prägedaten zwischen 15 und 13 v. Chr. ab.[24] Dies muss allerdings kein Widerspruch sein, sondern zeigt vielmehr, dass bis zum Verlust einer Münze an einem bestimmtem Platz mit einer zeitlichen Verzögerung gerechnet werden muss, die auf das Prägedatum aufzuschlagen ist.

Noch unentdeckt ist das zweite Lager im Bereich der Chatten. Die kleine Nachschubstation von Rödgen passt den Funden nach zwar in die frühe Zeit, wird aber der vorauszusetzenden Funktion als Kontrollpunkt nicht gerecht. Die Vermutung, ob es sich nicht um einen Hinweis auf das große Lager von Mainz handelt, dass dann allerdings erst 11 v. Chr. errichtet worden wäre, ist angesichts der Kontrolle, die durch den Abfall der Chatten von diesem Zeitpunkt an dort erforderlich wurde, durchaus erwägenswert; gleiches gilt im Hinblick auf die im folgenden Jahr eingeleitete Verlagerung des militärischen Schwerpunkts.[25] Allerdings werden von archäologischer Seite die Anfänge des Mainzer Lagers ein bis zwei Jahre früher angesetzt.

*10 v. Chr.: Von Mainz aus erfolgender Vormarsch*

Zum Abschluss des Jahres 11 v. Chr. wurden Drusus für seine militärischen Verdienste die Triumphalornamente verliehen, zugleich ein Zeichen für einen gewissen Abschluss der Kämpfe. Doch setzte Drusus, davon unberührt, seine Feldzüge 10 v. Chr. anscheinend kontinuierlich fort. Im Frühjahr begann er mit einem Angriff auf die Chatten.[26] Begründet wird dieser mit dem Abfall der vormaligen römischen Verbündeten, die das ihnen angewiesene Siedlungsgebiet verlassen und sich den Sugambrern angeschlossen hätten. Bei dem geräumten Siedlungsgebiet dürfte es sich um die rheinnahen Regionen, möglicherweise im Bereich des Neuwieder Beckens, gehandelt haben; der erwähnte Anschluss an die Sugambrer könnte – wie oben erwogen – auf eine chattische Beteiligung an den Überfällen auf das Drususheer im Jahr zuvor hindeuten. In bewährter Manier zog das Heer des Drusus, eine breite Spur der Verwüstung hinterlassend, durch die chattischen Siedlungen; einige chattische Gruppen unterwarfen sich. In den Kontext dieses eher schlecht belegten Feldzugsjahres gehört vermutlich auch der bei Florus (1./2. Jh. n. Chr.) und Orosius (5. Jh. n. Chr.) erwähnte Sieg über Markomannen und Sueben.[27] Dies deutet auf eine Vormarschroute, die – von Mainz aus betrachtet – nicht nur eine nordöstliche, sondern auch eine sich stärker am Main orientierende östliche bis südöstliche Richtung nahm, und zwar nach Mainfranken hin. Geht man jeweils von einem Schwerpunktbereich der militärischen Aktivitäten aus, so passen die genannten Aktionen am besten in dieses Jahr. Das nordwestliche Germanien blieb offensichtlich ruhig. Die ältere Forschung hatte zwar noch geglaubt, auf einen großen Angriff der Sugambrer auf das Römerlager Oberaden schließen zu können, doch wird mittlerweile davon ausgegangen, dass Brandspuren, die man in diesem Sinne interpretiert hatte, eher in den Kontext der Aufgabe des Lagers gehören und Zeugnis einer planmäßigen Niederlegung durch die Römer sind:[28] In der literarischen Überlieferung gibt es jedenfalls keinen Hinweis auf Widerstand, der auf die von Drusus 12 und 11 v. Chr. entgegengenommenen Unterwerfungen in Nordwestdeutschland gefolgt wäre.

*9 v. Chr.: Umkehr an der Elbe und Tod des Drusus*

9 v. Chr. startete Drusus von Mainz aus einen neuerlichen Feldzug durch das Gebiet der Chatten (vgl. Abb. 2).[29] Sueben werden als Gegner auf seinem Vormarsch erwähnt, der offensichtlich mit schweren Kämpfen und hohen Verlusten einherging. Mit dem Erreichen der Weser in cheruskischem Ge-

biet gelang Drusus die Anbindung an das Operationsgebiet der Jahre 12 und 11 v. Chr. von Süden her. Spätestens zu diesem Zeitpunkt dürften auch die in Oberaden stationierten Legionen in die Operationen mit einbezogen worden sein. Drusus überquerte den Fluss und drang bis zur Elbe vor. Der Überlieferung nach wollte er auch diese noch überschreiten. Die Abkehr von diesem Plan kleidet die antike Überlieferung in die Geschichte von dem Erscheinen einer übermenschlich großen Barbarin, die sich Drusus entgegenstellte und ihm in lateinischer Sprache zurief: «Wohin willst Du eigentlich noch ziehen, unersättlicher Drusus? Es ist Dir nicht vom Schicksal bestimmt, dies alles hier zu sehen. Ziehe von dannen! Denn das Ende Deiner Taten und Deines Lebens ist schon nahe.»[30] Die Erzählung greift ein Wandermotiv der Umkehr erfolgreicher Feldherren auf und erinnert an Alexander den Großen am Hyphasis, dem die Götter günstige Vorzeichen für ein weiteres Vorrücken verweigerten. Damit bereitete die Drusus-Geschichte ihre Leser zugleich auf ein Angedenken voller nicht mehr erfüllter Hoffnungen vor. Schon an der Weser, zwei Jahre zuvor, soll der Entschluss des Drusus, seinen Vorstoß abzubrechen, der Überlieferung zufolge in ähnlicher Weise mit einem schlechten Omen verbunden gewesen sein.[31] An der Elbe begnügte sich der vom Schicksal gewarnte Drusus im Stile Alexanders mit der Errichtung eines Siegesdenkmals und kehrte um. – Von der Forschung ist allerdings auch erkannt worden, dass sowohl die Anspielung auf Alexander den Großen als auch das Motiv der schlechten Vorzeichen Ausdrucksmittel der Zeitgenossen waren, mit denen sie das allzu unbändige Vorstoßen des Drusus auf diskrete Weise kritisierten.[32]

Drusus war mit seinem Heer so weit in das rechtsrheinische Gebiet vorgedrungen wie noch kein anderer römischer Feldherr vor ihm. Die Bemerkung von Cassius Dio, dass Drusus das Gebiet zwischen Weser und Elbe verwüstend durchzogen habe, scheint sich dabei eher auf den Stil der Kriegsführung zu beziehen, als dass etwa entscheidende Schlachten stattgefunden hätten oder weitere Unterwerfungen hätten entgegengenommen werden können. Viele Germanengruppen dürften sich abermals durch Ausweichen vor den Römern in Sicherheit gebracht haben. Weniger glücklich verlief der Rückmarsch des Drusus: Zwischen Saale und Rhein stürzte der Stiefsohn des Herrschers mit seinem Pferd und zog sich schwere Knochenbrüche zu.[33] Dreißig Tage später erlag er seinen Verletzungen. In einem Gewaltritt soll Tiberius 200 Meilen (ca. 300 km) durch das erst jüngst besiegte Germanien zum Sterbebett seines Bruders geeilt sein.[34] Da Ausgangs- und Endpunkt der

*Abb. 3 Marmorbüste mit dem Porträt des Drusus (Paris: Louvre)*

Reise des Tiberius durch Germanien nicht bekannt sind, lässt sich aus der schieren Distanzangabe, soweit es sich dabei nicht überhaupt bloß um eine symbolische Zahl handelt, nur wenig für den genauen Ort der Ereignisse gewinnen.

Tiberius übernahm das Heer und führte den Leichnam in einem feierlichen Zug nach Rom, um ihn im Mausoleum des Augustus zu bestatten. Das Lager in der Mitte Germaniens, wo Drusus starb, wurde als Unglücksort niedergelegt.[35] Den Legionären, die ihrem hoch verehrten Feldherrn ein eigenes Grabmal errichten wollten, wurde die Errichtung eines Kenotaphs – eines Scheingrabs – gestattet. Dort sollten sie in Zukunft, gemeinsam mit den gallischen Gemeinden, in festlichen Umzügen regelmäßig das Andenken des Drusus feiern.[36] Mit größter Wahrscheinlichkeit handelt es sich dabei um den in Mainz noch heute bis zu einer Höhe von 20 Metern erhaltenen und als «Eichelstein» bekannten Rundbau. Die Ankunft des pompösen Leichenzuges in Rom glich einem Triumph. Der Senat verlieh Drusus posthum den Siegernamen «Germanicus», als einen ehrenden Beinamen nach der «Provinz» *(cognomen ex provincia)*: Dem germanischen Gebiet hatte in der Zeit seiner gallischen Statthalterschaft fraglos die größte Aufmerksamkeit des Drusus gegolten. Der Beiname «Germanicus» sollte von nun an in der Familie des Drusus erblich bleiben.[37]

## 2.2 *Weltherrschaft, Bedrohung oder Familienpolitik?*

So wie die Drususzüge von Norden nach Süden verliefen und dann zunehmend weiter in den Osten vorstießen, erwecken sie den Eindruck, als habe der Feldherr eine systematische Durchdringung des Landes beabsichtigt. Der Radius dieser Aktionen scheint Maßnahmen, die sich noch mit dem Schutz Nordostgalliens begründen ließen, weit zu übersteigen. Der Forschung ist es seit Generationen nicht gelungen, zu einem Konsens über Absichten und Ziele des Drusus zu finden: Die Ansichten reichen von der minimalistischen Deutung, dass alle Maßnahmen allein dem Schutz Galliens dienten, bis zur maximalen, der zufolge von Anfang an eine planmäßige Eroberung nicht nur bis zur Elbe, sondern noch weit darüber hinaus beabsichtigt war.[38]

Für eine auch aggressiv ausgreifende Militärpolitik spricht, dass diese in Übereinstimmung mit den Wertvorstellungen der Zeit stand: Traditionell fanden die römischen Adligen in erfolgreichen Kriegszügen ihr von der Gesellschaft akzeptiertes Exerzierfeld zur Demonstration persönlicher Leistungsfähigkeit. In der Nachahmung Alexanders des Großen wurde die dann auch tatsächlich erreichte Eingliederung neugewonnener Länder in das Imperium zu deren stärkstem Ausdruck. Spätestens in augusteischer Zeit wurde der Gedanke römischer Weltherrschaft sogar als Sendung formuliert und konnte als Maßstab verstanden werden, an dem sich die politisch Handelnden messen lassen mussten.

Im Hinblick auf Germanien kam hinzu, dass der Auftrag zu dessen Eroberung in gewisser Weise als ein Erbe Caesars verstanden werden konnte: Schon dessen Rheinüberquerungen waren als die Erhebung eines Anspruchs zu deuten. Vor allem aber verbanden die Anhänger Caesars nach dessen Ermordung die ausstehende Eroberung Germaniens zu einem großen Plan, der allen vor Augen führen sollte, welche überragenden Perspektiven die Mörder dem römischen Volk genommen hatten. Demnach hatte Caesar beabsichtigt «gegen die Parther einen Kriegszug zu unternehmen, nach deren Niederwerfung durch Hyrkanien am Kaspischen Meer und am Kaukasus entlang um das Schwarze Meer herumzuziehen und in Skythien einzudringen, dann die an die Germanen angrenzenden Länder und Germanien selbst zu bezwingen, durch Gallien nach Italien zurückzukehren und in diesem Kreis auf allen Seiten den Ozean zur Grenze des Römischen Reiches zu machen.»[39] An Oktavian/Augustus war es, sich auch in der Außenpolitik als legitimer Erbe des unter die Götter erhobenen Caesar zu erweisen: Der römische Autor Florus begründet die Germanienfeldzüge des Augustus ausdrücklich mit dem väterlichen Erbe.[40]

Doch bleibt die Frage, welchen Einfluss man den ideologischen Vorstellungen einer Zeit, in der die Öffentlichkeit mit den Namen fremder Völker um sich warf wie mit Konfetti,[41] auf die politisch Verantwortlichen tatsächlich einräumen will. Vermittelnde Positionen der modernen Forschung messen dabei den häufigen Erwähnungen der Elbe besonderes Gewicht zu. Sie vermuten, dass der Strom als neue Grenze des Imperiums im Nordosten bewusst angestrebt wurde (vgl. Abb. 1). Denn gegenüber dem Verlauf von Rhein und Donau war die Elblinie, die im Süden durch das Böhmische Bekken ihren Anschluss an die Donau finden musste, nicht nur deutlich kürzer und kompakter, sondern ihre Sicherung hätte zugleich die Erlangung schnellerer Binnenwege bedeutet.[42] Offen bleibt allerdings, ob bereits für den Beginn der Drususfeldzüge mit geographischen Kenntnissen dieser Qualität und so weit reichenden gedanklichen Konsequenzen gerechnet werden darf. Die von vielen Forschern einer solchen Gesamtstrategie zugeordnete Eroberung des Alpenraumes kurz vor dem Angriff auf Germanien, in den Jahren 16/15 v. Chr., kann kein Argument für derart großräumige Planungen sein. Als Verbesserung des Zugangs nach Gallien sowie als Verbindung der westlichen mit den östlichen Reichsteilen hatte diese einen eigenen Stellenwert.[43] Während der Feldzüge gegen die Germanen spielte die Donau, sieht man von dem späteren Angriff auf den Markomannenkönig Maroboduus einmal ab, nach allem was wir wissen jedenfalls keine Rolle.

Eine Aufhebung der Gegensätze wird erreicht, wenn man nicht von statischen, vermeintlich von Anfang an vorgegebenen Zielen ausgeht, die keiner Veränderung mehr unterlagen, sondern von deren Entwicklung. Dieser Ansatz trägt auch adäquat der mit den Feldzügen erfolgten Verbesserung der geographischen und topographischen Kenntnisse Rechnung. Mit einer solchen, von der jüngeren Forschung mehrfach eingenommenen Perspektive lassen sich nun allerdings auch bereits im Hinblick auf die Feldzüge des Drusus bemerkenswerte Zäsuren erkennen:[44]

### *Die zwei Phasen der Drususfeldzüge*

Zum Ende des Jahres 11 v. Chr. erhielt Drusus nicht nur die einen Abschluss seiner Militäraktionen bereits andeutenden Triumphalabzeichen, sondern darüber hinaus wurde der Beschluss gefasst, in Rom die Pforten des Ianus-

Tempels zu schließen.[45] Das von Augustus überhaupt erst wiederbelebte Ritual, das den überall im Imperium erreichten Frieden symbolisierte, ist ein starkes Indiz dafür, dass an eine Fortführung der Kämpfe kaum mehr gedacht war. Mit der Unterwerfung der Stämme im Nordwesten war die Kontrolle jenes Gebietes durchgesetzt worden, von dem in den vergangenen Jahrzehnten immer wieder Übergriffe nach Gallien ausgegangen waren. Abgesichert wurde die neue Vorfeldordnung durch die gewaltige Festung von Oberaden. Sie lag wie ein Stachel im Gebiet der hartnäckigsten Unruhestifter, der Sugambrer, und sollte militärisches Abenteurertum unterbinden.

Im Gegensatz zu den im Frühjahr jeweils kontinuierlich fortgesetzten Feldzügen 11 oder 9 v. Chr. wird die Wiederaufnahme des Krieges im Jahre 10 v. Chr. ausdrücklich begründet.[46] Bereits vorher hatten neuerlich ausgebrochene Unruhen an der Donau, die einen Einsatz des Tiberius erforderlich machten, die Schließung des Ianus-Tempels verhindert.[47] Möglicherweise waren diese Unruhen überhaupt erst der Anlass, nun auch den Krieg in Germanien wieder aufzunehmen. Die Übertragung militärischer Kommandos auf seine beiden Stiefsöhne, Tiberius und Drusus, nahm Augustus in diesen Jahren weitgehend parallel vor, und mit der Fortsetzung des Krieges am Rhein wurden Drusus die gleichen Chancen zur kriegerischen Bewährung und Auszeichnung gegeben wie seinem Bruder. Fraglos geschah der von Mainz aus erfolgende Angriff in Übereinstimmung mit Augustus, der sich von Ende 11 bis 10 v. Chr. sogar persönlich in Gallien aufhielt.

Mit dem südlicheren Germanien hatte sich Drusus für diese zweite Phase seiner Feldzüge auch ein neues Gebiet gewählt. Die alles in allem schnellen Erfolge im Nordwesten dürften ihn dazu ermutigt haben. Vielleicht bot die in dieser Zeit erreichte Verbesserung der geographischen Kenntnisse über größere Räume auch schon eine solidere Grundlage zur Formulierung neuer Ziele.

Fortan scheinen die Vorstöße nochmals weitaus energischer und raumgreifender durchgeführt worden zu sein. Insbesondere gilt dies für den Feldzug im Jahre 9 v. Chr., auf dem man rigoros bis zur Elbe vordrang. In diesem Jahr stand Drusus sogar als amtierender Konsul im Feld. Die in dieser Zeit ungewöhnliche Tatsache eines kriegführenden Oberbeamten ist in jüngerer Zeit zusammen mit anderen Indizien in die spektakuläre Hypothese eingeflossen, dass das Ziel des Jahres die Erringung der *spolia opima* durch Drusus war.[48] Die Weihung der vom besiegten gegnerischen Feldherrn im Zweikampf errungenen Rüstung war die höchste und exklusivste Auszeichnung, die ein römischer Befehlshaber erlangen konnte. Der Erste, dem dieses der Tradition nach gelungen sein soll, war Romulus, und seitdem hatte es nur zwei weitere Fälle aus dem 5. und späten 3. Jahrhundert v. Chr. gegeben. Caesar hatte das ihm von Senat unterbreitete Angebot, *spolia opima* weihen zu dürfen, nicht angenommen, aber spätestens durch den Fall des Marcus Licinius Crassus, der um 29 v. Chr. den Bastarnerkönig Deldo eigenhändig im Kampf getötet, dann aber in richtiger Einschätzung der neuen politischen Verhältnisse – mit Rücksicht auf Oktavian/Augustus – auf eine Weihung verzichtet hatte, waren die *spolia opima* wieder ein zentrales Thema in Rom.

Als Erringer der *spolia opima* stand Romulus auch an der Spitze aller römischen Triumphatoren, deren Namen auf dem *Forum Romanum* am Partherbogen des Augustus inschriftlich verzeichnet waren.[49] Durch riesige Bauprojekte verwandelte Augustus Rom in diesen Jahren nicht nur in eine Stadt aus Marmor, sondern nicht weniger machte er die Hauptstadt zu einem Repräsentationsplatz seines eigenen Geschlechts, der Iulier. Wie beim Partherbogen, auf dessen Mitteldurchgang Augustus selbst als immerwährender Triumphator in der Quadriga stand, band er in großen Architekturensembles, in Inschriften und Standbildern die Geschichte seiner Familie unauflöslich in die Geschichte Roms ein. Auf dem im Bau befindlichen *Forum Augustum* standen sich Romulus mit der *spolia opima*, gefolgt von den großen Feldherrn der römischen Republik, und der aus Troia geflohene mythische Held und Stammvater der Iulier, Aeneas, gefolgt von seinen prominenten Nachkommen aus der iulischen Familie, in langen Säulenhallen einander gegenüber.[50] Die Gewinnung der *spolia opima* durch einen Iulier wäre in idealer Weise geeignet gewesen, Romulus und Augustus, Vergangenheit und Gegenwart, die Geschichte Roms und jene des iulischen Hauses miteinander zu verbinden. In einem offensichtlich bereits vorbereiteten gemeinsamen Triumph mit Augustus hätte man Drusus, der unterdes in Germanien den gegnerischen Feldherren über das ganze Schlachtfeld hinterherjagte,[51] vier Jahre nach dem Tod Agrippas der Öffentlichkeit zugleich als vornehmsten Anwärter auf die Nachfolge des Augustus präsentieren können.[52]

Die Überlegungen lassen die Germanienfeldzüge in zweierlei Hinsicht in verändertem Licht erscheinen: Demzufolge dienten sie ab 10 v. Chr. keinerlei Verteidigung oder Grenzschutzzwecken mehr, sondern waren reine Angriffskriege. Mehr noch: Mit der beabsichtigen militärischen Qualifizierung eines vorgesehenen Nachfolgers des Augustus wurde die Außen- und Militärpolitik in besonders drastischer Weise zu einem Mittel der Innenpolitik –

genauer gesagt der fortdauernden Stabilisierung eines sich durch Sieghaftigkeit legitimierenden Herrschergeschlechts. Sieht man die Germanenkriege des Drusus unter diesem Blickwinkel, so wird auch verständlich, weshalb die Angriffe auf Germanien erst in der Zeit der gesicherten Herrschaft des Augustus erfolgten. Als Erfüllung eines von Caesar ererbten Auftrags zur Untermauerung der eigenen Legitimität ergeben sie in diesen Jahren jedenfalls keinen Sinn mehr.

Die zweite Konsequenz ist, dass den Germanen in dieser Perspektive nur noch der Rang einer *materies gloriae* zukommt – eines Gegenstands, der den römischen Feldherrn allein zum Erwerb von Ruhm nützlich war. Es ist dies genau die schon bei den Generälen der Kimbernkriege erkennbare Haltung, die nach außen die traumatischen Ängste vor den Nordvölkern schürten, die Barbaren für sich persönlich jedoch als militärische Gegner nicht wirklich ernst nahmen. Die Existenz des neuen Berufsheeres, das beschäftigt werden musste, mag in augusteischer Zeit ein Übriges zur Verfolgung einer aggressiven Germanienpolitik beigetragen haben, nicht weniger die nach 13 v. Chr. dann neuerlich für 8 v. Chr. anstehende Verlängerung des außerordentlichen Militärkommandos für Augustus selbst, des *imperium proconsulare*, als wesentliche machtpolitische Grundlage seiner Führungsstellung: Beides war ja erst durch die anhaltende Erfordernis zum Schutz des Reiches zu legitimieren.

Vor allem lassen sich unter diesem Blickwinkel auch die imperiale Ideologie und die militärischen Erfolgserwartungen der Zeitgenossen integrieren, ohne dass man Augustus als einen von den öffentlichen Erwartungen Getriebenen sehen muss. Vielmehr war es umgekehrt: Indem er sie im Einzelnen durchaus schürte, wusste Augustus die Erwartungen einer sich selbst berauschenden Öffentlichkeit in seinem Sinne auszunutzen. Die Außenpolitik war damit weitgehend zu einem Instrument der Innenpolitik geworden.

# 3. Römische Herrschaft in Germanien

Nach dem Tod des Drusus setzte Tiberius die Feldzüge ins germanische Gebiet auch im Jahre 8 v. Chr. fort. In welchen Regionen er sich bewegte oder auf welche Gegner er traf, ist nicht überliefert. Laut Velleius Paterculus zog Tiberius siegreich durch alle Teile Germaniens, so dass er es, als er am Ende des Jahres nach Rom aufbrach, im Zustand einer «beinahe tributpflichtigen Provinz» hinterließ.[1] Wenn Velleius an gleicher Stelle die Fürsorge des Tiberius für das ihm anvertraute Heer hervorhebt, so scheint er damit indirekt das allzu rücksichtslose Vorgehen des Drusus zu kritisieren. Insgesamt dürfte es Tiberius bei seinen Aktionen um eine Sicherung des in den vorangegangenen Kriegszügen Erreichten mit den Mitteln der Politik gegangen sein. Ein Fragment aus dem ansonsten verschollenen Geschichtswerk des Aufidius Bassus, eines zeitnahen und vorzüglichen Kenners der römischen Germanienpolitik, überliefert, dass sich in jenem Jahr alle Germanen zwischen Rhein und Elbe dem Tiberius unterworfen hätten.[2]

Am 1. Januar 7 v. Chr., zugleich der Tag seines Antritts des zweiten Konsulats, feierte Tiberius in Rom einen glänzenden Triumph über die Germanen. Ein Jahr später zog er sich in sein selbst gewähltes Exil auf Rhodos zurück. Das Interesse der römischen Öffentlichkeit begleitete von nun an vor allem den Aufstieg der heranwachsenden Augustussöhne Gaius und Lucius Caesar.

Zu den Verhältnissen in Germanien schweigen die Quellen, und vermutlich blieb es dort in den folgenden Jahren ruhig. Doch war auch kein Angehöriger der Kaiserfamilie weiter in Germanien tätig, der die Aufmerksamkeit auf diesen Schauplatz hätte lenken können.

Mit dieser Überlieferungssituation eng verbunden ist die äußerst kontrovers diskutierte Frage nach dem Status Germaniens ab dem Jahre 8 v. Chr.: Begnügte man sich in Rom mit den in Germanien errungenen militärischen Erfolgen und zog danach die Truppen wieder auf die Rheinlinie zurück? Oder aber resultierte aus den Siegen des Drusus eine auf Dauer angelegte römische Ordnung, so dass das rechtsrheinische Gebiet von nun an als ein Teil des *Imperium Romanum* angesehen werden konnte? Für die Beurteilung der politischen Hintergründe der Varuskatastrophe ist die Beantwortung dieser Frage grundlegend, entscheidet sie doch darüber, ob dem Überfall auf das römische Heer eine rund zwanzigjährige römische Herrschaft in Germanien vorausgegangen war oder aber nur eine deutlich kürzere römische Präsenz. So grundsätzlich wie die Frage ist, so unterschiedlich fallen die Antworten in der Forschung aus. Besondere Bedeutung kommt dem archäologischen Befund zu. Spektakuläre Neuentdeckungen lassen uns vieles genauer sehen, als dieses noch vor zehn bis fünfzehn Jahren möglich war.

## 3.1 *Das dunkle Jahrzehnt und der «Große Krieg»*

Zu den Maßnahmen, die Tiberius mit großer Wahrscheinlichkeit noch im Jahre 8 v. Chr. traf, zählte die Umsiedlung von rund 40 000 Sugambrern in das Gebiet links des Rheins.[3] Damit war der bislang am häufigsten durch Einfälle nach Gallien hervorgetretene Stamm von den Römern selbst in seinem bevorzugten Invasionsgebiet angesiedelt worden. Diese Neusiedler können mit den am linken Niederrhein ungefähr zwischen Kleve und Krefeld zu lokalisierenden Cugernern identifiziert werden. Um rechtsrheinisch verbliebene Reste des Stammes scheint es sich bei den bald darauf im Bereich der oberen Ruhr auftretenden Marsern zu handeln, die sich als hartnäckige Widersacher Roms profilieren sollten.

Ob die Umsiedlung der Sugambrer von 8 v. Chr. eine Zwangsmaßnahme war oder Eigeninteressen der Neusiedler entsprach, ist umstritten.[4] Man tut wohl auch bei der Beantwortung dieser Frage gut daran, die Vorstellung stets einheitlicher Interessen aller durch einen Stammesnamen verbundenen Menschen aufzugeben. Vorbereitet wurde die Übersiedlung durch die Gefangennahme sugambrischer Fürsten. Gegen jedes Recht ließ Augustus die von ihm einbestellten Gesandten festnehmen und deportierte sie in verschiedene Städte des Reiches. Die derart Überrumpelten gaben sich dort selbst den Tod.[5] Andere sugambrische Fürsten hatten auf die römische Karte gesetzt.[6] Es erscheint nicht ausgeschlossen, dass die Ausschaltung des einen Teils des sugambrischen Adels den Aufstieg anderer Stammesführer vorbereitete und diese dann die übersiedelnde Gruppe anführten. Schon bald kämpften sugambrische Hilfstruppen als landsmannschaftlich geschlossene Kontingente an der Seite der römischen Legionen. Und am linken Niederrhein lebten nach der Umsiedlung der Sugambrer – blickt man von Norden nach Süden (vgl. Abb. 1) – mit Batavern, Cugernern und Ubiern von da an ausnahmslos Gruppen, deren Heimat vormals rechts des Rheins gelegen hatte. Dass sich diese Germanen im äußersten Gallien niederließen, erfolgte jeweils mit römischer Billigung.

Für das Jahr 7 v. Chr. werden abermals Unruhen in Germanien erwähnt. Sie ließen Tiberius nach seinem Triumph noch einmal an den Rhein eilen, doch Konkreteres wird nicht bekannt.[7] Im folgenden Jahr, so Cassius Dio ausdrücklich, sei in Germanien jedoch nichts Nennenswertes mehr geschehen.[8]

Von diesem Zeitpunkt an lassen sich nicht einmal die Oberbefehlshaber über die Rheintruppen sicher bestimmen. Nach einer für uns nicht zu überbrückenden Lücke in der Überlieferung, die uns für mehrere Jahre ohne Nachrichten lässt, wird erst in den Jahren vor der Zeitenwende mit Domitius Ahenobarbus, dem Großvater des späteren Kaisers Nero, wieder ein Oberbefehlshaber in Germanien bekannt. Wohl sein direkter Nachfolger war Marcus Vinicius (wohl 1–3 n. Chr.), auf den zunächst Sentius Saturninus (4–6 n. Chr.)[9] – bei gleichzeitiger Anwesenheit des mit einem übergeordneten Kommando ausgestatteten Tiberius in Germanien – und schließlich Varus (7–9 n. Chr.) folgten. Als Oberbefehlshaber kamen, schon wegen der Größe des Heeres und seiner gefährlichen Nähe zu Italien, nur Verwandte bzw. engste Vertraute des Augustus in Frage: Italien und Rom, wo keine Legionen stationiert waren, wären illoyalen Truppenführern am Rhein gänzlich schutzlos ausgeliefert gewesen. Auch Augustus verhielt sich seinen Vertrauten gegenüber loyal: Soweit wir wissen, wurde jeder der erwähnten Oberkommandierenden für seine Tätigkeit in Germanien mit den Triumphalinsignien belohnt.[10]

Schlaglichtartig erhellt die damaligen Verhältnisse eine isolierte Notiz zu Domitius Ahenobarbus.[11] Dieser hatte, vermutlich noch im Rahmen eines früheren Kommandos an der Donau, umherziehenden Hermunduren neue Siedlungsplätze im Bereich der Markomannen angewiesen, möglicherweise im Gebiet nördlich der Donau. Danach war er mit seinem Heer zur Elbe gezogen, hatte diese sogar überquert und mit den am jenseitigen Ufer wohnenden Völkern Freundschaftsabkommen geschlossen. Erkennbar wird, wie Ahenobarbus in einem weiten, auch Süddeutschland umfassenden und sich bis zur Elbe erstreckenden Gebiet im Namen Roms Überwachungs- und Ordnungsaufgaben wahrnahm. Für das Überschreiten der Elbe, «das tiefere

Eindringen nach Germanien als irgendeiner seiner Vorgänger», erhielt er von Augustus die Triumphalinsignien:[12] Das von Strabon überlieferte Verbot des Augustus, die Elbe zu überschreiten, kann dieser folglich erst in späteren Jahren verhängt haben.[13]

Bald darauf – damals wohl bereits als Oberbefehlshaber der Rheinlegionen – versuchte Ahenobarbus in ähnlicher Weise eine Gruppe vertriebener Cherusker zu ihrem Stamm zurückzuführen, was ihm jedoch misslang. Auf römischer Seite maß man dem Vorgang offensichtlich nur eingeschränkte Bedeutung zu, und man verfolgte die Sache nicht weiter. Doch laut Cassius Dio resultierte aus dem Scheitern dieses Vorhabens ein Prestigeverlust für Rom. Die Anspielung des Autors scheint bereits auf die Unruhen der nächsten Jahre vorauszuweisen.

### *Das immensum bellum*

Seit 4 n. Chr. besaß erneut Tiberius den Oberbefehl in Germanien. Nach dem frühzeitigen Tod der Augustusenkel wurde der aus seinem Exil Zurückgekehrte als einzig verbliebener Nachfolgekandidat des Prinzeps von diesem adoptiert und mit einer dem Augustus gleichstehenden Kommandogewalt *(imperium proconsulare)* an den Rhein geschickt. Von diesem Zeitpunkt an wird die Überlieferung wieder etwas dichter. Mit dem Text des Velleius Paterculus, der Tiberius auf diesen Feldzügen begleitete, verfügen wir erstmals sogar über den Bericht eines Augenzeugen.[14]

Drei Jahre zuvor soll in Germanien ein gewaltiger Krieg *(immensum bellum)* ausgebrochen sein. Marcus Vinicius – der Großvater des gleichnamigen Konsuls von 30 n. Chr., dem Velleius sein Geschichtswerk widmete – soll dort bis zu seiner Ablösung durch Tiberius mit Erfolg gekämpft haben. Auch er war mit Triumphalinsignien belohnt worden. Tiberius drang im Jahre 4 n. Chr. in Germanien ein, unterwarf die Cananefaten, Chattuarier und Brukterer, gewann die Cherusker wieder für die römische Seite und führte sein Heer bis über die Weser (Abb. 4). Zum Abschluss des bis zum Winter geführten Feldzugs, dessen Stationen sich alle in den nördlichen Regionen Germaniens befinden, legte er ein Winterlager in der Nähe der Lippequellen an, laut Velleius als erster «mitten in Germanien».[15]

Im folgenden Frühjahr setzte Tiberius seinen Feldzug fort, machte die Chauken den Römern wieder botmäßig, unterwarf die Langobarden und erreichte schließlich die Elbe, wo sein Heer in einem präzise abgestimmten Manöver mit der römischen Flotte zusammentraf. Diese hatte zuvor die Nord-

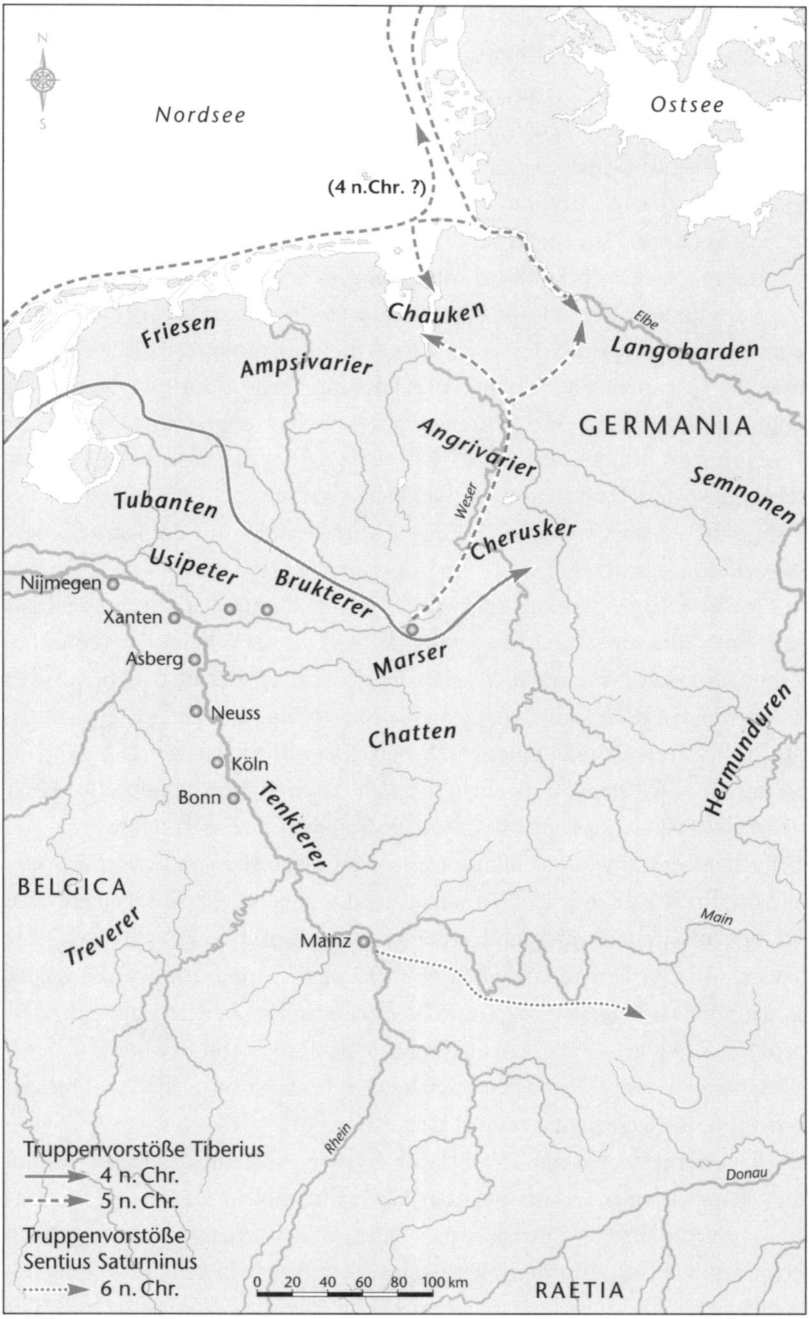


*Abb. 4 Die Feldzüge des Tiberius in Germanien 4–6 n. Chr.*

see bis Jütland erkundet und versorgte nun die Soldaten mit Lebensmitteln und Ausrüstung.[16] Eine Erfahrung dieser Expedition dürfte darin bestanden haben, dass eine Unterstützung römischer Landtruppen maximal bis zur Elbe möglich war, da sich die jütländische Halbinsel einem weiteren Vordringen über See als natürliches Hindernis entgegenstellte. Erst diesem Kenntniszuwachs dürfte das bekannte Verbot des Augustus zur Elbüberschreitung zuzuordnen sein – als ein weiteres Ergebnis des wechselseitigen Verhältnisses von geographischer Erkundung und militärischer Durchdringung.

In der jüngeren Forschung besteht eine Tendenz, dem *immensum bellum* den Rang einer grundsätzlichen Zäsur für die römische Politik in Germanien zuzusprechen. Erst mit diesem Krieg habe Rom eine auf Dauer angelegte Herrschaft im rechtsrheinischen Gebiet angestrebt. Eine solche Position setzt eine minimalistische Bewertung der Ergebnisse der Drususfeldzüge voraus. Die Phase einer nachhaltigen römischen Präsenz im rechtsrheinischen Gebiet würde sich dieser Ansicht zufolge auf die Jahre von 4/5 bis 9 n. Chr. verkürzen.[17]

Eine Bewertung der Vorgänge wird allerdings dadurch erschwert, dass unsere Kenntnisse über das *immensum bellum* allein auf Velleius Paterculus beruhen, der sich mit eigenen Worten als «Zuschauer der übermenschlichen Taten» des Tiberius und – «nach meinen bescheidenen Fähigkeiten» – auch als «Mithelfer» charakterisiert.[18] Dessen überschwänglichem Lob der Leistungen des Tiberius und seiner sachlich falschen Feststellung etwa einer erstmaligen Errichtung eines Winterlagers an der Lippe oder des erstmaligen Erreichens der Elbe, «was man nie zuvor erhofft und niemals wirklich versucht hatte»,[19] steht in der Parallelüberlieferung bei Cassius Dio nur die knappe und weitaus nüchternere Bemerkung gegenüber, Tiberius sei bis zur Weser und Elbe vorgedrungen, habe aber nichts Erinnerungswürdiges vollbracht: Aus Furcht hätten die Germanen zum zweiten Mal Verträge geschlossen.[20] Auch Velleius Paterculus kann nur eine einzige gewaltsame Auseinandersetzung hervorheben, während Tiberius das Heer ansonsten wohlbehalten und unverletzt zurückgeführt habe.[21]

Die Überlieferungslage sollte davor warnen, in dem *immensum bellum* eine gänzlich neue Phase römischer Germanienpolitik zu sehen. Die Hinweise auf die bereits während dreier Jahre von Marcus Vinicius angeblich errungenen Erfolge werden durch keine Detailangaben präzisiert, und wesentliche Funktion der knappen Bemerkung scheint zu sein, dem Großvater des durch die Schrift geehrten Marcus Vinicius die gebotene Reverenz zu erweisen. Für mögliche Aktivitäten im mittleren oder südlichen germanischen Gebiet in diesen Jahren – wie dies gelegentlich vermutet worden ist – fehlen Hinweise; und dass Vinicius Triumphalinsignien verliehen worden sind, stellt kein zwingendes Indiz dafür dar, dass er auch wirklich bedeutende militärische Unternehmungen zum Abschluss gebracht hätte.[22] Selbst der Darstellung des Velleius, die das kriegerische Wirken des Tiberius betonen will, ist noch hinreichend deutlich zu entnehmen, dass dessen Feldzüge vor allem den Charakter von Machtdemonstrationen trugen. Das auf den Norden Germaniens begrenzte Operationsgebiet legt allerdings nahe, die Anfänge der Unruhen mit Ahenobarbus zu verbinden und in dem für ihn berichteten Autoritätsverlust die Ursache für das neuerliche ordnende Eingreifen Roms zu sehen. Das Eingreifen selbst aber dokumentiert, dass Rom seinen Herrschaftsanspruch auf dieses Gebiet aufrecht erhielt, und unter dem Druck des römischen Heeres fügten sich die Germanen schließlich wieder einer Ordnung, wie sie bereits vorher bestanden hatte.[23]

### *Der Angriff auf das Königreich des Maroboduus*

Gegenüber den Heereszügen des Tiberius im Norden besaß der 6 n. Chr. begonnene Angriff auf das Markomannenreich eine durchaus neue Qualität.[24] Dessen König Maroboduus hatte mit römischer Unterstützung die Markomannen noch vor der Zeitenwende vom Maingebiet nach Böhmen umgesiedelt und dort in etwas über einem Jahrzehnt mit politischem Geschick eine Vielzahl von Stämmen zu einem auch territorial bedeutenden Königreich geformt. Obwohl Maroboduus, der auch einmal in Rom gewesen und dort von Augustus besonders gefördert worden war, sich äußerlich korrekt verhielt, schien dem Imperium allein die Größe seiner Machtbildung gefährlich. Abtrünnige Personen und Stämme fanden bei ihm Aufnahme, und die gegen ihn erhobenen Vorwürfe gipfelten darin, dass er sich Rom gleichrangig fühle.[25] Damit war er der ihm zugedachten Position als Vertreter römischer Interessen im südöstlichen Germanien deutlich entwachsen. Es dürften gerade die an der östlichen Peripherie des römischen Einflussbereiches gelegenen und für Rom schwer kontrollierbaren elbgermanischen Stämme gewesen sein, die bei dem Markomannenkönig einen Rückhalt fanden, der dem Reich nicht willkommen war.[26]

So wurden die Markomannen Ziel einer der größten Militäroperationen der römischen Geschichte überhaupt, an der nicht weniger als 12 Legionen beteiligt waren. In einem Zangenangriff führte Sentius Saturninus die eine

Hälfte des Heeres vom Rhein aus gegen den Gegner, Tiberius führte die andere Hälfte von Carnuntum an der Donau aus heran.[27] Die Größe des Heeres zeigt neuerlich die Strategie des Tiberius, den Gegner eher militärisch zu erdrücken, als wirklich eine Entscheidung in der Schlacht zu suchen. Ob der Vorstoß nur auf eine Schwächung oder den Sturz des Maroboduus zielte oder aber auf die Übernahme des Gebietes in direkte römische Herrschaft, ist nicht zu klären.[28] Wenige Tage nur bevor die beiden Heeresteile auf den Gegner trafen, brach im Rücken der Truppen, südlich der Donau, ein Aufstand aus: Der Angriff gegen Maroboduus wurde abgebrochen und der Markomannenkönig erreichte den Abschluss eines Friedensvertrages, der ihm die Unabhängigkeit und somit grundsätzliche Gleichrangigkeit mit dem römischen Imperium bestätigte.[29]

## 3.2 *Militäranlagen, Städte und Wirtschaftsaktivitäten rechts des Rheins*

Archäologische Funde vermitteln ein immer klareres Bild von der territorialen Ausdehnung und der Intensität der römischen Herrschaft im rechtsrheinischen Gebiet. Entlang der Lippe und durch die Wetterau markieren dicht hintereinander gestaffelte Anlagen jene Einfallswege der römischen Truppen, von denen die literarischen Quellen sprechen (Abb. 5).[30]

Die römischen Militärlager von Dorsten-Holsterhausen, Haltern, Oberaden mit Beckinghausen bis Anreppen zeigen, dass die Lippe ein wichtiger Verkehrs- und Transportweg ins innere Germanien war. Ihren Ausgang nahm die Route vom großen Militärstützpunkt Vetera bei Xanten.[31] Seine Fortsetzung fand der Weg vom Oberlauf der Lippe einerseits nach Norden über den Teutoburger Wald, wo auf der Sparrenberger Egge bei Bielefeld eine kleine Beobachtungsstation ausgegraben werden konnte, andererseits nach Süden ins Sauerland, wo man die Militäranlage von Kneblinghausen bei Brilon schon seit längerem kannte:[32] Doch entgegen den älteren Ansichten der Forschung kann die rund 10 ha große, dann auf 7,5 ha reduzierte Anlage heute mit großer Sicherheit ebenfalls in die Zeit der römischen Germanienfeldzüge gesetzt werden. Denn sprach bisher vor allem noch die sichelförmige Torkonstruktion (sog. *clavicula*) gegen diese Datierung – da vergleichbare Bauten erst aus dem späteren ersten Jahrhundert bekannt waren –, so wurde diese Torform vor wenigen Jahren auch bei dem sogenannten «Ostlager» in Haltern entdeckt, das aufgrund der dort zu Tage

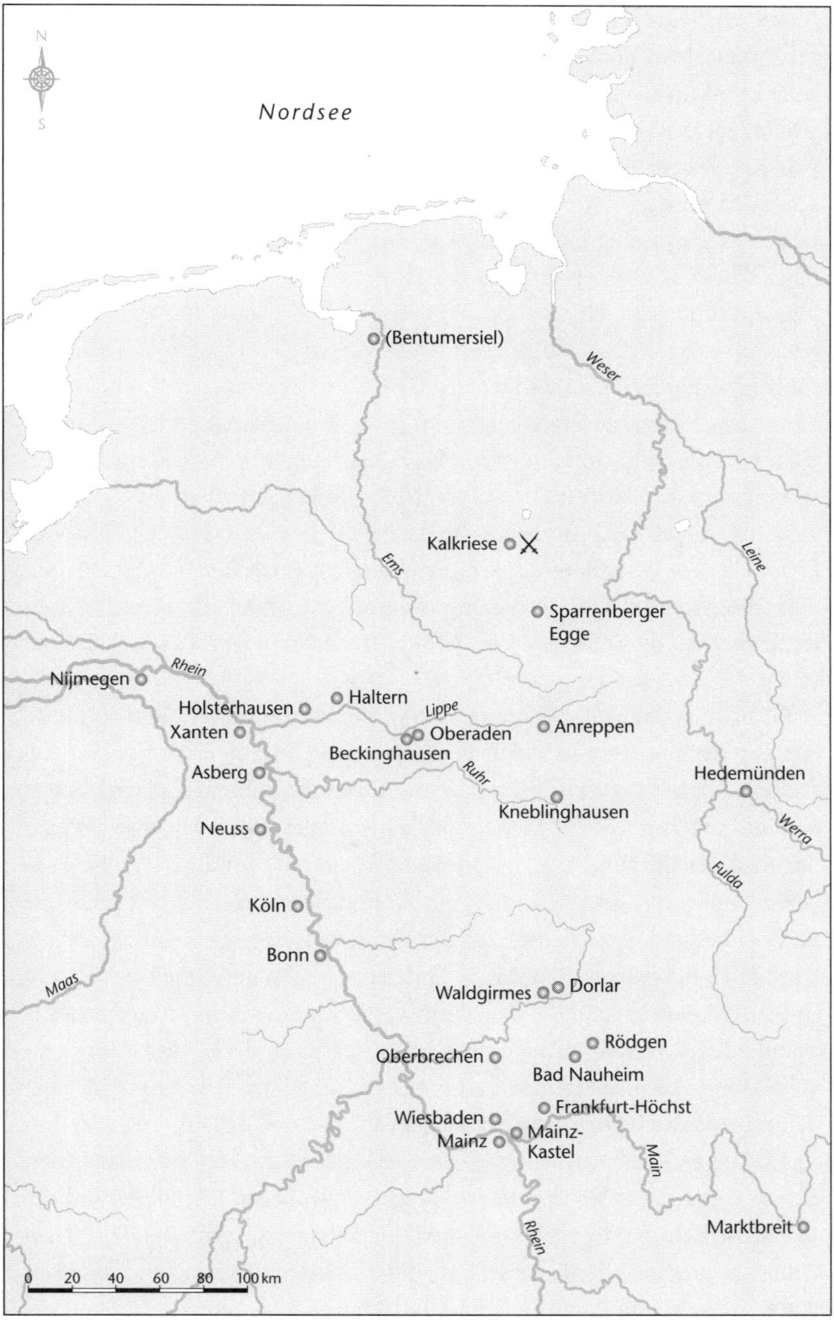


*Abb. 5 Römische Militäranlagen rechts des Rheins*

getretenen Funde eindeutig in die augusteische Zeit gehört. Die weit vorgeschobene Position von Kneblinghausen machte die bis dahin vorgeschlagene Datierung in die Zeit Domitians (81–96 n. Chr.) ohnehin wenig wahrscheinlich. Der kleine Wachturm auf der Sparrenberger Egge und die Anlage von Kneblinghausen liegen auf exponierten, das ganze Umland beherrschenden Anhöhen. Möglicherweise war der Wachturm bei Bielefeld sogar eingebunden in eine Signalkette. Und bei Barkhausen an der Porta Westfalica scheint jetzt einer der lange erwarteten römischen Militärplätze an der Weser gefunden zu sein.

### *Oberaden, Haltern und Anreppen*

Unter den Lagern an der Lippe sticht jenes von Oberaden, das bereits erwähnt wurde, aufgrund seiner frühen Zeitstellung, durch den repräsentativen Innenausbau sowie seine überragende Größe hervor.[33] Allein das Stabsgebäude, die *principia*, umfasste nahezu die Fläche zweier Fußballfelder. Das kaum kleinere Wohnhaus des Kommandanten *(praetorium)* bot allen Luxus einer italischen Villa. Doch die ringsherum dicht an dicht stehenden Kasernenbauten für die Soldaten lassen keinen Zweifel an dem militärischen Charakter der Anlage.

Bei dem etwas später zu datierenden Hauptlager in Haltern ist dieser militärische Kontext deutlich weniger ausgeprägt. Unter der modernen Stadt fanden sich breit gestreut verschiedene römische Bauten: Die wichtigsten sind das sogenannte Feldlager als größter Komplex, dann das in seiner letzten Ausbaustufe rund 18 ha große Hauptlager, eine rund 7 ha große dreieckige Anlage auf dem Annaberg, ein Schiffsanlegepunkt mit Bootshäusern an der Hofestatt, dazu Bauten auf der Flur «Am Wiegel». Bei diesen Bauten handelt es sich vermutlich um Teile der Lagervorstadt *(canabae)*. Im östlichen Randbereich von Haltern wurde 1997 ein weiteres, vorübergehend benutztes Lager von vermutlich über 20 ha Größe entdeckt, das sogenannte «Ostlager». Von ihm konnte in einer Notgrabung allerdings nur ein kleiner Teil archäologisch dokumentiert werden.

Allein die Vielzahl der Anlagen vermittelt uns für das Haltern der augusteischen Zeit den Eindruck eines lebendigen Zentralorts. Kristallisationskern war sicherlich das in mehreren Phasen kompakt ausgebaute Hauptlager (Abb. 6). Innerhalb der Lagerumwehrung befanden sich nicht nur das Haus des Kommandanten, Stabsgebäude und Mannschaftsunterkünfte, sondern auch ein großes Krankenhaus, Handwerkerbereiche, Speicher sowie kom-

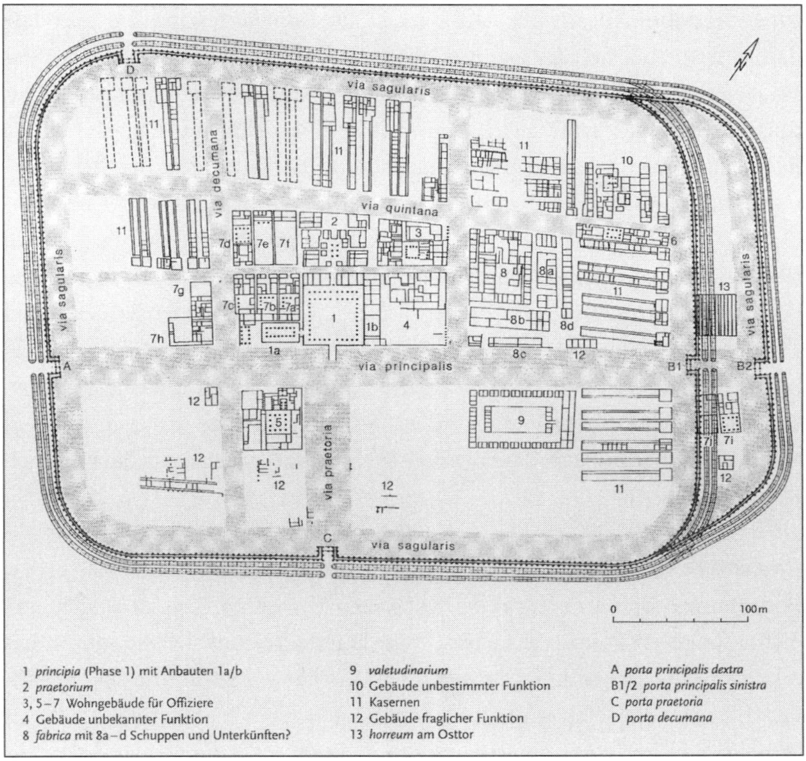


*Abb. 6 Das Hauptlager von Haltern*

fortable Hauskomplexe für höhere Offiziere. Insgesamt vermittelt das Hauptlager mit seinen vielen Funktionsbereichen eher den Eindruck eines Verwaltungszentrums als den einer Kaserne. Vor den Lagertoren lag ein Töpfereibezirk, von dem das in Haltern hergestellte Geschirr seinen Weg auch zu anderen Truppenstandorten nahm.[34] Vor allem aber konnte in Haltern ein großes römisches Gräberfeld aufgedeckt werden, das sich über eine Länge von mindestens 500 Meter erstreckte. Bislang wurden mehr als 100 Bestattungen nachgewiesen – von Männern, Frauen und Kindern. Die mächtigen und hoch aufragenden Grabanlagen mit einem Durchmesser von bis zu 15 Metern geben auf ihre Weise zu erkennen, dass den römischen Bewohnern der Ort zur Heimat geworden war.

Das Lager Anreppen ist mit großer Wahrscheinlichkeit als jenes Winterlager zu identifizieren, das von Tiberius Ende 4 n. Chr. in der Nähe der Lippequellen angelegt worden ist. Gut in diese Zeitstellung passen Hölzer aus der

Innenbebauung, für die das Jahr 5 n. Chr. über die Jahresringe als Fällungsdatum festgestellt werden konnte. Mit 23 ha ist Anreppen im Vergleich zum Halterner Hauptlager etwas größer; die Nutzungszeit der Anlage war jedoch wesentlich kürzer. Bemerkenswert sind die riesigen Magazinbauten. Sie machten Anreppen zu einem Versorgungszentrum für militärische Vorstöße, die an dieser Stelle vom Wasserweg weggeführt und weiter ins Landesinnere hinein vorgetragen wurden. Äußerst großzügig angelegt ist auch das *praetorium*. Vielleicht wurde es mit Blick auf Tiberius, der in diesen Jahren das Oberkommando führte, so außergewöhnlich dimensioniert. Und ganz besonders spektakulär ist ein beheizter Gebäudekomplex mit Wasserzufuhr im Nordteil der Anlage: Er wurde mittlerweile als Therme gedeutet. Tief im Inneren Germaniens bot diese – für die Gebiete rechts des Rheins singuläre – Badeanlage den römischen Soldaten nachgerade heimischen Komfort.

*Römer an der Werra: Hedemünden*

Von Mainz aus, auf dem zweiten wichtigen Vormarschweg, zieht sich eine dichte Reihe größerer und kleiner, teils dauerhafter und teils temporär genutzter militärischer Anlagen hin über Wiesbaden, Mainz-Kastell, Frankfurt-Höchst, Bad Nauheim, Rödgen und Dorlar.[35] In Fortsetzung dieses Weges gab es im Jahre 2000 eine sensationelle Entdeckung: Weit vorgeschoben wurde an einer Furt durch die Werra, etwas unterhalb ihres Zusammenflusses mit der Fulda, ein weiteres römisches Lager entdeckt.[36] Diese bereits auf niedersächsischem Gebiet liegende Anlage von Hedemünden – dort wo heute Autobahn und ICE-Strecke zwischen Kassel und Göttingen die hügelige Landschaft zerschneiden – markiert nicht nur einen neuen äußeren Punkt der Vormarschlinie durch die Wetterau, sondern von hier aus öffnen sich auch südlich und nördlich um den Harz herum abgehende Wege in Richtung Osten bis hin zur Elbe. Ebenso kann man von diesem Platz weserabwärts zu einem der Pässe über den Teutoburger Wald gelangen und letztlich die Verbindung zur Lippelinie herstellen.

In der zeitlichen Einordnung der Funde gibt es Übereinstimmungen mit Oberaden: auch die Anlage von Hedemünden dürfte in den Kontext der Drususfeldzüge gehören. Abermals decken sich archäologischer Befund und schriftliche Überlieferung. Denn ihr zufolge ist Drusus vielleicht schon im Jahre 10 v. Chr., sicherlich aber im Jahre 9 v. Chr. durch das heutige Hessen bis weit in den Norden vorgestoßen. Durch die aktuellen archäologischen

Untersuchungen gewinnt der Platz von Hedemünden weiter an Komplexität: Auf eine längere Belegung des Lagers deutet die offenbar weit entwickelte Innenbebauung. Sie lässt einen großen Zentralbau und Steinsetzungen erkennen, die wohl als Fundamentierungen für aufragendes Fachwerk dienten, doch im einzelnen noch rätselhaft und ungeklärt sind.[37] Zugleich wurde die ursprünglich nur 3,2 ha große Anlage auf 4,5 ha erweitert. Rund um das Lager wurden «Aktivitätszonen» mit dichterer Streuung römischer Funde ausgemacht. Selbst die Existenz von *canabae* wird als Erklärung nicht ausgeschlossen. Eine terrassierte Fläche, die sich unmittelbar südöstlich anschließt, bot vielleicht einem Marschlager von 15 bis 16 ha Platz. Zu guter Letzt sind im Jahr 2007 in Verfolgung des naturräumlichen Weges von der Werrafurt zwei weitere römische Anlagen entdeckt worden: Ein römischer Wachposten ca. 5 Kilometer nordöstlich von Hedemünden sowie – in entgegengesetzter südwestlicher Richtung – in einer Entfernung von ca. 2,5 Kilometern ein mutmaßliches weiteres römisches Lager.[38]

*Lahnau-Waldgirmes: Eine römische Stadtgründung?*

Einen wiederum anderen Einblick in die Art der römischen Präsenz in Germanien bietet der bereits Ende der 80er Jahre entdeckte und seitdem kontinuierlich erschlossene Komplex von Lahnau-Waldgirmes (Abb. 7). Im Zentrum der mit 7,7 ha eher kleinen Anlage ist ein präzise ausgeführter Steingrundriss entdeckt worden, auf dem sich Fachwerkkonstruktionen erhoben (Abb. 8).[39] Der Grundriss allerdings entspricht nicht der üblichen Militärarchitektur, sondern er nimmt mit dem von Säulenhallen eingefassten Hof sowie dem von Apsiden (architektonischen Kreissegmenten) flankierten Mittelbau Elemente der Hauptplätze römischer Städte auf. Entsprechend ist er als *Forum* gedeutet worden. Auch die ansonsten verwendeten Hausformen, die erkennbaren Handwerkerbereiche oder etwa die Töpferöfen, weisen trotz der Befestigung der Gesamtanlage stärker auf einen zivilen als auf einen militärischen Charakter von Lahnau-Waldgirmes hin. Ergänzt wird dieser Eindruck durch die geringe Zahl dort entdeckter römischer Militaria; der Anteil von Funden, die aus germanischer Produktion stammen, ist hingegen auffällig hoch. Das Vorkommen dieser einheimischen Ware im römischen Kontext weist deutlich auf ein enges Miteinander der Bewohner von Waldgirmes und der benachbarten germanischen Bevölkerung hin.

Übereinstimmend wird Waldgirmes als das erste entdeckte Beispiel für eine römische Stadtgründung im Innern Germaniens gedeutet.[40] Zahlreiche

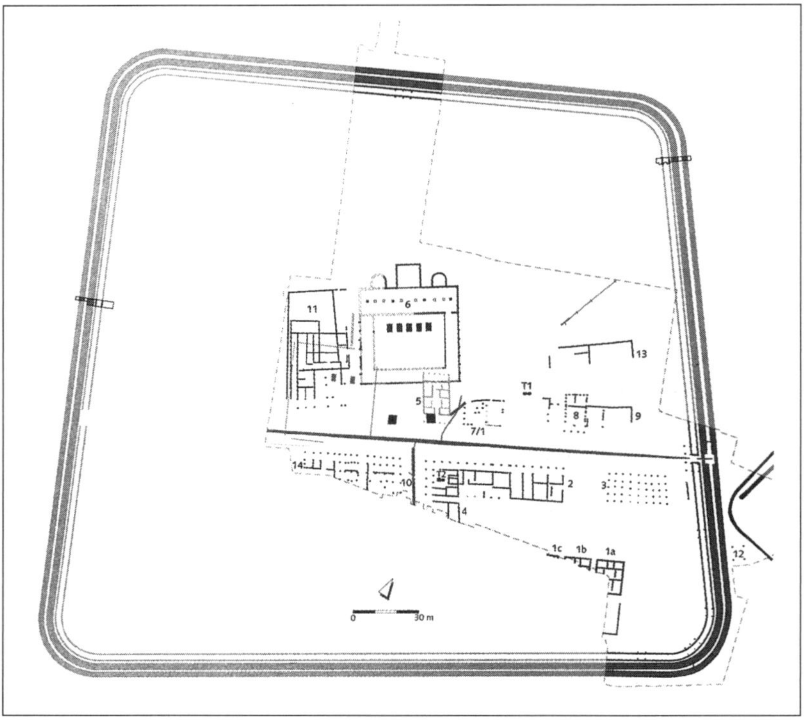


*Abb. 7* *Der Grabungsplan von Lahnau-Waldgirmes*

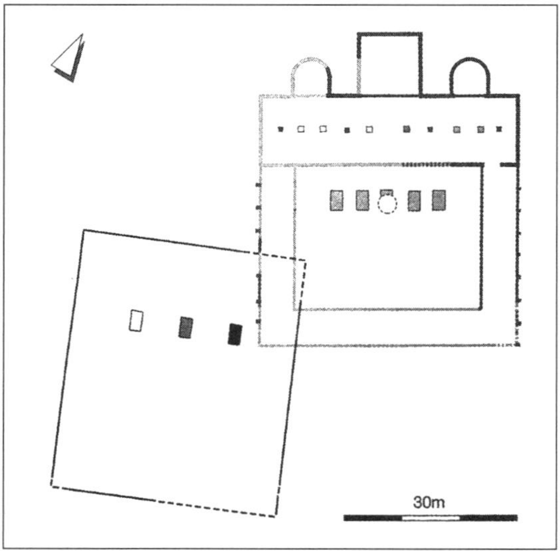


*Abb. 8* *Das sogenannte Forum von Lahnau-Waldgirmes: ältere (links) und jüngere Phase*

vergoldete Bronzegussfragmente, die sich breit gestreut in der gesamten Anlage gefunden haben, erlauben die Rekonstruktion einer lebensgroßen Reiterstatue, die vermutlich Augustus darstellte. Ihr Standort dürfte mitten auf dem Forum gewesen sein, wo nicht weniger als fünf Fundamentgruben für derartige Statuenaufstellungen ausgehoben worden waren. Naturwissenschaftliche Untersuchungen können zeigen, dass die Steine für die Sockel eigens aus Lothringen herangeführt worden sind. Welche Statuen außer jener des Augustus dort noch gestanden haben mögen, ist stark von der Zeitstellung abhängig: Ein in der Siedlung verbautes Brunnenholz wurde 4 v. Chr. gefällt – die Anlage existierte also mitten in dem «dunklen Jahrzehnt». Geradezu irritierend ist, dass der Grundriss des Forums einer fast identischen, genauso großen Vorgängeranlage folgte, die dann später leicht nach Osten versetzt überbaut wurde (Abb. 8). Zeitlich lassen sich diese Phasen jedoch noch nicht näher präzisieren. Im Gegensatz zu dem mit den Steinsetzungen in ganz anderer Qualität ausgeführten späteren Forumsplatz waren für die Vorgängeranlage nur drei Fundamentgruben für Statuen vorgesehen.

Mit dem sicheren Nachweis von römischen Baumaßnahmen im Jahre 4 v. Chr. fallen die Anfänge oder eine frühe Phase von Lahnau-Waldgirmes genau in jenes letzte Jahrzehnt vor der Zeitenwende, als überall im Römischen Reich die Adoptivsöhne des Augustus, Gaius und Lucius Caesar, durch Bauwerke, Inschriften und Statuensetzungen geehrt wurden und die Bewohner des Reiches durch Eide ihre Zustimmung zu dem neuen Nachfolgeprogramm in der Herrschaft des Augustus bekundeten.[41] Wegen der festen und exponierten Einbindung der Statuenbasen in das sogenannte Forum von Waldgirmes scheint den beabsichtigten Aufstellungen eine Schlüsselfunktion für das Gesamtverständnis der Siedlung zuzukommen, und möglicherweise ist die Anlage der Siedlung von der breiten Treuebekundung, die das Herrscherhaus in diesen Jahren überall entgegennahm, nicht ganz zu trennen.

### *Verkehrswege*

Für die Versorgung von Waldgirmes stand – wie nicht zuletzt der bereits erwähnte Steintransport aus Lothringen über Mosel und Rhein anzeigt – neben dem Weg durch die Wetterau auch der Wasserweg über die Lahn zur Verfügung. Seit wenigen Jahren ist bei Oberbrechen, ungefähr auf halbem Weg zum Rhein, ein vermutlich der augusteischen Zeit zugehöriger Platz entdeckt worden.[42] Auch dieses rund 2,3 ha große, dann auf ca. 3,7 ha erweiterte Lager liegt in exponierter Lage an der Spitze eines Höhenzuges mit überragender Fernsicht. Eine freigelegte Torkonstruktion folgt römischer Bauart, doch darüber hinaus fehlen gesicherte Funde und Befunde: Durch Raubgräberei in großem Stil ist der Platz von Oberbrechen für eine wissenschaftliche Auswertung nahezu unbrauchbar geworden.

Beinahe schon isoliert liegt im Süden, südöstlich von Würzburg, das Lager von Marktbreit.[43] Die auf einer Anhöhe südlich des Mains positionierte, rund 37 ha große Anlage ragt ebenso wie Anreppen durch große Magazinbauten hervor. Eklatant bei dem flächig erforschten Lager ist ein Missverhältnis von weitgehend abgeschlossener Innenbebauung und äußerster Fundarmut: der für zwei Legionen hergerichtete Platz wurde wohl niemals für längere Zeit von römischen Truppen aufgesucht.

Die römischen Anlagen im rechtsrheinischen Gebiet bildeten das Rückgrat eines Verkehrs-, Kommunikations- und vor allem Versorgungsnetzes, dessen Lebensadern die Flüsse waren. Doch existierten in Germanien – wie wir gesehen haben – durchaus auch Landwege; allein die mehrfach beschriebenen Wanderungen germanischer Gruppen setzen das Vorhandensein von Wegen voraus, die auch von größeren Menschenmengen passiert werden konnten. Es ist zu vermuten, dass die meisten Siedlungskerne der Germanen an entsprechende Fernverkehrswege in geeigneter Weise angeschlossen waren.[44] Dort, wo die von den Römern vorgefundenen Wege unzureichend oder von besonderer Bedeutung waren, wurden sie von den Soldaten ausgebaut und befestigt. Die *limites* (Schneisen), *aggeres* (Dämme) und *pontes longi* (Knüppeldämme) aus der literarischen Überlieferung werden durch den archäologischen Befund von bis zu 40 Meter breiten Straßen mit Kanalisierungsgräben bei Holsterhausen, Haltern und Anreppen flankiert.[45] Die Verbindungswege zumal zwischen den einzelnen Militärlagern zu optimieren, dürfte für die in Germanien stationierten Truppen eine Aufgabe von hervorgehobener Bedeutung gewesen sein – und manche Militärplätze zwischen den bislang bekannten Anlagen sind sicherlich noch unentdeckt oder für immer verschollen.

### *Ein dunkler Horizont hellt sich auf*

Die große Zahl der Militäranlagen darf nicht darüber hinwegtäuschen, dass nicht alle gleichzeitig bestanden. Früh endeten bereits Oberaden, Rödgen und Dangstetten am Oberrhein. Teile der Forschung haben die Aufgabe dieser drei Plätze mit dem Tod des Drusus verbunden und als Beleg für einen

Rückzug Roms aus den germanischen Gebieten nach dessen Tod gewertet; zugleich wurde angenommen, dass es eine längere zeitliche Zäsur bis zur Errichtung von Nachfolgeanlagen gegeben habe, die möglicherweise erst im Zuge des *immensum bellum,* also nach der Zeitenwende erfolgte.[46] Doch lässt sich schon die bei einer solchen Annahme unterstellte wirklich gleichzeitige Aufgabe der genannten frühen Anlagen mangels jahrgenauer Datierungsmöglichkeiten kaum erweisen.[47] Stärker als auf einem exakten archäologischen Befund scheinen die Überlegungen zu einer Unterbrechung der römischen Präsenz im rechtsrheinischen Gebiet auf der erwähnten Überlieferungslücke in den literarischen Quellen zu basieren.

Dank der neu entdeckten Militäranlagen ist die Archäologie mehr und mehr auf dem Weg, diese angebliche zeitliche Lücke zu schließen. Denn das in Lahnau-Waldgirmes nachweisbare Datum von 4 v. Chr. hat auch Auswirkungen auf die Datierung von Haltern, das der Struktur der dort gefundenen Objekte zufolge zeitlich eher etwas früher als Waldgirmes anzusetzen ist und damit zeitlich dichter an das Ende von Oberaden heranreicht. Eine kontinuierliche Nutzung desselben Platzes wohl über viele Jahre deutet ebenso der skizzierte Befund von Hedemünden an, und in die selbe Richtung weisen die im Jahr 2000 begonnenen Ausgrabungen von Holsterhausen bei Dorsten: Am Beginn der Lippelinie, eine Tagesetappe von Vetera entfernt, wurden zahlreiche große, sich teils überschneidende Marschlager aufgedeckt, die derzeit elf aufeinander folgende Phasen römischer Anwesenheit an diesem Platz belegen.[48] Die Funde weisen Übereinstimmungen mit Oberaden, aber auch mit Haltern auf und bezeugen eine kontinuierliche Nutzung dieses Platzes über sehr viele Jahre hinweg.

Die Zahl der rechts des Rheins gefundenen Militärlager schließt schon jetzt aus, dass alle Anlagen stets in voller Mannschaftsstärke besetzt waren. Welche Rolle in den Jahren der Okkupation überhaupt noch die Militärlager am Rhein spielten, darüber ist soeben eine neue Diskussion eröffnet worden:[49] Denn feste Innenbebauungen, die ja doch den Willen zu einer gewissen Kontinuität dokumentieren, weisen in diesen Jahren nur die Anlagen rechts des Rheins auf! Doch schon allein zur Sicherung der Versorgung der rechtsrheinisch operierenden Truppen, die nur aus Gallien und den Rheingebieten zu leisten war, konnte auch in dieser Zeit nicht auf Stützpunkte am Rhein verzichtet werden.

Noch im Jahr 2000 wurde im Vergleich zur literarischen Überlieferung als «irritierend und unklar» hervorgehoben, «dass außer den Lagerbauten in den unmittelbaren Randgebieten bis heute keine archäologischen Spuren von der römischen Okkupation zeugen.»[50] Innerhalb eines Jahrzehnts konnte die Archäologie dieses lange Zeit von ihr selbst beförderte minimalistische Bild römischer Herrschaft in Germanien nachhaltig korrigieren. Die sich geradezu überschlagenden Neuentdeckungen zeigen an, dass weitere römische Militärplätze erwartet werden dürfen: Noch unverbunden liegt das Lager von Marktbreit. Auf der anderen Seite deutet eine dichte Streuung augusteischer Funde in Richtung Thüringen an, dass mit einer Fortsetzung der bisher erkennbaren Wegeführung auch über Hedemünden hinaus nach Osten gerechnet werden darf. Auffallend isoliert, auch in den Einzelfunden, steht noch der Norden Germaniens. Der literarischen Überlieferung zufolge sind Anlegeplätze an Ems und Weser zwingend vorauszusetzen.

Eine der letzten diesbezüglich sensationellen Entdeckung war ein von Rom geförderter bzw. betriebener Blei-Abbau im Sauerland.[51] Die Bergwerke selbst scheinen im Eigentum des römischen Herrschers gestanden zu haben, und dieser verpachtete sie zur Bewirtschaftung an private Unternehmer. Von ihnen wurde das Blei *(plumbum)* aus Germanien bis in den Mittelmeerraum transportiert. Mit *plumbum Germanicum* beschriftete Bleibarren wurden in Schiffswracks vor der Rhônemündung und vor der Küste Sardiniens gefunden. Eine naturwissenschaftliche Analyse eines solchen Barren verwies auf das östliche Sauerland als Herkunftsgebiet, in etwa das Gebiet um Kneblinghausen.

Auch diese Entdeckung ist ein Indiz für eine weitaus umfangreichere und intensivere römische Durchdringung des rechtsrheinischen Gebietes, als man dies bislang angenommen hatte. Hinter dem Bleiabbau gleich wirtschaftliche Gewinnabsichten als Ziel der römischen Germanienpolitik zu sehen, wäre indes eine zu moderne Perspektive: Zwar gab es im Römischen Reich, auch im Hinblick auf einzelne Provinzen, durchaus Ansätze von Kosten-Nutzen-Analysen, doch insgesamt war ein solches Rentabilitätsrechnen für die römische Mentalität nicht bestimmend: Erfüllter Ehrgeiz, Sieghaftigkeit und Möglichkeiten der Selbstrepräsentation waren ebenso reale – und für die Stabilisierung des neuen dynastischen Systems nicht weniger wichtige – Kategorien.

## 3.3 *Gab es eine «Provincia Germania»?*

Aufs Ganze gesehen tendieren die Ergebnisse der neueren archäologischen Forschung dahin, die Lücke zwischen den Drususfeldzügen und dem *immensum bellum* zu überbrücken. Aus den literarischen Quellen ergab sich schon immer eher das Bild einer von Rom nach den Drususfeldzügen beanspruchten römischen Herrschaft in Germanien. Die fehlenden archäologischen Spuren ließen allerdings viele Historiker die schriftliche Überlieferung oft überkritisch beurteilen.

Zu Beginn des 2. Jahrhunderts n. Chr. leitete der Historiker Florus seine gestraffte Darstellung der Germanienfeldzüge mit der Feststellung ein, es sei schwieriger, Provinzen zu behalten als sie zu erwerben.[52] Die Pole des von ihm thematisierten Spektrums römischer Okkupationsbemühungen werden deutlich, wenn Florus bei seinen folgenden Ausführungen unmittelbar an die Siege des Drusus die Vernichtung des Varusheeres anschließt. Mit dieser Bewertung der Erfolge des Drusus als Erschließung einer neuen Provinz steht nicht nur die Verleihung des Siegerbeinamens «Germanicus» an den Feldherrn in Einklang – als ein *cognomen ex provincia* (Beinamen nach der Provinz); auch kommt die Einschätzung des Florus einer Formulierung des Velleius Paterculus recht nahe, der das rechtsrheinische Gebiet bereits für 8 v. Chr. als eine «beinahe tributpflichtige Provinz» *(provincia paene stipendiaria)* bezeichnet. Wenn Tacitus im Rückblick auf diese Zeit das linksrheinische Gebiet als eine «alte Provinz» *(vetus provincia)* vom rechtsrheinischen Gebiet abgrenzt, so deutet auch dieser Begriff darauf hin, dass das rechtsrheinische Germanien damals als «neue Provinz» angesehen werden konnte.[53]

### *Was ist eine Provinz?*

Von diesen Quellen ausgehend spitzte die ältere Forschung die Frage nach der römischen Herrschaft darauf zu, ob es letztlich gelungen sei, Germanien als eine Provinz des Römischen Reiches einzurichten.[54] Nun kann man den Begriff «Provinz» inhaltlich sehr unterschiedlich füllen, und dementsprechend waren in dieser Diskussion viele Missverständnisse angelegt: Wir verstehen heute unter einer römischen Provinz in aller Regel ein förmlich eingerichtetes und genau abgegrenztes Territorium, dem eine bestimmte Ordnung – etwa im Hinblick auf die Verwaltung oder die steuerlichen Abgaben – gegeben wurde. Konstituiert werden konnte eine solche Provinz durch eine *lex provincia*, ein Gesetz, das die Einzelheiten des künftigen Status für das jeweilige

Provinzialgebiet regelte. Doch darüber hinaus beschreibt der lateinische Begriff *provincia* viel allgemeiner einfach nur eine bestimmte Aufgabe, eine Zuständigkeit oder ein Zuständigkeitsgebiet. In diesem Sinne machte bereits die Zuweisung eines Amtsbereichs an einen Magistraten diesen Amtsbereich zu seiner *provincia*. Hinzu kommt, dass wir von dem Erlass einer *lex provincia* zwar mehrfach aus den vorangegangenen Jahrhunderten der römischen Republik wissen. Doch zur Ausübung von Herrschaft in einem bestimmten Gebiet – oder dafür, dass man ein Gebiet als Teil des *Imperium Romanum* betrachtete – war für Rom ein solches Gesetz weder zwingend erforderlich, noch war die Verabschiedung eines derartigen Gesetzes in der Zeit des Augustus üblich: Die antiken Autoren konnten also ohne große Mühe von einer *provincia Germania* als einem Amtsbereich sprechen, ohne dass es einen entsprechenden Beschluss des Senats zur formellen Einrichtung einer Provinz Germanien gegeben haben muss. Wir verwenden dagegen heute den Begriff vor allem, wenn wir ausdrücken wollen, dass Rom in einem definierten Raum eine auf Dauer angelegte und institutionalisierte Herrschaft ausübte.

Im Triumph des Tiberius von 7 v. Chr. feierte man nicht nur den Sieg über Germanien, sondern durch die Erweiterung der sakralen Stadtgrenze (*pomerium*) im Jahre 8 v. Chr. – ein Ritual, das den territorialen Zugewinn an der Peripherie des Reiches symbolisch in der Hauptstadt nachvollzog und so dem Erfolg zu Hause Anschaulichkeit verlieh – wurde auch der Bezug zu einem äußeren Gebietsgewinn hergestellt. Selbst wenn wir in den Quellen nicht die explizite Formulierung finden, dass die *pomerium*-Erweiterung im Jahre 8 v. Chr. gerade wegen der Hinzugewinnung Germaniens zum Reich erfolgt ist, so dürften die Römer den auf diese Weise symbolisierten Gebietsgewinn zumindest *auch* auf die Siegesmeldungen aus Germanien bezogen haben.[55]

### *Das Aufkommen eines neuen Germania-Begriffs*

Wichtiger für das Verständnis der zeitgenössischen Wahrnehmung dessen, was in Germanien geschah, ist die Tatsache, dass seit den Feldzügen des Drusus die Elbe in den Beschreibungen Germaniens eine immer wichtigere Rolle zu spielen begann. Ein neuer *Germania*-Begriff kam auf, der sich augenscheinlich politisch definierte:[56] Im Gegensatz zu der noch wenige Jahre zuvor von Agrippa vorgenommenen geographischen Umgrenzung Germaniens als Raum zwischen dem Rhein im Westen und der Weichsel im Osten galt der neue *Germania*-Begriff nur noch für das Gebiet zwischen Rhein und

Elbe. Für dieses Gebiet war er aber unverkennbar mit dem römischen Herrschaftsanspruch verbunden – wobei Abgrenzungen des Territoriums nach Süden hin allerdings fehlen.[57] Ein solches – geographisch reduziertes – Verständnis von Germanien liegt etwa der Begründung des Velleius Paterculus für den Angriff auf das Markomannenreich zugrunde, derzufolge es in Germanien nichts weiter mehr zu besiegen gegeben hätte.[58] Reflexe für dieses neue Germanienverständnis finden sich noch häufiger in der späteren Geschichtsschreibung, so etwa wenn für einen Feldzug des Kaisers Probus (276–282) die Idee der Eroberung «ganz Germaniens» als Unterwerfung des Gebietes bis zur Elbe programmatisch wieder aufgenommen wird.[59]

### *Formen der römischen Herrschaft*

Politisch formulierte Territorialansprüche waren eine Sache – die tatsächliche Form und Intensität der Herrschaft, die über Germanien ausgeübt wurde, eine andere. Wer heute noch vom Sauerland durch den Teutoburger Wald oder von Nordhessen nach Thüringen durch die Mittelgebirge fährt und die hügelige Landschaft mit ihren vereinzelten kleinen Dörfern, ihren Lichtungen und Wäldern an sich vorbeiziehen sieht, oder wer die weiten Ebenen Norddeutschlands durchquert, dem wird aufgehen, dass eine effektive, in die Fläche wirkende Besetzung und Kontrolle dieses Landes allein mit militärischen Mitteln niemals möglich war. Dies gilt umso mehr, als der Auftrag der im Norden stationierten Truppen eben nicht nur auf Germanien beschränkt war, sondern auch ganz Gallien einschloss. Dort aber galt es selbst noch in der Zeit des Tiberius größere Unruhen niederzuhalten.

Über ein derart großes, teils unzugängliches Gebiet war Herrschaft – nach einer gängigen Definition Max Webers die institutionalisierte Form, auf Dauer Gehorsam zu finden – nur durch politische Strukturen möglich, nicht aber durch Gewalt. Für eine politische Herrschaft bedurfte es der Kooperation mit den einheimischen Autoritäten; eine derartige Nutzung vorhandener gesellschaftlicher und politischer Ordnungen war ohnehin ein Grundelement der verwaltungsarmen Herrschaft im Römischen Reich. Dementsprechend abhängig blieb diese Form der Herrschaftsausübung von der Stabilität der Verhältnisse innerhalb der Stämme. Durch die Förderung bestimmter Gruppen konnte Rom erreichen, dass die Interessen des Imperiums und jene der von ihm gestützten Germanenfürsten ein hohes Maß an Übereinstimmung, gewissermaßen eine Symmetrie entwickelten.[60] Zu den politischen Instrumenten, die Rom zur Förderung und Durchsetzung seines

Willens nutzte, gehörten die Einsetzung oder Bestätigung von Herrschern, die Privilegierung von Einzelpersonen durch materielle Zuwendungen oder durch Statuserhöhung – wie beispielsweise durch die Verleihung des römischen Bürgerrechts –, ferner Eingriffe sowohl in die politischen Verhältnisse zwischen den Stämmen als auch in die politische Ordnung in stammesinternen Angelegenheiten. Auch übernahmen die Römer in den Okkupationsgebieten zunehmend die Rechtsprechung, sie forderten von den Stämmen Truppen, befahlen Geiseln zu stellen und erhoben Abgaben.[61] Hatte man für die gallischen Stämme in Lugdunum (Lyon) einen gemeinsamen Kultplatz geschaffen, an dem sich die Vertreter der Stämme regelmäßig versammelten und mit den Vertretern Roms politische Fragen verhandeln konnten, so gab es für die Germanen möglicherweise schon ab 8/7 v. Chr. einen solchen «Landtag» bei Köln, die *Ara Germaniae*.[62] Diese Kultstätte war der gemeinsame Treffpunkt für die in die neue Ordnung eingebundenen germanischen Stämme. In diesem Gefüge kam den römischen Truppen mit ihrem achtungsgebietenden Bedrohungspotential vor allem die Aufgabe zu, die so erstellte politische Ordnung militärisch abzusichern.

Die Siedlung von Waldgirmes bietet derzeit den anschaulichsten Beleg dafür, wie weit die politische Durchdringung bestimmter Regionen Germaniens bereits gediehen war. Hier scheint es sich um einen jener Plätze zu handeln, von denen Cassius Dio berichtet, wenn er von der Einrichtung von Märkten und Städten im rechtsrheinischen Germanien schreibt.[63] Vor der Entdeckung von Waldgirmes schien der Mehrheit der Forschung – in Ermangelung entsprechender archäologischer Funde – diese Darstellung des Cassius Dio völlig unglaubwürdig, und sie wurde geradezu als Argument *gegen* die Verlässlichkeit der Angaben dieses Autors über die römische Okkupation Germaniens insgesamt benutzt. Seit der Entdeckung von Waldgirmes hat sich die diesbezügliche Argumentation vollkommen gedreht: Der archäologische Befund ist neuerdings zu einem zentralen Zeugnis *für* die Qualität des Berichts von Cassius Dio geworden und Waldgirmes selbst zu einem Beleg für die Art und Intensität der römischen Herrschaft in Germanien.[64] Nimmt man das jüngst in der Anlage nachgewiesene frühe Datum von 4 v. Chr. sowie die aktuellen Forschungen zur *Ara Germaniae* hinzu, die eine Gründung dieser gemeinsamen Institution der germanischen Stämme schon im letzten Jahrzehnt v. Chr. nahezulegen scheinen, dann wird man optimistischer sein und schon viele Jahre vor der Ankunft des Varus von Germanien als einer «Provinz» sprechen wollen – auch im engeren Sinne des Wortes.

# 4. Karrieren im Dienste Roms

Die Gegner im Teutoburger Wald, Varus und Arminius, erscheinen uns nicht nur als Exponenten einer militärischen, sondern einer auch grundsätzlichen zivilisatorischen Auseinandersetzung. Als Anführer ihrer Truppen stehen der Römer und der Cherusker für unterschiedliche politische und gesellschaftliche Organisationsformen, verschiedene Kulturen und Kulturstufen sowie weit auseinandergehende persönliche Motive und Handlungsmöglichkeiten. Doch die Biographien beider verbindet mehr, als es die unter dem Eindruck der Varuskatastrophe entstandenen Kontrastierungen vermuten lassen. Beide kannten sich nicht nur persönlich, sondern sie dienten derselben Sache. Jeder wirkte auf seine Weise an der Aufrechterhaltung der römischen Herrschaft in Germanien. Der Katastrophe voraus ging eine vertrauensvolle Zusammenarbeit, bei der Arminius häufig mit Varus zu Tische lag.[1]

## 4.1 *Publius Quinctilius Varus*

Der römische Heerführer und Legat des Augustus in Germanien, Publius Quinctilius Varus, entstammte einer der ältesten und vornehmsten römischen Familien.[2] Die Quinctilier (auch: Quintilier) gehörten zu den Patriziern – eine Gruppe altehrwürdiger Familien innerhalb des Adels, deren Angehörigen aufgrund ihrer Abkunft ganz besondere Karrierechancen offen standen. Noch aus der Frühzeit der Republik hatten Regelungen Bestand, nach denen hervorgehobene politische und sakrale Ämter ausschließlich von Patriziern bekleidet werden durften.

Die Quinctilier führten ihre Ahnenreihe bis auf die Könige von Alba Longa zurück. In den letzten Generationen hatten sie es jedoch nicht mehr bis zum Konsulat gebracht. Ein gewisser Sextus Quinctilius Varus, wahrscheinlich der Großvater des Feldherrn, war bis zum zweithöchsten Amt, der Prätur, aufgestiegen, der Vater gleichen Namens bis zu der in der Ämterlaufbahn *(cursus honorum)* eine Stufe darunter liegenden Quästur. Um das

Jahr 47/46 v. Chr. wurde ihm sein Sohn Publius Quinctilius Varus geboren. Es war die Zeit der Bürgerkriege, und Caesar kämpfte um die Macht. Als überzeugter Republikaner schloss sich der Vater nach der Ermordung des Diktators im März 44 v. Chr. den Caesarmördern an. Zwei Jahre später stand er bei Philippi auf der Seite der Verlierer. In ähnlicher Situation war er bei der Eroberung von Corfinium 49 v. Chr. schon einmal von Caesar begnadigt worden:[3] Der Großmut des Caesarsohnes Octavian wollte er sich nicht mehr ergeben. Im Schmuck all seiner Rang- und Ehrenzeichen ließ sich Sextus Quinctilius Varus auf eigenen Befehl von einem seiner Freigelassenen töten.[4]

Der Sohn, Publius Quinctilius Varus, ist dagegen seit Beginn seiner politischen Laufbahn im engsten Umfeld des Siegers von Philippi zu finden. Erwogen wurde, dass er nach dem Tod seines Vaters als Waise im Hause seines Verwandten Quinctilius Varus, eines Freundes der Dichter Horaz und Vergil, aufgewachsen ist, in der «Quintiliolum» genannten Villa bei Tivoli.[5] Wirklich gesichert ist dies jedoch nicht. Allerdings ließe sich von hier über den Kreis des Maecenas, des Förderers der Künste, eine frühe Verbindung zu Augustus herstellen. Den Schwestern des Varus gelang es, in dieser Zeit Ehen einzugehen, die sie ungeachtet der politischen Position des Vaters in höchste und zugleich dem Augustus eng verbundene Adelsfamilien führten: Lucius Nonius Asprenas, der Patrizier Cornelius Dolabella sowie Sextus Appuleius, der Konsul des Jahres 29 v. Chr., wurden ihre Ehemänner.[6] Die Schwestern dürften davon profitiert haben, dass die Förderung der Patrizierfamilien stets ein Anliegen des Augustus war. Denn sowohl die Bürgerkriege der späteren Republik als auch die in den vornehmen Familien weit verbreitete Kinderlosigkeit ließen die Zahl der Patrizier immer stärker schrumpfen.

Als *quaestor Augusti*, also von Augustus persönlich zur Wahl vorgeschlagener Magistrat, begleitete Varus zwischen 22 und 19 v. Chr. den Herrscher auf dessen Orientreise. Auch Tiberius war zugegen, ebenfalls im Rang eines Quästors. Der politische und programmatische Höhepunkt der Reise war die Wiedergewinnung der römischen Feldzeichen von den Parthern – jener Feldzeichen, die der Triumvir Marcus Licinius Crassus mehr als 30 Jahre zuvor im Krieg gegen den Partherkönig bei Carrhae verloren hatte. Dem Varus gesetzte Ehreninschriften auf der Insel Tenos, in Pergamon und in Athen dokumentieren seine Tätigkeit an diesen Orten.[7] Die Begleitung des Augustus drückt nicht nur freundschaftliche Nähe und Förderung aus, sondern darf auch schon als Indiz für die vom Herrscher in eigener Anschauung überprüfte Befähigung des Varus gelten.

Nach Bekleidung eines Priesteramtes als *pontifex* oder *augur*[8] erreichte Varus im Jahre 13 v. Chr. das höchstmögliche Amt, den Konsulat. Sein Geburtsjahr wird allgemein unter der Annahme errechnet, dass er *suo anno* zum Konsulat gelangte, d. h. zum frühest möglichen Zeitpunkt innerhalb des festgelegten Karriereschemas. Für diese besondere Auszeichnung spricht auch, dass er seinen Konsulat als *consul ordinarius* erhielt, nicht als einer der Nachrücker im Verlauf des Jahres, der sogenannten *suffecti*. Vor allem aber war sein Kollege im Amt kein Geringerer als Tiberius, der Stiefsohn des Augustus und spätere Nachfolger des Herrschers. Auch für den fünf Jahre jüngeren Tiberius, ausgestattet mit einem besonderen Privileg, das Amt vor Erreichen der Altersgrenze antreten zu dürfen, war es der erste Konsulat. Derartige Konstellationen wurden in der rangbewussten römischen Öffentlichkeit nicht nur sorgfältig beobachtet, sondern als Zeichen der Nähe zum Herrscher und zur herrscherlichen Familie auch ganz bewusst gesetzt.

Doch Varus befand sich mittlerweile ohnehin im Kreis der engsten Vertrauten des Augustus, die dieser mit kühler Konsequenz auch familiär an sich zu binden verstand (Abb. 9). Vermutlich in zweiter Ehe war Varus, wie wir seit einigen Jahren aus einer auf Papyrus erhaltenen Leichenrede des Augustus auf Agrippa wissen,[9] mit einer Tochter dieses wichtigsten Helfers und engsten Freundes des Augustus verheiratet. Der in unverbrüchlicher

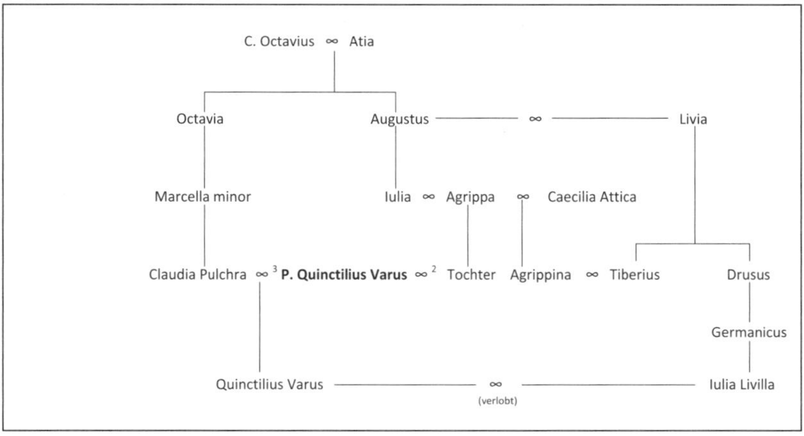


*Abb. 9 Verwandtschaftliche Beziehungen des Varus*

Loyalität zu Augustus stehende Agrippa war wiederum der Ehemann der einzigen leiblichen Tochter des Augustus – Iulia –, womit er die erste Stelle als sein Vertreter und möglicher Nachfolger einnahm. Zugleich wurde Varus durch die Hochzeit der Schwager des Tiberius, der mit Vipsania Agrippina verheiratet war, einer Tochter Agrippas aus erster Ehe.

Feierlicher Höhepunkt des gemeinsamen Konsulats der beiden Schwager war die Rückkehr des Augustus aus Gallien, wo dieser seit der *clades Lolliana* rund drei Jahre verbracht hatte. Aus diesem Anlass wurde ein Beschluss zur Errichtung eines ihm geweihten Friedensaltares in Rom gefasst, der *Ara Pacis*, die noch heute in Rom zu sehen ist. In den nach seinem Tod veröffentlichten *Res Gestae* hob Augustus sowohl den Senatsbeschluss wie die Konsuln, unter denen dieser erfolgte, hervor, so dass sich der Name des Varus auch in dieser bedeutendsten aller römischen Inschriften findet: *Ti. Nerone et P. Quintilio consulibus, aram Pacis Augustae senatus pro reditu meo consacrandam censuit.*[10] Der große rankengeschmückte Marmoraltar in der Nähe des Tibers stellt einen Höhepunkt der Architektur in augusteischer Zeit und ein Schlüsselwerk der augusteischen Kultur dar.[11] Nach dreijähriger Bauzeit wurde er am 30. Januar 9 v. Chr., dem Geburtstag der Herrschergattin Livia, eingeweiht. In dem langen Prozessionsfries auf der Außenseite, der die Angehörigen des Kaiserhauses und engsten Vertrauten des Augustus beim Opfer zeigt, ist ohne Zweifel auch Varus dargestellt: Möglicherweise ist er der leicht verdeckt neben Tiberius stehende Togaträger. Eine solche räumliche Zuordnung würde seiner Stellung als Mitkonsul im Jahr der Stiftung des Altars und zugleich als Schwager des Tiberius sehr gut entsprechen. Doch leider haben sich gerade die Porträtzüge dieser Figur nicht erhalten, und der heute zu sehende Kopf ist modern ergänzt.[12]

Nach dem Tod seiner Frau heiratete Varus um 7 v. Chr. ein drittes Mal. Auch damals blieb er Mitglied in dem von Augustus sorgfältig gestalteten verwandtschaftlichen Kreis rund um das Herrscherhaus: Seine neue Gattin wurde Claudia Pulchra, Enkelin von Octavia, der einzigen Schwester des Augustus.

### *Die Statthalterschaft in Africa*

Fünf Jahre nach dem Konsulat begann die prokonsularische Karriere, und Varus wurde mit der Verwaltung der bedeutendsten Provinzen des *Imperium Romanum* betraut.[13] Seine Tätigkeit in der reichen, für die Getreideversorgung von Rom besonders wichtigen Provinz *Africa proconsularis* belegen undatierte Münzen aus den nordafrikanischen Städten Hadrumetum und Achulla. Die Münzen aus Hadrumetum tragen auf der Vorderseite einen Kopf des Sonnengottes Sol neben dem Namen der Stadt. Die Rückseiten zeigen ein nach rechts gewendetes Porträt und benennen den Dargestellten in der Legende: P. QVINTILI VARI (Abb. 10.1).[14] Parallel dazu wurde ein zweiter Münztyp ausgebracht, mit dem unbekränzten Kopf des Augustus auf der Vorderseite und den einander zugewandten Köpfen seiner Enkel und Adoptivsöhne Gaius und Lucius Caesar auf der Rückseite.[15] Abermals nennen die Legenden beider Münzseiten die Dargestellten. In Achulla sind die Motive der Münzen aus Hadrumentum auf der Münzvorderseite zusammengefasst: Sie zeigen das Porträt des Augustus inmitten der beiden etwas kleiner gehaltenen Köpfe des Gaius und Lucius Caesar, die ihm zugewandt sind. Die so frei gewordene Rückseite trägt das nach rechts gerichtete Porträt des Varus mit der Umschrift P. QVINCTILI VARI ACHVLLA (Abb. 10.2–4).[16]

Legt man das reguläre Intervall von fünf Jahren zwischen Konsulat und Verwaltung einer Provinz als Prokonsul zugrunde, so wurde Varus diese vornehmste senatorische Provinz um das Jahr 7 v. Chr. zur Verwaltung übertragen.[17] Äußerst bemerkenswert für diese Zeit ist die Bildauswahl seiner Münzen: Die hervorgehobene Darstellung von Gaius und Lucius Caesar steht ganz am Beginn einer umfassenden, in Münzen, Inschriften und Gebäuden sich ausdrückenden Bewegung, mit der innerhalb weniger Jahre die Namen und Bilder der Augustusenkel im ganzen *Imperium Romanum* verbreitet und beide mit Ehrungen geradezu überschüttet wurden.[18] Unschwer können die verschiedenen Aktionen als Loyalitätsadressen an Augustus und dem seinerzeit so neu definierten innersten Kern des Herrscherhauses verstanden werden. Gaius und Lucius Caesar waren zu diesem Zeitpunkt 13 bzw. 10 Jahre alt, und zwei Jahre zuvor war Gaius als der ältere mit dem Anlegen der Toga überhaupt erst ins öffentliche Leben eingeführt worden. Noch zwei bzw. fünf Jahre sollte es dauern, bis 5 und 2 v. Chr. zunächst Gaius und dann Lucius Caesar der Öffentlichkeit als *principes iuventutis* vorgestellt wurden – gewissermaßen *principes* einer nachwachsenden Generation – und der Senat sie zu schon in jugendlichen Jahren auszuübenden Konsulaten vorzeitig designierte. Spätestens jetzt war die Stellung der beiden Augustussöhne als die der von Augustus gewünschten Nachfolger für jedermann erkennbar.

Die Münzen des Varus zählen zu den frühesten Zeugnissen, die dieses neue dynastische Programm des Augustus rezipieren. Offensichtlich zeigte sich Varus ganz besonders informiert und zugleich sensibilisiert für die neuen Entwicklungen am Hof des Herrschers. Wenn er in seinem Amtsbereich über das Medium der Münzen zur Popularisierung der beiden Augustussöhne beitrug, so tat er dies – wie für die Verantwortlichen bei der Auswahl von Münzbildern insgesamt angenommen werden darf – sicherlich auch mit berechnendem Blick auf Augustus, der die neuen Münzmotive wohlwollend zur Kenntnis nehmen sollte.

Das Bemerkenswerte daran ist allerdings, dass die Münzen mit diesem frühen Zeitansatz eher Teil jener Entwicklung waren, die Tiberius 6 v. Chr. zum Gang ins freiwillige Exil auf Rhodos bewog, und keine Reaktion auf diesen Rückzug.[19] Denn nach den plötzlichen Todesfällen von Agrippa 12 v. Chr. und Drusus 9 v. Chr. schien es so, dass niemand anderes als Tiberius für die Nachfolge des Augustus in Frage kommen könnte. Wegen seines schweigsamen, introvertierten und schwermütigen Wesens war Tiberius zwar weder bei Augustus noch beim Volk sonderlich beliebt, doch unstrittig war er einer der tüchtigsten und erfahrensten Militärführer seiner Zeit – und darauf kam es ja ganz wesentlich an. Die seit 8 v. Chr. langsam erkennbare Bevorzugung der kaum der Kindheit entwachsenen Augustusenkel wird, über die anhaltenden Brüskierungen durch die ihm zwangsweise zur Ehefrau gegebenen Augustustochter Iulia hinaus, mit Sicherheit ihren Teil zur Verbitterung des Tiberius und schließlich zu seinem Rückzug aus dem öffentlichen Leben beigetragen haben.

Die Konsequenzen dieser Beobachtung sind angesichts der engen persönlichen Verbindungen zwischen Varus und Tiberius so gravierend, dass eine spätere Datierung der afrikanischen Statthalterschaft des Varus nicht ganz ausgeschlossen werden sollte.[20] So schlug Michael Grant vor, sie erst in die Jahre nach der Statthalterschaft in Syrien, um 3/2 v. Chr., zu legen – mithin in eine Zeit, für die wir sonst keine Zeugnisse für Varus besitzen.[21] Auf der Gegenseite steht allerdings, dass bei den uns ansonsten bekannten Karrieren aus der frühen Kaiserzeit eine Statthalterschaft in *Africa* oder *Asia* stets der Syrischen vorausging.[22] Leider tragen die Münzen, wie auch die meisten Parallelprägungen für Gaius und Lucius Caesar in den anderen Provinzen,[23] keine hinreichend genau datierbaren Angaben, die eine definitive Festlegung erlauben würden.

### *Die Statthalterschaft in Syrien*

Um 6 bis 4 v. Chr. war Varus Legat in der kaiserlichen Provinz Syrien, also Inhaber des zweiten großen, damals auch militärisch gewichtigen Provinzkommandos innerhalb des Römischen Reiches.[24] Münzen mit seinem Namen aus der Stadt Antiochia tragen als Datum die Jahre 25, 26 und 27 der ab dem Sieg von Actium zählenden Ära (2. September 31 v. Chr.) – wie sie zumal im Osten des Römischen Reiches als Jahreszählung weit verbreitet war; sie sind also längstens zwischen September 7 und September 4 v. Chr. geprägt worden.[25]

In Syrien befehligte Varus das gegen die Parther stehende Euphratheer – mit vier Legionen die größte Armee des Ostens und eine der größten des Römischen Reiches überhaupt. Darüber hinaus galt es, ein System aus von Rom gestützten, jedoch formal nicht zum Reich gehörenden Fürsten stabil zu halten, für die Varus Ansprechpartner und – über seine Funktion als Statthalter hinaus – die im Kontakt zu Augustus persönlich vermittelnde Vertrauensperson war.

Das ganze Geschick des Varus war gefordert, als er als Repräsentant sowohl Roms als auch des Augustus den Hochverratsprozess gegen Antipatros begleitete, den Sohn des Herodes, des Herrschers von Judäa. Der Vater, der die Klage erhoben hatte, war ebenso wie der Sohn, der soeben erst aus Rom zurückgekehrt war, ein persönlicher Freund des Augustus. Herodes warf seinem Sohn vor, versucht zu haben, ihn mit Gift zu ermorden, und er bat Varus zu sich auf das Tribunal. Die Anklagerede des Herodes war ebenso an Varus adressiert wie die Verteidigung des Antipatros, und beide warben in richtiger Einschätzung der faktischen Abhängigkeit Judäas von Rom um die Zustimmung des Prozessbeobachters. Antipatros berief sich auf ein persönliches Schreiben des Augustus als Leumundszeugnis. Der in seiner Einschätzung des Sachverhalts schwankende Varus ließ zahlreiche Zeugen vernehmen, und er forderte Antipatros geradezu inbrünstig auf, die vorgebrachten schweren Belastungen zu widerlegen. Der berief sich jedoch für seine Unschuld immer wieder auf Gott als Zeugen, und auch durch beständiges Fragen des Varus konnte er nicht zu weltlicheren Antworten bewogen werden. Als das mutmaßliche Gift als Beweismittel herbeigeschafft und an einem Verbrecher ausprobiert wurde, dieser daraufhin sofort zusammenbrach, war die Sache entschieden: Varus zog sich vom Tribunal zurück, und der Ankläger Herodes ließ seinen Sohn gefangen setzen. Beide, Varus und Herodes, berichteten in einem Schreiben bzw. durch eine Gesandtschaft getrennt dem Augustus. Der römische Herrscher ließ dem Herodes freie Hand. Wenige Tage nur, bevor er selbst starb, gab Herodes den Befehl zur Hinrichtung seines Sohnes.

Der Prozess ist bei dem in der zweiten Hälfte des 1. Jahrhunderts n. Chr. schreibenden jüdischen Historiker Flavius Iosephos in aller Ausführlichkeit geschildert.[26] Stützen konnte sich Iosephos auf das Geschichtswerk des Nikolaos von Damaskus, der an dem Prozess gegen Antipatros als Ankläger beteiligt war und Varus direkt gegenübersaß. Auch Nikolaos von Damaskus war einer der Vertrauten aus dem Kreis um Augustus. Er hatte das Leben des jugendlichen Herrschers bereits um 20 v. Chr. zum Gegenstand einer Biographie gemacht.[27]

Nach dem Tod des Herodes im Frühjahr 4 v. Chr. brachen in allen Teilen Judäas schwere Aufstände aus. Jetzt waren von Varus Entschlossenheit und Stärke, nicht weniger die Fähigkeit zu umfassender Koordination gefordert. Unter Einsatz aller ihm zur Verfügung stehenden militärischen Mittel schlug er die Erhebung nieder. Die Stadt Sepphoris, ein Herd der Unruhen, ließ er niederbrennen, in Emmaus, wo eine römische Kohorte überfallen und der Zenturio mit vierzig seiner Soldaten erschlagen worden war, ließ er darüber hinaus sämtliche Bewohner in die Sklaverei verkaufen.[28] Dem in Jerusalem belagerten römischen Finanzprokurator Sabinus, der an der Ausbreitung der Unruhen nicht ganz unschuldig war, leistete er erfolgreich Entsatz. Schließlich ließ Varus das ganze Land systematisch nach Rädelsführern und Schuldigen durchkämmen. Obwohl Varus die Mitläufer begnadigte, wurden dennoch rund zweitausend Juden ans Kreuz geschlagen. Anführer, die sich freiwillig ergeben hatten, schickte er nach Rom und überließ sie dem Urteil des Augustus. Der römische Herrscher wurde während der Krise stets durch regelmäßige Schreiben über den Zustand in Judäa auf dem Laufenden gehalten; zugleich beriet Varus ihn in der von Augustus zu entscheidenden Nachfolgefrage für Herodes. Auch den Aufbruch einer Gesandtschaft von fünfzig offiziellen Vertretern Judäas, die in grundsätzlicher Weise das harte Regiment des Augustusfreundes Herodes anprangern wollten, behinderte Varus nicht, sondern er erteilte ihnen die Erlaubnis zur Reise nach Rom.

Alles in allem zeigte sich Varus den besonderen Herausforderungen in Judäa während dieser schwierigen Jahre gewachsen. Insbesondere scheint ihm der doppelte Spagat zwischen dem differenzierten Einsatz politischer und militärischer Mittel einerseits sowie andererseits seiner Stellung als römischer Beamter und persönlicher Vertrauensmann des Augustus geglückt zu sein. Auch in seiner eigentlichen Provinz Syrien lassen sich ungeachtet des kräftebindenden Einsatzes in Judäa nachhaltige Spuren seiner Verwaltungstätigkeit finden: Eine neue Münzreihe aus Antiochia, die sich der eigentlich stadtrömischen Sigle «*S(enatus) C(onsultum)*» («geprägt auf Senatsbeschluss») bediente und auf der Vorderseite den lorbeerbekränzten Kopf des Augustus zeigt, dürfte von Varus eingeführt worden sein.[29] Ebenso legte er eine neue Prägegruppe in der zweiten bedeutenden syrischen Stadt Laodicea auf.[30] Von ihm initiiert wurde wohl auch die Ausgabe von Tetradrachmen mit dem Herrscherporträt als Wiederaufnahme der Großsilberprägung in Syrien.[31] Münzen mit dem Namen des Varus sind weiterhin aus Berytos bekannt, und zahlreiche Münzen der Region tragen seinen lateinisch geschriebenen Namen als Gegenstempel: Wie schon in Nordafrika so scheint Varus auch in Syrien die Pflege des Münzsystems ein besonderes Anliegen gewesen zu sein, und im Osten schloss es sich zu einem umfassenden Reformwerk.[32]

Fraglos zählte die syrische Tätigkeit des Varus zu den erfolgreichen Statthalterschaften innerhalb des Römischen Reiches. Anderslautende ätzende Bemerkungen finden sich erst aus späterer Zeit, nachdem das Andenken des Varus der Verspottung freigegeben war.[33] Eine Randnotiz der Weltgeschichte ist, dass unter der syrischen Statthalterschaft des Varus aller Wahrscheinlichkeit nach Jesus von Nazareth geboren wurde: Die unserer Zeitrechnung «seit Christi Geburt» zugrunde liegende Zeitenwende ist zu Beginn des 6. Jahrhunderts von dem Mönch Dionysius Exiguus um einige Jahre zu früh angesetzt worden. Folgt man dem Matthäusevangelium, dann wurde Jesus noch unter Herodes geboren; der judäische Herrscher aber starb im Frühjahr 4 v. Chr. In Kombination mit der Amtszeit des römischen Prokurators Pontius Pilatus in Judäa von 27 bis 34 n. Chr. sowie der Lebens- und Wirkenszeit Jesu wird dessen Geburt heute zumeist knapp vor dem Tod des Herodes angesetzt – um 6 oder 5 «vor Christi Geburt».[34]

Für das Jahrzehnt nach seiner Tätigkeit in Syrien verfügen wir für Varus über keine überlieferten Nachrichten. Ab dem Jahr 7 n. Chr. erhielt Varus den Oberbefehl über das gesamte germanische Heer. Abermals kreuzte sich sein Weg mit dem des Tiberius, der bis dahin das Oberkommando über diese Truppen innegehabt hatte. Nach dem abgebrochenen Angriff auf das markomannische Königreich des Maroboduus war Tiberius in Pannonien gefordert, wo er in den nächsten drei Jahren mit der Niederschlagung des Aufstands eine der schwersten Bewährungsproben für sich und das Römische Reich zu bestehen hatte.

*Das Oberkommando in Germanien*

Als «starker Fünfziger»[35] war Varus für die Übernahme seines neuen Amts keineswegs zu alt, vielmehr verbanden sich in seinem Fall römische Achtung vor dem Alter, umfassende Erfahrung und noch vorhandene körperliche Leistungsfähigkeit. Auch seine Vorgänger Domitius Ahenobarbus, Marcus Vinicius und Sentius Saturninus besaßen bei ihrer jeweiligen Übernahme des germanischen Kommandos ein ähnliches Alter. Varus war zu dieser Zeit einer der ranghöchsten Konsulare, über enge verwandtschaftliche Beziehungen Angehöriger des Herrscherhauses, zudem sowohl dem Augustus als auch dem damals bereits designierten Nachfolger Tiberius mehr als drei Jahrzehnte verbunden. Auch hatte er sich in der Verwaltung der bedeutendsten senatorischen und kaiserlichen Provinzen, Afrika und Syrien, bestens bewährt. Das Kommando in Germanien sollte für Varus die letzte Station einer großen Karriere sein – die größte, die noch ausstand –, und es spricht nichts dagegen, dass der Wechsel allen krisenhaften Umständen zum Trotz planmäßig erfolgte.

Vielleicht war Varus sogar schon vorher einmal mit einem Kommando in Germanien betraut: Im Legionslager von Dangstetten am Oberrhein wurde eine Bleimarke gefunden, mit der Einritzung «P. Q (...) VARVS» sowie «LEG XIX.»[36] Es handelt sich um einen Besitzvermerk für einen Gegenstand, der mit der Bleimarke angezeigt wird. Eine mögliche Lesung der Inschrift identifiziert den Besitzer der Bleimarke als «Angehörigen der 19. Legion des Varus». Das Lager Dangstetten bestand von der ersten Hälfte des zweiten Jahrzehnts bis zum Beginn des ersten Jahrzehnts v. Chr. und gehört in den Kontext der Alpenfeldzüge unter Tiberius und Drusus. Die Anwesenheit der 19. Legion ist für diese Zeit in Dangstetten mehrfach bezeugt. Ein Legionskommando im Range eines Prätors ließe sich für diesen Zeitraum gut mit dem *cursus honorum* des Varus in Übereinstimmung bringen. Varus müsste diese Funktion dann noch vor dem Antritt des Konsulats von 13 v. Chr. wahrgenommen haben. Attraktiv erscheint eine solche Kombination, weil Varus in diesem Fall abermals mit Tiberius am selben Schauplatz tätig gewesen wäre, beide im Rang eines Prätors. Einschränkend ist allerdings festzustellen, dass der Name «Varus» häufiger vorkommt und die Bleimarke mit dünnen Einritzungen mehrfach überschrieben ist: Sowohl für die Verbindung der einzelnen Buchstabengruppen wie für die Lesung insgesamt fehlt letzte Eindeutigkeit.[37] Doch auch ohne dieses Zeugnis würde ein Legionskommando im Umfeld des Tiberius die «dunklen Jahre» in der Biographie des Varus –

zwischen der Begleitung des Augustus und des Tiberius in den Osten des Reiches und seinem ersten Konsulat – in sehr plausibler Weise füllen.[38]

Zu seinem letzten Einsatz nach Germanien begleitete Varus sein Neffe Lucius Nonius Asprenas, der den Rang eines Legionslegaten erhielt. Bis zum Ende des Jahres 6 n. Chr. hatte Asprenas noch als *suffectus* den Konsulat bekleidet. Ein anderer Legionslegat war Gaius Numonius Vala. Dessen Familie war ebenso wie der Onkel des Varus dem Künstlerkreis um Horaz verbunden, und Varus und Vala kannten sich möglicherweise seit ihrer Kindheit.[39] Beide Legaten kommandierten höchstwahrscheinlich jeweils zwei Legionen. Nichts ist über die Tätigkeit des Varus in den ersten beiden Jahren seiner Statthalterschaft bekannt. Alle Aufmerksamkeit und Sorge innerhalb des Römischen Reiches galt damals den schweren Kämpfen in Pannonien. Das ihm anvertraute Gebiet in diesen Jahren ruhig gehalten zu haben, so dass keine berichtenswerten Nachrichten anfielen, stellt dem Varus kein ganz schlechtes Zeugnis aus. Allen Beteiligten war klar, dass ein Ausgreifen der Unruhen über Maroboduus und die elbgermanischen Stämme bis nach Germanien das Römische Reich an den Rand einer Katastrophe gebracht hätte.

Dennoch ist damit zu rechnen, dass in der Zeit des Pannonischen Aufstands die am Rhein und in Germanien stehenden Truppen reduziert und Abteilungen an die Donau verlegt worden sind. Die Teilnahme von Hilfstruppen aus germanischen Stämmen an der Niederschlagung des Aufstands ist eine ebenfalls plausible Annahme, da aus allen Reichsteilen Hilfstruppen von mehr als 70 Kohorten und 10 Alen (Reitereinheiten) herangeführt wurden.[40] Ob weitere Leistungen von den germanischen Stämmen zur Unterstützung des Krieges in Pannonien gefordert worden sind, lässt sich schwer sagen. Abgesehen von den begrenzten Möglichkeiten der Germanen, agrarische Überschüsse zu erzielen oder Ausrüstungsgegenstände in signifikanter Größenordnung herzustellen, die der Oberkommandierende ihnen hätte abverlangen können, konnte seine wichtigste Aufgabe nur sein, das Land in dieser schwierigen Zeit ruhig zu halten.

Die Beschreibung der römischen Herrschaft in Germanien am Vorabend der Varuskatastrophe durch Cassius Dio ist von der Forschung oft dahingehend interpretiert worden, dass Varus eigenmächtig oder aber im Auftrag des Augustus die Überführung des Gebietes in den Status einer regulären Provinz beschleunigt habe.[41] Auch ein solches Urteil hat allerdings eine minimalistische Einschätzung der römischen Herrschaft in Germanien in den Jahren zuvor zur Voraussetzung. Dagegen sprechen aber nicht nur die nach 8 v. Chr. erkennbaren Regelungen, sondern auch der bereits beschriebene archäologische Befund.[42] Doch auch unabhängig davon wäre es angesichts der angespannten Situation des Reiches sowie der durchaus vorhandenen Widerstandserfahrung mit der Bevölkerung bei der verschärften Eintreibung von Abgaben oder bei Zwangsrekrutierungen – und nicht zuletzt der Aufstand in Pannonien gab ja ein Beispiel dafür – einem Vabanquespiel gleichgekommen, gerade jetzt den Druck auf die Germanen zu erhöhen. Unter der Prämisse der unbedingten Aufrechterhaltung der Ruhe in diesem Reichsteil wird der Auftrag des Varus schwerlich über die Bewahrung des Status quo hinausgegangen sein. Und dass Varus selbst nicht zu Eigenmächtigkeiten neigte, seine Tätigkeit hingegen konsequent den Wünschen und Erwartungen des Herrschers anpasste und diese zu befolgen trachtete, hatte seine Amtsführung in Syrien unter Beweis gestellt.

Das Jahr 9 n. Chr. hätte wohl auch, wenn alles planmäßig verlaufen wäre, das letzte Jahr der Statthalterschaft des Varus in Germanien sein sollen. Auch für seine Vorgänger Domitius Ahenobarbus, Marcus Vinicius und Sentius Saturninus ist ein dreijähriger Turnus zu erkennen. Zudem hatten sich die Verhältnisse in Pannonien beruhigt. Nach einem vorentscheidenden Sieg im Herbst 8 n. Chr. dürften Teile der römischen Truppen, darunter vielleicht auch die germanischen Hilfskontingente, bereits wieder in ihre ursprünglichen Standorte bzw. in ihre Heimat zurückgekehrt sein. Im Jahre 9 n. Chr. wurde der Aufstand dann zu einem Ende gebracht.

Vieles spricht dafür, dass Varus davon ausgehen konnte, im Herbst 9 n. Chr. zum letzten Mal an der Weser zu sein. Wer als möglicher Nachfolger bereit stand, ist für uns nicht erkennbar: Sicherlich hätte Germanicus, der Sohn des Germaniensiegers Drusus und seit einigen Jahren Adoptivsohn des Tiberius, eines Tages das Kommando übernommen. Im Range eines prätorischen Legionslegaten wurde er während des Krieges in Pannonien von Tiberius gerade im Hinblick auf derartige Aufgaben angelernt.[43] Vor dem germanischen Kommando stand allerdings noch ein zu absolvierender Konsulat, den er erst 12 n. Chr. erlangte. Nicht unmöglich erscheint, dass sich Tiberius selbst der Sache noch einmal annehmen sollte: Der übereilte Friedensschluss mit Maroboduus entsprach sicherlich weder seinen Vorstellungen über die in Germanien herzustellenden Verhältnisse, noch jenen des Augustus.

*Varusbilder*
Nach Erscheinungsbild und Charakter wird Varus von dem zeitgenössischen Autor Velleius Paterculus als von «milder Gemütsart, ruhigem Temperament, etwas unbeweglich an Körper und Geist» beschrieben.[44] Die Münzen aus Nordafrika beanspruchen zwar in ihrer Legende, das Porträt des Varus wiederzugeben, doch ist ihr diesbezüglicher Quellenwert begrenzt:[45] Nur grob ausgeführt und nahezu ohne individuelle Merkmale sind die Porträts auf den Münzen aus Hadrumetum (Abb. 10.1). Wer hingegen die Münzen aus Achulla ausarbeitete, war deutlich stärker um die Erfassung spezifischer Gesichtszüge bemüht. Derzeit sind rund anderthalb Dutzend Münzen bekannt, die aus verschiedenen, individuell geschnittenen Stempeln ausgeprägt worden sind (Abb. 10.2–10.4):[46] Sie zeigen ein teils breites und fleischiges Gesicht, mit flacher Stirn und hohem Haaransatz, tiefgerade gezogener und leicht zugespitzter Nase, schmalen Lippen sowie einen kurzen und kräftigen Hals. Selbst wenn ein deutlicher Gestaltungswunsch erkennbar ist, so variieren die einzelnen Abbildungen jedoch stark.[47] Eine Verbindlichkeit in der bildlichen Ausführung, wie sie in den hoch professionalisierten Reichsprägestätten Rom und Lugdunum auszumachen ist und insbesondere für das Herrscherporträt galt, darf man für die nordafrikanischen Prägestätten nicht voraussetzen. Deren Handwerker verfügten nicht nur über deutlich weniger Erfahrung, sondern es wurde auch der Bildausführung in den geringerwertigen Bronzemünzen in der Regel weniger Aufmerksamkeit geschenkt.

Den Willen und die Fähigkeit zur Erfassung individueller Porträts macht ein Vergleich deutlich: Auch der Nachfolger des Varus, Lucius Volusius Saturninus, ließ sich in Achulla auf Münzen abbilden. Sein Porträt fällt deutlich schlanker aus als das des Vorgängers; er erscheint geradezu hager und mit ausgeprägten Gesichtsfalten. Das Bild strahlt eine ernste Würde aus, die so bei Varus nicht zu fassen ist (Abb. 10.7). Ein anderer Vergleichspunkt sind die ebenfalls in Achulla geprägten Münzen mit dem Porträt des Augustus (Abb. 10.5) und jenem Caesars (Abb. 10.6): Beide weisen, vor allem in der Kopfform, Überschneidungen mit dem Varusporträt auf und sind eigentlich erst durch die Umschrift eindeutig zu identifizieren (vgl. 10.2 mit 10.6, aber auch 10.4 mit 10.5): Offensichtlich waren dieselben Stempelschneider am Werke, die sich für die Identifizierung des jeweils Gemeinten auf die Beischrift verlassen konnten.

Die nur begrenzte Wiedergabe individueller Merkmale in den Münzabbildungen hinderte freilich Gelehrte wie Victor Gardthausen nicht, sich tief

*Abb. 10* *Münzporträts des Varus (1–4), Augustus (5), Caesar (6) und Saturninus (7)*

in das Münzporträt und über dessen Physiognomie gar in den Charakter des Varus hineinzudenken: «Das bartlose Gesicht mit der geraden Stirn, der großen, spitzen Nase, den weit zurücktretenden Augen und dem blöden Zug um den Mund macht keineswegs einen bedeutenden oder auch nur angenehmen Eindruck. Und dieser erste Eindruck verstärkt sich sogar noch bei näherem Zusehen. Das breite Gesicht und der fette Hals lassen auf einen wohlbeleibten, phlegmatischen Herrn schließen, der sich weder geistig noch körperlich gern anstrengte.»[48] Dieses oft wiederholte Urteil setzt entgegen ersten Vermutungen allerdings weniger eine ausgeprägte Phantasie des Interpreten voraus, als die Kenntnis der späteren abschätzigen Beurteilung des Varus durch Velleius Paterculus.[49] Und so genügte Gardthausen als Vorlage bereits die grobe Handzeichnung eines einzelnen Exemplars einer Kupfermünze aus Achulla, um das zu sehen, was er sehen wollte.

## 4.2 *Arminius, der Cherusker*

Als im Jahr 1507 im Kloster Corvey die *Annalen* des Tacitus wiederentdeckt und acht Jahre später im Erstdruck vorgelegt wurden, machten sie die damaligen Zeitgenossen nicht nur mit der Niederlage der Römer *in saltus Teutoburgiensis* – im Teutoburger Wald – bekannt, sondern auch mit dem Sieger Arminius. Dem Geschichtswerk des römischen Senators war zu entnehmen, dass Arminius zu einem königlichen Geschlecht *(stirps regia)* der Cherusker gehörte, insgesamt zwölf Jahre die Macht *(potentia)* besessen habe, dass er über Lateinkenntnisse verfügte und «als Führer seiner Landsleute im römischen Lager gedient hatte» *(ut qui Romanis castris ductor popularium meruisset)*. Später sei er dann gewaltsam zu Tode gekommen – im Alter von nur 37 Jahren und durch seine eigenen Verwandten.[50] Vom Tod des Arminius berichtet Tacitus in seiner jahresweise angeordneten Schrift zum Jahr 19 n. Chr. Gut möglich ist jedoch, dass es sich an dieser Stelle um einen Vorgriff handelt, um den auf Germanicus – den Oberbefehlshaber der Rheinarmeen zwischen 13 und 16 n. Chr. – bezogenen Strang seiner Darstellung mit einem Ausblick auf das Schicksal seines bedeutendsten Gegners abzuschließen.[51]

Das genannte Alter und die zwölf Jahre der *potentia* sind die Anknüpfungspunkte für die äußeren Daten der Biographie des Arminius: Geht man von der Erlangung der Macht im Kontext der Vernichtung der Varuslegionen 9 n. Chr. aus, dann wurde Arminius 16 v. Chr. geboren und starb im Jahre 21 n. Chr. Bei dem Überfall auf Varus wäre er demnach 25 Jahre alt gewesen. Das alternative Modell, ausgehend von einem Todesdatum 19 n. Chr., bringt nur geringfügige Verschiebungen: Dann wäre Arminius 18 v. Chr. geboren worden, hätte 7 n. Chr. die Führung übernommen und im Jahr des Überfalls ein Alter von 27 Jahre erreicht. Im Hinblick auf seine Position 9 n. Chr. halten die beiden Varianten allerdings sehr unterschiedliche Szenarien bereit.

Mit dem Auffinden des Geschichtswerks des Velleius Paterculus und seiner Erstausgabe *(editio princeps)* im Jahr 1520 wurden nur wenige Jahre später überraschende neue Details zum Leben des Arminius bekannt. Demnach besaß der Cherusker das römische Bürgerrecht, darüber hinaus selbst den Rang eines römischen Ritters: *iure etiam civitatis Romanae decus equestris consecutus gradus.*[52] Der Sieger über das Heer des Varus hatte mithin nicht nur eine «germanische Biographie», sondern die bei Tacitus bereits angedeuteten Elemente einer «römischen Biographie» – als Führer seiner Landsleute in römischen Militärlagern – nahmen deutlich zu. In einer vieldiskutierten Formulierung bezeichnet ihn Velleius gar als «ständigen Begleiter unseres früheren Felddienstes» *(adsiduus militiae nostrae prioris comes)*.[53] Die neuen Details forderten und förderten in besonderer Weise eine Auseinandersetzung mit dem Leben des Cheruskers.

Vor allem die römischen Teile der Biographie des Arminius schienen die Chance zu bieten, sie an weitaus besser belegte römische Lebensläufe anzulehnen und durch Analogien und vorsichtige Interpolationen den fragmentarischen Aussagen der Quellen mehr Informationen abzugewinnen. Denn die römische Gesellschaft bot ihren Mitgliedern auf jeder Rechtsstufe ganz spezifische Entwicklungsmöglichkeiten, und gerade der militärische Bereich hielt stabile Karriereschemata bereit. Unter den diesbezüglichen Versuchen zur Wiedergewinnung der Biographie des Arminius haben drei Entwürfe besonders wichtige Beobachtungen ans Licht gebracht und sie prägen die Auseinandersetzung bis heute.[54]

*Drei Biographien*

Nach *Ernst Bickel* trat Arminius erstmals 4 n. Chr. in Erscheinung, im Zuge der abermaligen Unterwerfung der Cherusker nach dem *immensum bellum*. Im Anschluss an die Wiedergewinnung seines Stammes hätte Arminius sich dem römischen Heer an der Spitze cheruskischer Hilfstruppen zur Verfügung gestellt. Im Gegenzug sei er mit dem Bürgerrecht belohnt und durch die Bezeichnung als Präfekt mit den anderen ritterlichen Hilfstruppenführern gleichgestellt worden.

Den Namen «Arminius» deutet Bickel als römischen Familiennamen *(nomen gentile)* und verbindet ihn mit dem Erhalt des Bürgerrechts: Dieses sei ihm von einem Angehörigen der römischen *gens Arminia* verliehen worden, welcher der Cherusker fortan zugehörte. Für den verloren gegangenen germanischen Namen bringt Bickel «Siegfried» ins Spiel. Indizien dafür sind ihm der Name Sigimer/Segimer für den Vater des Arminius sowie überhaupt das häufige Vorkommen mit «Si(e)g-» oder «Seg-» anlautender Namen bei den Cheruskern.[55] Bickels Entwurf ist spätestens an dieser Stelle von dem Bemühen bestimmt, den historischen Arminius mit der Siegfriedsage des Nibelungenlieds zu verbinden. Über eine so hergestellte Traditionslinie legt er die Wurzeln deutscher Geschichte und Identität bis in die Jahre um Christi Geburt zurück.

In *Ernst Hohls* Überlegungen, dem zweiten großen Entwurf, wird die bei Velleius Paterculus vorkommende Wendung *Arminius (...) adsiduus militiae nostrae prioris comes* zum Schlüssel seiner Arminius-Biographie: Im *nostra* («wir/unser») erkennt er den Autor Velleius Paterculus, *militia* deutet er nicht als Feldzug, sondern als die reguläre militärische «Laufbahn» eines römischen Offiziers. Mit diesem Ansatz gelingt es Hohl, aus wenigen Worten eine vollständige Parallelbiographie zu Arminius zu gewinnen: Arminius sei «ständiger Begleiter» der ritterlichen Offizierslaufbahn des Velleius Paterculus gewesen.[56] Dessen Karrierestationen sind uns durch sein Selbstzeugnis gut belegt.[57]

Eine Konsequenz dieses Ansatzes ist, dass Bürgerrecht und Ritterrang zu Voraussetzungen werden, die Arminius mit ca. 18 Jahren überhaupt erst die Karriere eines römischen Offiziers eröffneten. Die Verleihung von beidem muss also früher erfolgt sein. Hohl greift auf die erste Unterwerfung der Cherusker noch unter Drusus zurück und beginnt die Biographie bereits an dieser Stelle: Damals sei zur Absicherung der Friedensvereinbarungen der ungefähr zehnjährige Fürstensohn Arminius als Geisel gestellt und von den Römern nach Italien mitgenommen worden. In Rom sei er mit anderen königlichen Geiseln, wie wir sie etwa in Gestalt der Kinder des Partherkönigs kennen, im engsten Umfeld des Augustus aufgewachsen.[58] Der mit den Adoptivsöhnen Gaius und Lucius Caesar ungefähr gleichaltrige Arminius habe schon bald die besondere Förderung des Herrschers erfahren: Erst hätte er das römische Bürgerrecht erhalten, dann sei er von Augustus sogar in den Ritterstand erhoben worden. Mit 18 Jahren wäre Arminius dann ganz und gar Römer gewesen und hätte als ritterlicher Offizier seinen Militärdienst, die *militia*, begonnen.

Als erste Unternehmung hätte er zu Beginn des Jahres 1 v. Chr., gemeinsam mit Velleius Paterculus, Gaius Caesar in den Osten begleitet.[59] Höhepunkt dieser Orientmission war die Einsetzung eines Königs in Armenien durch Rom. Von diesem Vorgang leitet Hohl den Namen «Arminius» ab, den er nicht wie Bickel als Familiennamen, sondern als Beinamen *(cognomen)* deutet: Das römische Bürgerrecht sei der germanischen Geisel fraglos von Augustus verliehen worden, woraus als Familiennamen «Iulius» resultiere. Wahrscheinlicher Vorname wäre «Gaius» gewesen, so wie er unter den vielen *Iulii* der caesarischen und augusteischen Zeit besonders weit verbreitet war. Die Orientreise habe ihm nun den Spitz- oder Spottnamen «Armenius» («der Armenier») eingebracht. Die Verballhornung eines lautlich ähnlichen germanischen Namens, den er bis dahin als *cognomen* führte, hält Hohl in diesem Kontext für gut möglich. Arminius/Armenius sei fortan zum Rufnamen geworden, der ihn von den zahlreichen Trägern des Namens «Gaius Iulius» unterschied. In der Tat bietet die Überlieferung Varianten des Namens mit «e» und mit «i», ohne dass in den Quellen eine klare Präferenz erkennbar wird.

Nächster Einsatzort in der Offizierslaufbahn des Arminius wäre – abermals in Anlehnung an Velleius Paterculus – die Teilnahme an der Niederschlagung des *immensum bellum* in Norddeutschland gewesen. Nach der Wiedergewinnung der Cherusker, unter tatkräftiger Mithilfe des Arminius, sieht auch Hohl ihn an der Spitze cheruskischer Einheiten im Einsatz für Rom. Anschließend sei er an den Kriegsschauplatz in Pannonien abkommandiert worden. Im Jahre 7 n. Chr. wäre die *militia* des Cheruskers beendet gewesen, und er sei zu seinem Stamm, wo er aufgrund seiner Erfahrungen und Autorität bald eine führende Position hätte einnehmen können, zurückgekehrt.[60]

Für *Dieter Timpe*, Schöpfer des dritten Entwurfs, ist ähnlich wie für Hohl der Ritterrang entscheidend.[61] Auch er verbindet ihn mit der militärischen Stellung des Arminius. Da Timpe jedoch nicht bereit ist, die durch keine Quellen gedeckte Hohl'sche Ausmalung der Frühgeschichte des Cheruskers zu übernehmen, «bei dessen Ausführung die Feder des Professors von der Phantasie des Romanciers geleitet worden zu sein scheint»,[62] setzt seine Biographie erst zeitlich später ein. Als weiterer Unterschied kommt hinzu – darin wiederum der Bickel'schen These nicht ganz unähnlich –, dass für Timpe die Erlangung des Ritterrangs nicht die Voraussetzung, sondern das Resultat der militärischen Stellung des Arminius ist.

Timpe erkennt in den von Arminius geführten Truppen jedoch bereits reguläre Auxiliareinheiten, die dem römischen Heer auf Dauer eingegliedert waren, und keine nur vorübergehend angeworbenen Kontingente. Ihrem Status entsprechend wurden diese von einem ritterlichen Präfekten geführt, und genau daraus erkläre sich der für Arminius überlieferte Rang.[63] Für den Sonderfall ethnisch geschlossener Auxilien und ihrer Führung durch einen Offizier aus der Adelsschicht des eigenen Stammes verweist Timpe auf Parallelen bei den Batavern.[64] Auch er geht davon aus, dass die Aufstellung dieser cheruskischen Truppen mit der Wiedergewinnung des Stammes am Ende des *immensum bellum* erfolgte und dass die cheruskischen Auxilien danach an der Seite der römischen Legionen in Pannonien kämpften.

Die sicherlich gewichtigste Konsequenz von Timpes Rekonstruktion ist, dass Arminius mit ihr in den Rang eines hauptberuflichen römischen Befehlshabers aufrückt. Trifft dies zu, so war sowohl für ihn als auch für die von ihm befehligten Truppen damit eine Kontinuität des Dienstes verbunden. In späteren Jahren betrug die Dienstzeit in der Regel mindestens 25 Jahre.[65] Während nach der Biographie von Bickel und Hohl Arminius zum Zeitpunkt des Überfalls auf das Varusheer nicht mehr in römischen Diensten stand, er vielmehr bereits vorher zum Stamm zurückgekehrt war und dort eine führende Stellung innerhalb des germanischen Milieus eingenommen hatte, blieben nach Timpes Rekonstruktion sowohl die cheruskischen Einheiten als auch ihr Führer Arminius bei ihrer Rückverlegung nach Germanien Teil des römischen Berufsheeres. Für den Überfall auf Varus bedeutet dies aber, dass Arminius und die cheruskischen Truppen in diesem Moment noch unter römischem Eid und Befehl standen. Der Überfall auf die Legionen wird dadurch zu einem Konflikt innerhalb des römischen Heeres. Oder, mit noch deutlicheren Worten: Der Angriff der von Arminius geführten Auxilien auf die Legionen war nichts anderes als eine Meuterei. Damit wird dem Überfall auf Varus jeder Anstrich einer nationalen Befreiungstat genommen. Die spätere Beteiligung cheruskischer Zivilisten sowie von Angehörigen weiterer germanischer Stämme war nach Timpe nur eine Folge des aus anderen Ursachen begonnenen Angriffs auf die Legionen des Varus.

Außerhalb der Fachwissenschaft hat Timpes ausdrücklich als Hypothese formulierte Rekonstruktion zum Teil offene Entrüstung ausgelöst: Die Vorstellung einer Meuterei, die das Bild des Freiheitshelden durch das Bild eines Verräters und Kämpfers gegen die eigenen Fahnen ersetzte, war in hohem Maße schockierend.[66] Doch Timpes zuspitzender Rekonstruktion gebührt unzweifelhaft das Verdienst, den Blick auf den historischen Arminius in wohltuender Weise frei gemacht und den römischen Aspekten seiner Biographie wieder zu dem ihnen gebührenden Platz verholfen zu haben.

### *Die gesicherten Elemente der Arminius-Biographie*

Die vorgestellten Biographien haben in der Folgezeit durch die Übernahme einzelner Elemente und deren teils willkürlich erfolgender Neukombination erheblichen Zuwachs bekommen; manches davon erweckt den Eindruck der Beliebigkeit, andere Rekonstruktionen sind schlicht unmöglich. Doch lässt sich durch die Einbettung der für Arminius in den Quellen bezeugten Eigenschaften in die Geschichte seines Stammes durchaus ein Kernbestand seiner Biographie sichern und verorten:

Spätestens im Jahre 8 v. Chr. war der Siedlungsraum der Cherusker Teil des von Rom kontrollierten Gebietes, auch wenn die Umstände des Wie und

Wann dieser Eingliederung offen bleiben.[67] Immerhin signalisiert die später erkennbare Privilegierung der Cherusker, die möglicherweise sogar in dem Abschluss eines offiziellen Vertrags *(foedus)* mit Rom Anerkennung gefunden hat, eine zeitliche Tiefe der guten Beziehung. Orientiert man sich an Caesars Vorgehen in Gallien, so hielt Rom an der Förderung einzelner – strategisch gezielt ausgewählter – Stämme relativ konstant fest, selbst wenn es gelegentlich zu Störungen des wechselseitigen Vertrauensverhältnisses kam. Für diese wurden dann zumeist Einzelgruppen, nicht aber der Stamm als Ganzes haftbar gemacht, was eine Beibehaltung der oft komplizierten Sicherheitsarchitektur ermöglichte.[68]

Um die Zeitenwende wird die gescheiterte Rückführung einer Gruppe vertriebener Cherusker bekannt.[69] Ob die Haltung zu Rom für die in diesem Konflikt erkennbare Spaltung der Cherusker ursächlich war, lässt sich nicht ausmachen. Die Nähe zu Rom wurde für die vertriebene Gruppe jedoch zu einem Instrument ihrer Interessen. Dass dieser Zwist über den Rang einer Stammesstreitigkeit hinauswachsen und politische Relevanz erlangen konnte, verdankt er nicht zuletzt dem Einsatz des Statthalters Domitius Ahenobarbus: Denn selbst wenn sie nicht schon vorher gegen Rom eingenommen waren, so dürfte spätestens das Eingreifen des Statthalters zugunsten ihrer Gegner jene, die sich damals bei den Cheruskern durchsetzen konnten, in eine distanzierte Position zu Rom gebracht haben.

Die gescheiterte Rückführung war – wie bereits erwähnt – nach Cassius Dio der Beginn eines Prestigeverlusts für Rom in dieser Region.[70] Viel spricht dafür, in dieser Episode die Vorgeschichte für das *immensum bellum* zu sehen. Erst Tiberius gelang es 4 n.Chr., den Stamm wieder der römischen Kontrolle zu unterwerfen. Die Betonung des «Wiedergewinnens» *(recepti Cherusci)* steht in deutlichem Gegensatz zu dem für andere Stämme gebrauchten Wort *subacti* (Unterwerfen).[71] Erklärt man den Begriffswechsel des Velleius Paterculus inhaltlich und nicht als Ausdruck eines bestimmten Stilwillens, so scheint es, als habe er in Anlehnung an die Formel «*in fidem recipere*» («[wieder] in ein Treueverhältnis aufnehmen») eine diplomatische Regelung ausdrücken wollen. Im Ergebnis wurde wohl das römisch-cheruskische Verhältnis wieder in den alten Stand gesetzt. Unter dem üblichen Vorbehalt der fragmentarischen Quellenlage ließe sich die vorliegende Überlieferung so immerhin widerspruchsfrei zu einer Geschichte verknüpfen, derzufolge die Rom verbundenen, von Ahenobarbus nicht erfolgreich zurückgeführten Cherusker dann Jahre später von Tiberius in ihren alten Siedlungsraum wieder integriert wurden – und dass sie vermutlich zur friedlichen Wiedergewinnung des Stammes ihren Beitrag leisteten. Als Vertrauenspersonen Roms dürfte ihnen von nun an eine führende Position unter den Cheruskern zugekommen sein. Wie groß diese Gruppe war, wo sich ihre Angehörigen in der Zeit der Vertreibung aufhielten und was sie während dieser Phase taten, entzieht sich indes der Überlieferung.

Spätestens von diesem Zeitpunkt an drückt sich die privilegierte Stellung der Cherusker in den Bürgerrechtsverleihungen für die Führungsfamilien, im Ritterrang des Arminius, im Dienst des cheruskischen Fürstensohnes Segimundus als Priester an der *Ara Ubiorum*[72] sowie in der persönlichen Nähe ihrer Fürsten zum Legaten des Augustus in Germanien aus. Im Gegenzug stellten die Cherusker dem römischen Heer ihre Mannschaften zur Verfügung.

Hinweise auf den Status der Truppen werden im unmittelbaren Vorfeld des Überfalls von 9 n. Chr. deutlich: Erst auf Befehl des Varus wurden sie überhaupt mobilisiert, sie standen also nicht bereits im römischen Lager.[73] Damit sind sie mit den Aufgeboten der Friesen vergleichbar, die sich dem Heer des Drusus, oder später mit denen der Chauken, die sich zum Auftakt des Feldzugs den Truppen des Germanicus anschlossen.[74] Es sind alliierte Truppen, die im Bedarfsfall und auf Zeit von den Römern zur Unterstützung angefordert wurden.

Das römische Bürgerrecht besaßen neben Arminius auch sein Bruder Flavus sowie sein Schwiegervater Segestes (Ab. 11). Letzterem wurde das Bürger-

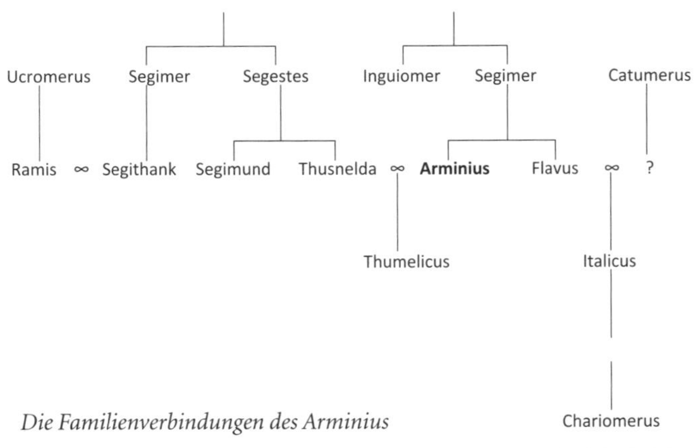


*Abb. 11 Die Familienverbindungen des Arminius*

recht von Augustus persönlich verliehen.[75] Über Inguiomer, den Onkel des Arminius, erfahren wir, dass er in Rom trotz seiner späteren Gegnerschaft hohes Ansehen genoss, das aus seinen Verdiensten für Rom resultierte.[76] Es erscheint als eine durchaus plausible Vermutung, dass auch den Brüdern Inguiomer und Segimer das Bürgerrecht verliehen wurde. Arminius und Flavus wären demnach bereits als Kinder gemeinsam über ihren Vater römische Bürger geworden. Eine derartige Auszeichnung lokaler Stammeseliten war ein Vorgang von hervorgehobener politischer Bedeutung, und sie erfolgte, wie für Segestes ausdrücklich bezeugt, durch die Aufnahme in die *gens Iulia.*[77] Vermutlich handelte es sich bei der Sippe des Arminius insgesamt um die seit 4 n. Chr. in die Führung des Stammes eingesetzte Gruppe.

Die überlieferten Namen der Vätergeneration – Segimer, Segestes und Inguiomer – sind germanisch. Nach der Verleihung des Bürgerrechts wurden sie vermutlich als *cognomen* weitergeführt und haben sich deshalb erhalten. «Flavus», «der Blonde», ist hingegen ein aus dem Lateinischen gebildeter Spitzname, ebenso «Italicus» für den in Italien aufgewachsenen Sohn des Flavus. Die Herleitung des ohne Zweifel als *cognomen* geführten «Arminius» ist weder aus dem Germanischen noch aus dem Lateinischen eindeutig möglich.[78] Die Ableitung aus dem geographischen Begriff «Armenien», wie Hohl dieses vorschlug, ergibt in Analogie zu Italicus und vielen anderen geographischen Beinamen zwar durchaus einen Sinn,[79] ist aber wegen der damit verbundenen weitreichenden Konsequenzen für die Biographie des jungen Arminius mit großer Vorsicht zu bewerten.[80] Hinzu kommt, dass gerade Velleius Paterculus stets die Namensform mit «i» überliefert und man gerade von ihm – dem potentiellen Kameraden des Arminius in Armenien – eine Aufklärung über die Geschichte des Namens erwarten würde. Dass die grammatisch korrekte Form eines in dieser Weise erlangten Beinamens «Armenicus» oder «Armeniacus» lauten müsste, wiegt demgegenüber geringer.[81]

Ausschließlich für Arminius ist der Ritterrang bezeugt. Keine diesbezügliche Überlieferung gibt es für seinen Vater, seinen Onkel oder für Segestes. Sein Bruder Flavus war zwar noch länger in römischen Militärdiensten, doch die von ihm stolz verkündeten militärischen Auszeichnungen weisen auf einen niedrigeren Stand.[82] Damit kann ein Ritterrang bereits für den Vater des Arminius so gut wie ausgeschlossen werden.

Da auch die Führung von Hilfstruppen ausschließlich für Arminius überliefert ist, erscheint die ursächliche Verbindung von Truppenführung und Ritterrang durchaus sinnvoll. Doch gegenüber Timpes Hypothese, der zufolge er von regulären cheruskischen Hilfstruppen ausgeht, ist anzumerken, dass die Institutionalisierung der Auxilien in augusteischer Zeit, nach allem, was wir wissen, noch nicht derart fest gefügt war.[83] Auch gehörten die Präfekten der Kohorten erst seit Claudius (41–54 n. Chr.) durchgehend zum Ritterstand.[84] Damals hatten die Kohorten dann allerdings auch bereits ihre ethnische Geschlossenheit verloren. Die von Timpe zum Vergleich angeführten Bataver, deren reguläre Kontingente in der Tat lange Zeit ethnisch homogen blieben und von einheimischen Fürsten als Präfekten geführt wurden, stammen alle aus der zweiten Hälfte des ersten Jahrhunderts und bilden selbst in diesem Umfeld eine Ausnahme. Kurzum: Für die augusteische Zeit gibt es keinen Parallelfall, der es erlauben würde, eine Stellung des Arminius als ritterlicher Offizier aus den Regularitäten des Heeresdienstes bei der Anführung eines Stammeskontingents abzuleiten.

Doch ist die spätere Entwicklung immerhin geeignet, der Verbindung von Truppenführung und Auszeichnung mit dem Ritterrang eine gewisse Plausibilität zu verleihen. Diese nimmt noch zu, wenn man von einem zeitlich etwas längeren Einsatz und der Verwendung der Truppen nicht mehr nur in der Heimatregion ausgeht. Dies wäre mit einem Einsatz cheruskischer Hilfstruppen in Pannonien gegeben. Als Belohnung bzw. im Zuge einer Gleichstellung mit anderen Truppenführern kann also Arminius in den Rang eines ritterlichen Präfekten erhoben worden sein, ohne dass dadurch gleich die von ihm geführten Cherusker zu regulären Auxilien und einem Teil des römischen Berufsheeres geworden wären: Bis zu diesem Punkt – also einem Einsatz des Arminius als Führer cheruskischer Hilfstruppen zum Abschluss des *immensum bellum*, vielleicht auch beim Angriff auf Maroboduus und schließlich in Pannonien – darf man die rekonstruierbare militärische Biographie als weitestgehend gesichert betrachten. Deutlich wird dann aber auch, dass nicht nur Velleius Paterculus, sondern auch Tiberius selbst den Cherusker Arminius über viele Jahre persönlich gekannt haben muss: Auch dies dürfte ein Grund für die durchaus positive Charakterisierung des Arminius durch Velleius sein, der ihn «als tüchtig im Kampf und rasch in seinem Denken, ein beweglicherer Geist, als es die Barbaren gewöhnlich sind», beschreibt.[85]

### *Die Übernahme der Herrschaft*

Ob Arminius zu dem Zeitpunkt, da der Überfall auf das Römerheer erfolgte, auch bereits Stammesführer war, hängt davon ab, wann man seinen Tod datiert. Legt man die frühe Chronologie zugrunde mit der Übernahme einer als Stammesführerschaft interpretierten *potentia* im Jahre 7 n. Chr., so wäre von diesem Zeitpunkt an von einer mehr oder weniger kontinuierlichen Anwesenheit des Arminius im Cheruskergebiet auszugehen; dann wäre Arminus freilich allenfalls kurzzeitig in Pannonien zum Einsatz gekommen.[86] Eine Annäherung an diese Frage über den mutmaßlichen Todeszeitpunkt seines Vaters stößt an Grenzen: Jener Segimer, der 9 n. Chr. als Mitverschworener des Arminius auftritt, ist wohl trotz der Namensidentität nicht mit seinem Vater gleichzusetzen.[87] Auf der anderen Seite kann eine Passage in den Annalen des Tacitus so verstanden werden, dass um 14 n. Chr. noch beide Eltern des Arminius lebten: Es ist eine jener Stellen, die erst in der Übersetzung zu einer scharfen Entscheidung zwingen.[88] Eine Nachfolge in der Stammesführung noch zu Lebzeiten des Vaters durch den jugendlichen Arminius ist innerhalb des «königlichen Geschlechts» wenig wahrscheinlich. Doch wir können nicht einmal sagen, ob der Vater des Arminius überhaupt die Stammesführung bei den Cheruskern innehatte – und ob die so verstandene *stirps regia* (als Königsgeschlecht) nicht erst mit Arminius ihren Anfang nahm.[89]

Eine bislang wenig beachtete Argumentation des Velleius Paterculus kann in der Frage nach dem Erwerb der *potentia* jedoch weiterhelfen: Für Maroboduus hebt der römische Autor hervor, dass sich dessen «Vorherrschaft über seine Stammesgenossen weder im Drang des Augenblicks noch zufällig ergeben (hatte) oder schwankte und vom guten Willen der Gehorchenden abhängig (war).»[90] Die Aussage gewinnt durch ihre Anspielung: Für den zufälligen Machtgewinn im Drang des Augenblicks kommt unter dem von Velleius vorgestellten Personal im Prinzip allein Arminius in Frage; Velleius präsentiert ihn ebenso an anderer Stelle nicht nur als Gegenspieler, sondern auch geradezu als Gegenentwurf zu Maroboduus.[91] Eine planmäßige Nachfolge des Arminius in der Herrschaft aufgrund seines königlichen Geblüts scheidet dann jedoch aus, und man wird den Machterwerb eher mit jenem Moment verbinden, als Arminius die antirömische Fraktion der Cherusker zur Tat führte. Die von Velleius betonte prekäre und von dem Willen der Gehorchenden abhängige Führung rückt Arminius in die Nähe eines Gefolgschaftsführers, der seine Position durch weitere Erfolge immer wieder neu zu behaupten hatte. Dazu passt, dass vor dem Hintergrund der in den *Annalen* beschriebenen Geschichte *potentia* wohl vor allem die Führungsrolle des Arminius im Abwehrkampf der germanischen Stämme gegen Rom ab 9 n. Chr. meint.[92]

Gegen eine Führung der Cherusker vor diesem Zeitpunkt spricht schließlich auch, dass diese sich vor dem Überfall auf Varus tief gespalten zeigten. Arminius und Segimer standen auf der einen, Segestes mit Inguiomer und wohl auch Flavus auf der anderen Seite:[93] Ohne dass Generationen oder Verwandtschaftslinien erkennbar werden, riss der Konflikt offenbar die Familien auf allen Ebenen auseinander. Segestes persönlich informierte Varus über die Vorbereitungen zum Abfall, freilich vergebens: «Er forderte Varus auf, die Verschwörer in Ketten zu legen. Aber das Schicksal war schon stärker als die Entschlusskraft des Varus und hatte die Klarheit seines Verstandes völlig verdunkelt. (...) Varus wollte es also nicht glauben und beharrte darauf, die offensichtlichen Freundschaftsbezeugungen der Germanen als Anerkennung seiner Verdienste zu betrachten. Nach diesem ersten Warner blieb für einen zweiten keine Gelegenheit mehr.»[94]

Die in der antiken Überlieferung zur Varuskatastrophe fast durchgehend referierte Anzeige der Aufstandspläne[95] wird von Tacitus zu Beginn des 2. Jahrhunderts zu einer ganzen Folge von Warnungen und dem Rat des Segestes gesteigert, «ihn selbst, Arminius und die übrigen Häuptlinge festnehmen zu lassen: Denn nichts werde das Volk ohne die führenden Männer wagen, und er selbst gewinne Zeit, um Verbrecher und Unschuldige zu unterscheiden.»[96] In Rechnung zu stellen ist allerdings, dass Segestes um das Vertrauen des Germanicus warb und 17 n. Chr. sogar in Rom weilte. Er dürfte die Chance genutzt haben, seine Version der Geschichte zu erzählen:[97] Gegen seinen eigenen Willen hätte er aufgrund der Einmütigkeit des Volkes mit in den Krieg ziehen müssen bzw. – in anderer Variante – er sei von Arminius in Ketten gelegt worden.[98]

Dennoch berechtigt nichts zu bezweifeln, dass es Warnungen gegeben hat. Doch im Wettstreit um persönliche Nähe zum Repräsentanten Roms dürften derartige Verdächtigungen und Denunziationen zum Alltag eines römischen Legaten gehört haben. In solchen Fällen nicht zu schwanken, sondern die bewährten Partner kraft eigener Autorität in Schutz zu nehmen und so nur umso fester an sich zu binden, war wesentliche Voraussetzung und Instrument der auf Personen gestützten römischen Herrschaft. Ein grundsätzlicher Vorwurf wegen seiner Vertrauensseeligkeit ist dementsprechend auch an keiner Stelle gegen Varus erhoben worden. Und fraglos war der *civis Romanus*, Ritter und Hilfstruppenführer Arminius einer der engsten Partner, Unterstützer und auch Profiteur der neuen Ordnung: Geflissentlich geht der Cherusker in seiner späteren Brandrede darüber hinweg, dass er selbst über viele Jahre zu den «Togaträgern» zwischen Rhein und Elbe gehört hat.[99]

# 5. Die schriftliche Überlieferung zur Varuskatastrophe

Unser Wissen von der Varuskatastrophe, von den daran Beteiligten, dem Jahr, in dem sie sich ereignete, ihrem Verlauf sowie dem ungefähren Ort, schließlich von ihrer Wirkung auf die Zeitgenossen stützt sich allein auf die literarische Überlieferung. Ohne die Werke der griechischen und römischen Autoren wüssten wir nicht einmal, dass eine Varuskatastrophe jemals stattgefunden hat.

Allenfalls ein archäologisches, seinem Wesen nach jedoch gleichfalls schriftliches Zeugnis gibt es noch: den bei Xanten gefundenen und heute im Bonner Landesmuseum ausgestellten Grabstein des Marcus Caelius (Abb. 12). Unter dem Relief, das den mit höchsten militärischen Auszeichnungen Dekorierten zwischen den Büsten seiner beiden Freigelassenen zeigt, erklärt die Inschrift, dass der gebürtige Italiker und Zenturio der 18. Legion im Alter von 53 ½ Jahren im «Varianischen Krieg» gefallen ist *([ce]cidit bello Variano)*. Streng genommen muss dieser «Krieg des Varus» oder «Krieg gegen Varus»[1] nicht einmal das uns bekannte Ereignis des Jahres 9 n. Chr. gewesen sein, denn auch in den Jahren zuvor sind im Gebiet rechts des Rheins kriegerische Unternehmungen des Varus denkbar, wenngleich nicht überliefert. Doch gemessen an der Arbeitsweise der Altertumswissenschaft, die stets nur die erhaltenen Quellensplitter kombinieren kann, wird man die Skepsis nicht zu weit treiben wollen und bereit sein, den Text auf dem Grabstein auf die bekannten Vorgänge zu beziehen. Er ist dann zugleich das den Ereignissen am nächsten stehende Zeugnis für den «Krieg des Varus».

Bezweifelt wurde, ob Marcus Caelius überhaupt in seinem Grab bestattet wurde oder ob der Stein nur an ihn erinnerte. Die Inschrift sagt, es sei gestattet, die sterblichen Überreste an diesem Ort niederzulegen *(ossa inferre licebit)*. Wahrscheinlich bezieht sich diese Formulierung aber nicht auf den Gefallenen, sondern auf die beiden neben Caelius abgebildeten Freigelassenen, denen damit genehmigt wurde, später einmal gleichfalls die Grabstelle zu nutzen: Eine Erlaubnis zur Niederlegung der Gebeine des Caelius in seinem eigenen Grab hätte wenig Sinn ergeben. Ernst Bickel hat deshalb vorgeschla-

*Abb. 12 Der Grabstein des Marcus Caelius*

gen, am Beginn der vierten Zeile der beschädigten Schrifttafel ein *L(ibertorum)* zu ergänzen, was die erforderliche Klarheit bringt:[2] Gestattet wird an diesem Ort auch die Niederlegung der Gebeine der *Freigelassenen* des Caelius. Wie die sterblichen Überreste des Marcus Caelius zu ihrer Bestattung in den Xantener Raum gekommen sein könnten, bleibt indes ungeklärt.

Die literarische Überlieferung zur Varuskatastrophe ist durchaus breit und reichhaltig. Der Untergang des römischen Heeres war Gegenstand unterschiedlich ausführlicher Beschreibungen bereits von zeitgenössischen Autoren wie Ovid, Manilius, Strabon und Velleius Paterculus. Notizen und einzelne Bezüge finden sich zudem bei Autoren des 1. und 2. Jahrhunderts n. Chr. wie Seneca, Frontinus oder Florus, und schließlich wird die Niederlage in den wichtigsten Werken zur Geschichte der frühen römischen Kaiserzeit beschrieben, und zwar von Tacitus, Sueton und Cassius Dio. Die Überlieferung lebt in verschiedenen literarischen Gattungen wie Lyrik, Fachschriftstellerei, philosophischen Traktaten, Biographie und Historiographie; und nahezu alle bedeutenderen Autoren, in deren Werken sich Bezüge zur frühen römischen Kaiserzeit finden, haben in irgendeiner Weise die Varuskatastrophe erwähnt.

Allen gemeinsam ist jedoch, dass sie nur die römische Perspektive auf das Ereignis bieten. Zwar berichtet Tacitus über die Germanen, dass sie in alten Gesängen *(carmina antiqua)*[3] die Taten der Vorfahren festgehalten und erinnert hätten. Und demselben Autor zufolge war Arminius noch zu Beginn des

2. Jahrhunderts n. Chr. Gegenstand germanischer Heldenlieder.[4] Da die Gruppen rechts des Rheins allerdings keine eigene schriftliche Überlieferung ausbildeten, hat sich uns nichts davon erhalten. Eine in diesem Kontext immer wieder in die Diskussion gebrachte Verbindung zwischen dem Sieg des Arminius und dem Nibelungenlied ist problematisch, und zwar schon wegen des dann mehr als zwölf Jahrhunderte umfassenden Zeitabstands zwischen historischem Ereignis und seiner Verschriftlichung. Sollte die Siegfriedsage ihren Handlungskern tatsächlich in den Jahren kurz nach Christi Geburt haben, so hat die Erzählung in der mündlichen Weitergabe fraglos zahlreiche Anpassungen an die jeweiligen Zeitumstände und den Zeitgeschmack erfahren. Auch dürfte sie für zeitgenössische Absichten immer wieder nutzbar gemacht worden sein, was mit entsprechenden inhaltlichen Änderungen einhergegangen wäre. Kurzum: In der uns vorliegenden Form enthält die Siegfriedsage nichts, was helfen könnte, die Hintergründe oder den Verlauf der Ereignisse um den Untergang des Varus und seiner Legionen in irgendeiner Weise besser zu verstehen.

## 5.1 *Der Bericht des Cassius Dio*

Der ausführlichste uns heute vorliegende Bericht zur Varuskatastrophe stammt von dem römischen Historiker und Senator Cassius Dio Cocceianus – abgefasst rund 200 Jahre nach dem Ereignis. In seiner *Römischen Geschichte*, die in 80 Büchern die Zeit von der Gründung der Stadt bis zu dem zweiten Konsulat ihres Autors im Jahre 229 n. Chr. erzählt, widmet jener dem Niedergang des Varusheeres mehrere Kapitel des 56. Buches.

Ein Überblick zu Art und Umfang der römischen Herrschaft in Germanien leitet den Abschnitt ein. Es ist die zugleich kompakteste und differenzierteste Charakterisierung, die wir zu diesem Thema besitzen.[5] Von dem Unmut der Germanen, sich der immer tiefer in ihre Verhältnisse eingreifenden Ordnung der Römer zu beugen,[6] geht Dio zu den Ereignissen des Jahres 9 n. Chr. über.

Der Erzähler wechselt zwischen der römischen und germanischen Perspektive: Die Germanen hätten Varus vom Rhein aus in das Gebiet der Cherusker gelockt,[7] wo sich der römische Legat sicher fühlte und die späteren Anführer der Verschwörung, Arminius und Segimer, oft als Gäste zu sich geladen hätte. Selbst als ihm Verdächtigungen hinterbracht worden seien, habe Varus keine Veranlassung gesehen, den beiden zu misstrauen.[8]

«Dann erhoben sich, nach einem wohlüberlegten Plan, gewisse Völkerschaften, die von ihm entfernt wohnten» (19,3).[9] Auf dem Weg dorthin, und zwar noch während er sich in dem Gebiet befreundeter Stämme befand, sollten Varus und das unvorbereitete Heer überfallen werden: «(4) Und so kam es dann auch: Zuerst begleiteten ihn die Verschworenen auf dem Marsch, und als sie dann entlassen worden waren, um die verbündeten Kontingente zu mobilisieren und ihm damit rasch zur Hilfe zu kommen, (5) übernahmen sie die Führung der schon bereitstehenden Truppen und griffen, nachdem man überall die dort befindlichen, zuvor erbetenen Garnisonen niedergemacht hatte, den Feldherrn selber an, der sich mittlerweile bereits inmitten undurchdringlicher Wälder befand. Dort erschienen die vermeintlichen Untertanen plötzlich als Feinde und richteten viele schreckliche Verheerungen an.»

Folgt man der Passage, so gab es offenbar eine detaillierte Vorbereitung und Koordination der Verschwörung und des Kampfes: Das voraussichtliche Verhalten des Varus wurde präzise einberechnet. Ebenso musste der Weg, den Varus einschlagen würde, ungefähr bekannt gewesen sein, damit die germanischen Truppen den Hinterhalt legen konnten. Schließlich war der Ort des Überfalls auf das Hauptheer so gewählt, dass er der leichteren Bewaffnung und beweglicheren Kampfesweise der Germanen entgegenkam. Die Erfahrungen der Okkupationszeit hatten gelehrt, dass sich die Germanen gegen das disziplinierte und mit überlegenen Waffen ausgestattete römische Berufsheer in offener Feldschlacht nicht behaupten konnten.[10]

Als ein Teil der Vorbereitungsmaßnahmen beschreibt Dio die von den Germanen geförderte Zersplitterung des römischen Heeres, indem sie für verschiedene Orte Abordnungen als Verstärkung für Polizei- und Sicherungsaufgaben erbeten hatten. In der Summe ließ sich daraus der Vorwurf formulieren, dass Varus «seine Legionen nicht beisammen (behielt), wie es in Feindesland richtig gewesen wäre, sondern viele seiner Soldaten an schwache Gemeinwesen (verteilte)» (19,1). Die Kritik Dios indes setzt bereits eine krisenhafte, ja feindliche Situation voraus. Inwieweit die Aufteilung der Truppen tatsächlich durch eine List der Germanen befördert wurde, entzieht sich zuverlässiger Beurteilung. Doch die Kriegsführung Caesars in Gallien oder auch das Bild, das die Archäologie mit den zahlreichen römischen Militärplätzen im rechtsrheinischen Gebiet liefert, zeigt, dass die Verteilung von Heereskontingenten auf verschiedene Posten mit Wachaufgaben bzw. mit Aufgaben der Requirierung oder Überwachung von Lebensmitteltransporten sicherlich zu einer normalen Vorgehensweise gehörte.

Im folgenden konzentriert sich der römische Historiker auf das Hauptheer: Als die Römer «mit dem Fällen der Bäume, der Anlage von Wegen und der Überbrückung von Geländeabschnitten (...) Mühe genug hatten (20,1)», war der von den Germanen vorgesehene Ort erreicht. Die Römer «führten wie im Frieden viele Wagen und Lasttiere mit sich; dazu begleiteten sie zahlreiche Kinder und Frauen und noch ein stattlicher Sklaventross, die sie ebenfalls zu einer gelockerten Marschform zwangen (20,2).» Einsetzender Regen und Sturm, die den Untergrund rutschig und unsicher machten, zogen den Heereszug noch weiter auseinander (20,3). «Mit solchen Schwierigkeiten hatten die Römer zu ringen, als die Barbaren, wegekundig wie sie waren, gerade durch die ärgsten Dickichte drangen und sie von allen Seiten her umstellten (20,4).»

Als erstes warfen die Germanen ihre Fernwaffen, dann rückten sie dichter an die Römer heran. Die Durchmischung des Heereszugs mit Wagen und Unbewaffneten machte es für die Soldaten kaum möglich, sich zu größeren kampfkräftigen Gruppen zusammenzufinden: In den entstandenen Kampfabschnitten waren die Germanen stets in der Überzahl (20,5).

Varus entschloss sich, an Ort und Stelle ein Lager aufzuschlagen, soweit es eben die naturräumlichen Verhältnisse zuließen (21,1). Im Lager konnte sich der Heereszug sammeln. Der Tross wurde reduziert, die meisten der Wagen verbrannt und nicht dringend Notwendiges wurde aufgegeben. Derart auf die neue Situation eingestellt, zogen die Legionen am Tag nach dem Überfall in besserer Ordnung weiter, und es gelang ihnen – wenn auch bei starken Verlusten – offenes Gelände zu erreichen. Ein Parallelbericht bei Tacitus (dazu später) spricht dafür, dass an dem betreffenden Platz abermals ein Lager errichtet wurde. Doch um den Heereszug in gesicherte Regionen zu führen, war es unumgänglich, erneut in dichte Wälder und damit in schwieriges Gelände vorzustoßen. Erst hier scheinen die schwersten Verluste eingetreten zu sein. Die Soldaten versuchten in Formation den Kampf anzunehmen, was freilich wegen des Geländes nur bedingt gelang: «Denn wenn sie auf engem Raum dicht zusammenrückten, um in geschlossener Formation zugleich mit der Reiterei und den schwerbewaffneten Legionssoldaten die Feinde anzugreifen, brachten sie sich in dem Gedränge vielfach gegenseitig zu Fall oder glitten auf den Baumwurzeln aus (21,2).»

Varus setzte in dieser Situation allein darauf, um jeden Preis zu entkommen und führte seine Truppen durch die Nacht. «Als der vierte Tag graute, befanden sie sich immer noch auf dem Marsch. Erneut überfielen sie heftiger Regen und starker Wind, die sie weder weitergehen noch festen Stand finden, ja nicht einmal mehr die Waffen gebrauchen ließen (ebenda).» Kontinuierlich setzten die Germanen aus den Wäldern heraus ihre stoßweise vorgetragenen Angriffe fort (21,4). Auch die Zahl der Angreifer wurde immer größer: «Viele von den anderen, die zunächst nur abgewartet hatten, schlossen sich ihnen jetzt in der Hoffnung auf Beute an (ebenda).» In den mehrtägigen Gefechten waren bereits zahlreiche Römer gefallen, andere verwundet worden. «So konnten die Barbaren ihre Gegner ohne große Mühe umzingeln und niedermachen. Varus und die übrigen Offiziere erfasste Angst, sie möchten entweder lebendig in Gefangenschaft geraten oder von ihren grimmigsten Feinden getötet werden (...) und das ließ sie eine zwar schreckliche, aber notwendige Tat wagen: Sie begingen Selbstmord (21,5).»

Das Beispiel des Feldherrn und der hohen Offiziere besiegelte das Ende des Heeres: «(22,1) Als sich die Kunde davon verbreitete, leistete vom Rest der Leute, selbst wenn er noch bei Kräften war, auch nicht einer mehr Widerstand, vielmehr ahmten die einen das Beispiel ihres Feldherrn nach, während die anderen selbst ihre Waffen wegwarfen und sich vom Nächstbesten, der da wollte, niedermachen ließen; denn Flucht war unmöglich, wie sehr sie einer auch ergreifen wollte. (2) Und so wurde jeder Mann und jedes Pferd, ohne dass man Gegenwehr fürchten musste, niedergehauen und die ...»

An dieser Stelle bricht die einzige Handschrift ab, die wir für diesen Teil von Dios Werk besitzen. Ob der Historiker sich noch zu Einzelheiten des germanischen Sieges, zu den bei anderen Autoren genannten Siegesritualen oder der Opferung von Gefangenen äußerte, wissen wir nicht. Ein wenig über den Textausfall hinweghelfen kann ein Exzerpt, das der byzantinische Historiker Zonaras im 12. Jahrhundert aus einer ihm noch vorliegenden Abschrift von Dios Geschichtswerk anfertigte. Die Vorlage selbst ist seit der Erstürmung Konstantinopels durch Venezianer und Franken im Jahr 1204 verschollen. Zonaras richtet den Blick auf die anderen Orte der Katastrophe: «Die Barbaren aber nahmen sämtliche Befestigungen in Besitz, mit Ausnahme einer einzigen, mit der sie sich so lange aufhielten, dass sie darüber weder den Rhein überschritten noch in Gallien einbrachen. Indes konnten sie die Festung doch nicht erobern, da sie sich auf die Belagerungskunst nicht verstanden, die Römer aber über zahlreiche Bogenschützen verfügten, mit deren Hilfe die Feinde wiederholt zurückgeschlagen wurden und sehr schwere Verluste erlitten.»[11]

Die Belagerung dieses vermutlich mit Aliso gleichzusetzenden Lagers dauerte wahrscheinlich noch bis in das kommende Jahr, ohne dass sich die

Hoffnung der Germanen erfüllte, dass den Belagerten die Lebensmittelvorräte ausgehen würden. Bemerkenswert ist die gescheiterte Belagerung auch deshalb, weil sie sich überwiegend gegen Zivilisten richtete (ebenda). Zonaras resümiert, dass den Eingeschlossenen im Schutze einer stürmischen Nacht schließlich der Ausbruch gelang. Zu diesem Ereignisverlauf steht wieder der ausführlichere Bericht Dios zur Verfügung: «(22,2) Und es glückte ihnen, an der ersten und zweiten feindlichen Wache ungesehen vorbeizukommen. Als sie aber zur dritten kamen, entdeckte man sie. Denn aus Erschöpfung und Angst wie auch wegen der Finsternis und Kälte riefen die Frauen und Kinder andauernd nach den waffenfähigen Männern [die vorausgeeilt waren; Vf.], sie möchten doch zurückkommen. (3) Und alle hätten den Tod gefunden oder wären in Gefangenschaft geraten, wenn sich nicht die Barbaren mit der Plünderung der Beute aufgehalten hätten. Das gab den kräftigsten Männern die Gelegenheit, sich weit abzusetzen, und indem die bei ihnen befindlichen Trompeter das Signal zum Eilmarsch bliesen, ließen sie bei den Feinden den Eindruck entstehen, als seien sie von Asprenas abgeschickt. (4) Infolgedessen stellten jene die Verfolgung ein, und Asprenas konnte, nachdem er von dem Vorfall Nachricht erhalten hatte, den Leuten tatsächlich Hilfe leisten.» Dem hier erwähnten Lucius Nonius Asprenas, dem Legaten und Neffen des Varus, war zuvor die sichere Rückführung zweier weiterer Legionen an den Rhein und die Stabilisierung der dortigen Stellungen gelungen.[12] Inwieweit die ihm unterstehenden Truppen im Herbst 9 n. Chr. in Kampfhandlungen verwickelt waren, ist nicht bekannt.

Die Mehrzahl der Philologen und Historiker ist sich darin einig, dass mit dem sehr detaillierten Bericht des Cassius Dio eine insgesamt zuverlässige Überlieferung vorliegt.[13] Dio erzählt ohne Pathos. Seine auch im Aufbau klare Disposition zeigt sein Bemühen um ein Verständnis der Voraussetzungen und bietet ungekünstelte Erklärungen des Geschehens. Der ganze Bericht ist in sich stringent und logisch. Das von manchen darin kritisierte Zusammentreffen von Angaben über Berge und Bäume wird man, da der Schauplatz zweifelsohne im Bereich der Mittelgebirge lag, nicht als widersprüchlich erachten – erst recht nicht, um mit einer solchen scheinbaren Unvereinbarkeit den ganzen Bericht zu diskreditieren. Wichtiger ist vielmehr, dass wechselnde Geländemerkmale das Geschehen mitbestimmten und diese offenbar nicht alle ungünstig für das Heer des Varus waren.

Der ausführlichste Bericht über den Untergang des Varusheeres ist zugleich jener, der am spätesten abgefasst wurde. Doch kann diese zeitliche

Kluft von rund zwei Jahrhunderten sehr gut durch ältere schriftliche Überlieferung überbrückt worden sein, die Dio benutzt hat. Insbesondere sind darunter die beiden monographischen Beschreibungen der Germanenkriege durch Aufidius Bassus und Plinius dem Älteren zu erwarten, entstanden kurz vor bzw. kurz nach der Mitte des ersten Jahrhunderts.[14] Der noch ohne jede Schmähung des Varus auskommende Bericht des Dio spricht sogar dafür, dass ein zentraler Quellentext, den Dio nutzte, zeitlich noch vor dem Geschichtswerk des Velleius Paterculus entstand, längstens also zwei Jahrzehnte nach dem Ereignis verfasst wurde.[15]

## 5.2 *Die Parallelüberlieferung*

Der Bericht des Cassius Dio wird gestützt von dem gleichfalls sehr detailgenauen Bericht im 1. Annalenbuch des Tacitus über den Besuch des Unglücksortes durch Germanicus sechs Jahre später. Nachdem ein Heer von insgesamt acht Legionen bis in das Gebiet von oberer Ems und oberer Lippe geführt worden war, entschied sich der Adoptivsohn des Tiberius, den Ort der Varuskatastrophe aufzusuchen.[16]

### *Tacitus: Der Besuch des Unglücksortes durch Germanicus*

Die Landschaftsbeschreibung auf dem Weg zum Unglücksort entspricht fast wortgetreu dem Bericht des Cassius Dio, selbst noch im Hinblick auf die erforderlichen Erschließungsmaßnahmen des Geländes: «Vorausgeschickt wurde Caecina, um das unübersichtliche Waldgebiet zu erkunden und Brücken und Dämme über die feuchten Sümpfe und trügerischen Moorwiesen anzulegen.»[17] Allein der Dio zufolge bald einsetzende Regen scheint die vier Legionen des Legaten Caecina verschont zu haben. Im Beisein des Germanicus betrat man dann die Stätten der Trauer: «(1,61,2) Im ersten Lager des Varus wurde durch seinen weiten Umfang und die Absteckung des Feldherrnplatzes die Arbeit von drei Legionen sichtbar; darauf erkannte man an dem halbverfallenen Wall, an dem flachen Graben, dass dort schon zusammengeschmolzene Reste gelagert hatten. Mitten auf dem Feld bleichende Knochen, zerstreut oder in Haufen, je nachdem ob die Soldaten die Flucht ergriffen oder Widerstand geleistet hatten. (3) Daneben lagen zerbrochene Waffen und Pferdegerippe, zugleich sah man an den Baumstümpfen vorn angenagelte Menschenschädel. In den benachbarten Hainen standen die Altäre der Barbaren, an denen sie die Tribunen und Zenturionen ersten

Ranges geschlachtet hatten. (4) Und Überlebende dieser Niederlage, der Schlacht oder der Gefangenschaft entronnen, erzählten, hier seien die Legaten gefallen, dort die Adler geraubt worden; sie zeigten, wo dem Varus die erste Wunde beigebracht wurde, wo er durch seine unselige Rechte mit eigenem Stoß den Tod gefunden habe; auf welcher Erhöhung Arminius zum Heer gesprochen, wie viele Galgen für die Gefangenen, was für Martergruben es gegeben und wie er mit den Feldzeichen und Adlern voller Übermut seinen Spott getrieben habe.»

Die eindringliche Schilderung des Tacitus ist geeignet, den bei Dio beschriebenen Ablauf der Katastrophe zu ergänzen. Vor allem gilt dies für die von Germanicus wiederentdeckten Lager: Das erste, das annähernd vollständig erhaltene, ist wohl mit dem nach dem ersten Überfall errichteten Lager im Bericht des Cassius Dio gleichzusetzen (Dio 56,21,1). Ein zweites Lager, dessen Errichtung zwischen zweitem und drittem Tag angenommen werden darf, wird im Bericht des Dio angedeutet, als er davon spricht, wie die Legionäre eine Ebene erreichen.[18] Möglich bleibt allerdings auch, dass mit der nur noch fragmentarisch errichteten Lagerumwehrung die Verschanzung des weitgehend aufgeriebenen und umzingelten Heeres kurz vor dessen Untergang gemeint ist. Bei Velleius Paterculus, mit Einschränkungen auch bei Florus, lassen sich durchaus Hinweise auf eine letzte Verschanzung und vielleicht sogar auf eine Übergabe finden, die dann bereits nach dem Tod des Varus erfolgt wäre.[19] Beide Berichte stimmen indes darin überein, dass es sich bei der Vernichtung des Varuszuges um ein Geschehen von einer gewissen zeitlichen und – vor dem Hintergrund wechselnder Schauplätze – auch räumlichen Ausdehnung gehandelt hat.

Am Unglücksort sammelte das Heer des Germanicus die bis dahin unbestattet gebliebenen Überreste der vernichteten drei Legionen und türmte die Gebeine zu einem Grabhügel *(tumulus)*. Die eigenhändige Beteiligung trug Germanicus einen scharfen Verweis durch Tiberius ein, der die ganze Aktion nicht guthieß.[20]

### *Velleius Paterculus*

Gegenüber den geschlossenen Erzählungen von Dio und Tacitus kommt den anderen Berichten zur Varuskatastrophe nur ein nachgeordneter Rang zu: Unter den Gewährsmännern hervorzuheben ist allerdings noch Velleius Paterculus in seiner Eigenschaft als Zeitzeuge und Kriegsteilnehmer in Germanien. Doch leider bleiben seine Ausführungen sehr knapp:[21] Summarische

Charakterisierungen betreffen die Größe und die besondere militärische Qualität des – ihm ja persönlich bekannten – Heeres, die List der Feinde, die Ungunst des Schicksals, schließlich die gestellte Falle. Auch Velleius betont die Chancenlosigkeit der Varustruppen: «Weder zum Kämpfen noch zum Ausbrechen bot sich ihnen, so sehnlich sie es auch wünschten, ungehindert Gelegenheit (...). Eingeschlossen in Wäldern und Sümpfen, in einem feindlichen Hinterhalt, wurden sie Mann für Mann abgeschlachtet.»[22]

Darüber hinaus gilt die Aufmerksamkeit des Velleius den positiven wie negativen Verhaltensweisen *(exempla)*: dem Varus, der «mehr Mut zum Sterben als zum Kämpfen hatte»;[23] dem Lagerpräfekten Lucius Ceionius, der – offensichtlich schon nach dem Tod des Varus – die Übergabe anbot; dem Legionslegaten Numonius Vala, der mit der Reiterei flüchtete und so die Fußsoldaten ihres Schutzes beraubte, doch als Deserteur den Tod fand.[24] Immerhin scheinen hier weitere Kampfplätze auf, und dies gilt ebenso in dem rühmend erwähnten *exemplum* des zweiten Lagerpräfekten Lucius Eggius. Dass seine Verdienste nur bewertet, aber im Gegensatz zu den anderen Personen an dieser Stelle nicht mehr beschrieben werden, spricht dafür, ihn mit dem kurz darauf gleichfalls als Lagerpräfekten angeführten Lucius Caedicius gleichzusetzen, der mit Klugheit und List die bei Aliso eingeschlossenen Römer verteidigte und schließlich sicher zum Rhein führte.[25] Die Kürze seiner Ausführungen begründet Velleius damit, dass er den Untergang des Varusheeres zum Thema eines eigenen Geschichtswerkes machen wolle.[26] Ob er dieses jemals geschrieben hat, ist allerdings höchst unsicher.

### *Frontinus*

Die Vorgänge in dem bei Velleius und Cassius Dio ausdrücklich hervorgehobenen Aliso fanden auch Aufnahme in einer handbuchartigen Zusammenstellung von Kriegslisten, die der hohe Staatsbeamte Sextus Iulius Frontinus am Ende des 1. Jahrhunderts veröffentlichte. Er hebt das Verdienst des Lucius Caedicius ebenfalls explizit hervor: Der von ihm als ranghöchster Zenturio (Primipilar) charakterisierte Militär hätte nach der Niederlage des Varus die Führung der bei Aliso eingeschlossenen Römer übernommen. Als er fürchten musste, die Germanen würden herbeigeschafftes Holz verwenden, um das Lager anzuzünden, «tat er, als hätte er Mangel an Holz, und sandte überallhin Leute aus, um es heimlich zu entwenden. Er erreichte dadurch, dass die Germanen sämtliche Baumstämme fortschafften.»[27] Auch die nächtliche Führung gefangener Germanen auf immer wieder neuen Wegen durch die gleichen Magazine, um ihnen größere Vorräte der römischen Truppen vorzugaukeln, und ihre anschließende Entlassung – nicht ohne ihnen vorher die Hände abzuschlagen – dürfte als eine weitere List auf das Lager Aliso zu beziehen sein und auf Caedicius zurückgehen: «Diese brachten die Belagerer dazu, ihre Hoffnung auf eine schnelle Eroberung nicht auf eine Hungersnot der Römer zu bauen, da jenen ein gewaltiger Vorrat an Nahrungsmitteln zur Verfügung stünde.»[28] Noch eine dritte überlieferte Kriegslist gilt der Auseinandersetzung mit Arminius: Ihr zufolge soll Arminius die Köpfe gefangener und getöteter Römer zur Entmutigung des Gegners auf Spießen an den Wall des feindlichen Lagers haben herantragen lassen.[29] Der hervorgehobenen Bedeutung nach könnte abermals Aliso gemeint sein, was dann auch die persönliche Teilnahme des Cheruskers an dessen Belagerung belegen würde. Doch auch ein anderer Ort oder aber ein Kontext im Überfall auf das Hauptheer sind nicht auszuschließen, soweit es sich nicht überhaupt erst um eine Episode aus der Zeit der Germanicuskriege (13–16 n. Chr.) handelt.[30]

*Der abweichende Bericht des Florus*

Nur eine Darstellung scheint im Ablauf der Ereignisse von der gesamten Überlieferung abzuweichen: Folgt man dem zu Beginn des 2. Jahrhunderts schreibenden Historiker Florus, so wurden die Römer nicht auf dem Marsch angegriffen, sondern vielmehr seien germanische Einheiten plötzlich über ein Drei-Legionen-Lager hergefallen, als Varus nichtsahnend auf dem Tribunal saß und die Germanen zur Rechtsprechung erwartete.[31] Allein schon das Unvermögen der Germanen, ein befestigtes Lager einzunehmen – wie es sich bei dem sogar Großteils mit Zivilisten belegten Aliso zeigt[32] –, macht indes deutlich, dass ein derartiges Szenario wenig wahrscheinlich ist.

Mit Blick auf die Gesamtkomposition besitzt die Darstellung des Florus freilich durchaus Qualitäten, die sie als Quelle für die Geschehnisse wertvoll erscheinen lassen: In seinem kurzen Abschnitt über die Germanenkriege bietet Florus eine überaus kunstvoll arrangierte Zusammenfassung der Eroberung Germaniens und der beginnenden römischen Herrschaftsorganisation, die deren wesentliche Elemente enthält und den Gesamtkontext nachzeichnet: Der Schriftsteller thematisiert das Verhältnis von Gewalt und Moral, den unterschiedlichen Herrschaftsstil der römischen Befehlshaber in Germanien, die römische Rechtsprechung sowie die einsetzende germanische Assimilation, das große Vertrauen des Varus und die Hinterlist der Germanen, schließlich – effektvoll ausgemalt – das blutrünstige und hasserfüllte Niedermetzeln der Römer durch die Germanen.[33] Als Gesamtbild ist das eine durchaus zutreffende Darstellung, die sorgfältig stilisiert und rhetorisch zugespitzt wird.[34] Dieser Neigung zur Pointierung dürfte es auch geschuldet sein, dass Florus seinem gerafften Bericht zum Überfall auf das Varusheer ausgerechnet zu der effektvollen Szene des auf dem Tribunal sitzenden Varus verdichtet. Die Idee zu dieser Szene mag vielleicht direkt durch eine Formulierung des Velleius Paterculus motiviert worden sein: Um deutlich zu machen, wie sicher sich Varus wähnte, bemüht Velleius den Vergleich, «dass er sich eher als Stadtprätor fühlte, der auf dem römischen Forum Recht spricht, denn als Oberbefehlshaber einer Armee im tiefsten Germanien.»[35]

Ohne Frage kommt es Florus in seinem Bericht primär auf ein anschauliches Gesamtbild der rechtsrheinischen Aktivitäten Roms und ihre historische Bewertung an. Eine militärhistorische Nachzeichnung des Ablaufs der Katastrophe war nicht sein Thema. Im übrigen findet sich gleich im Anschluss daran – und zwar dann, wenn Florus davon spricht, dass die römischen Soldaten «in den Sümpfen und Wäldern» *(per paludes perque silvas)* niedergemacht worden seien[36] – ein Anklang an den etwa bei Cassius Dio, Tacitus oder auch Velleius Paterculus beschriebenen Ablauf der Ereignisse.

### *Parallelberichte : Fiktion oder Fakten?*

Über jene Berichte hinaus, die unmittelbar dem Untergang des Varusheeres gewidmet sind, gibt es solche, in denen sich die Varuskatastrophe in der Darstellung anderer Kämpfe spiegelt. So schildert Tacitus in den ersten beiden Annalenbüchern mehrere Überfälle auf das römische Heer, die ein stets ähnliches Vorgehen der Germanen beschreiben.[37] Allen voran steht jener Hinterhalt, in den der Legionslegat Aulus Caecina Severus 15 n. Chr. mit insgesamt vier Legionen an den langen Brücken *(pontes longi)* geriet. Ausdrücklich wird auf die Parallele zum Überfall auf Varus hingewiesen: «Seht da, Varus und seine nochmals in das gleiche Schicksal verstrickten Legionen *(En Varus eodemque iterum fato vinctae legiones)*.»[38] Mit insgesamt sieben langen Kapiteln ist dieses nicht nur der ausführlichste Bericht über einen solchen Hinterhalt – sondern dank der Lebhaftigkeit der Bilder und sprachlichen Qualität wurde er sogar als «Höhepunkt der Schilderungslust des Tacitus» bezeichnet.[39] Das Durchzugsgefecht des römischen Legaten Caecina mit seinen vier Legionen an den *pontes longi* liest sich in manchem wie eine ausführlichere Version von Cassius Dios Bericht zum Untergang des Varusheeres:[40]

Ausgangspunkt der Vorgänge im Jahre 15 n. Chr. war, dass nach Kämpfen im Cheruskergebiet der wegekundige Arminius die sich auf dem Rückweg befindlichen römischen Einheiten überholte und mit seinem Heer Anhöhen um eine moorige Ebene besetzte. Das Feuchtgebiet war um die Zeitenwende bereits von Lucius Domitius Ahenobarbus durch die Anlage von Bohlenwegen passierbar gemacht worden. Doch waren an dem offenbar seit längerem nicht mehr beschrittenen Weg Ausbesserungsarbeiten vorzunehmen.

Das Gelände um die *pontes longi* wird als von mehreren Wasserläufen durchzogen beschrieben. Benachbart waren sanft ansteigende Wälder, die Arminius mit seinen Truppen besetzt hielt. Um sich den Angriffen der Germanen nicht schutzlos auszuliefern, entschied Caecina, an Ort und Stelle, also offensichtlich mitten auf dem Weg, ein Lager zu errichten. Zugleich stellte er eine Schlachtreihe gegen die Germanen auf, unter deren Bedeckung die Ausbesserung der Wege vorangetrieben werden konnte. Germanische Versuche, die Schlachtreihe zu umgehen oder zu durchbrechen, um derart an die Schanzarbeiter heranzukommen, scheiterten, doch in dem ungünstigen und von Wasser bedeckten Gelände bezahlten die römischen Legionen die Aufrechterhaltung der Verteidigungslinie mit hohen Verlusten. Auch nach Einbruch der Nacht blieben die Germanen nicht untätig: Von den benachbarten Anhöhen leiteten sie Wasserläufe in die Tiefe und unterspülten so die gerade errichteten Befestigungen.

Gestützt auf die Vorarbeiten wagte Caecina am folgenden Tag den Durchbruch. Abermals sollte eine Kampflinie die Germanen in den Wäldern zurückhalten. Die schwerbeweglichen Teile des Heeres, die Verwundeten und der Tross – die auf dem schmalen Weg weit auseinander gezogen waren – sollten hinter dieser Kampflinie und in deren Schutz die schwierige Passage durchschreiten und einen Vorsprung zu erreichen suchen. Doch bei Anbruch des Tages nahmen die zur Deckung der Flanke entsandten Legionen nicht die ihnen befohlene Position ein: Vielmehr durcheilten sie nach ihrem Aufbruch aus dem Lager den gefährlichen Geländeabschnitt und flüchteten zu einer jenseits des Moores gelegenen Ebene. Unbehelligt hatten die schwerbewaffneten Legionen genau jenen Weg über die neubefestigen *pontes longi* genommen, der dem verbliebenen langsameren und nur vermindert kampffähigen Teil des Caecinaheeres noch bevorstand.

Als die beiden Legionen und der Tross, der offensichtlich trotz dieser neuen Situation nicht aufgegeben wurde, den Weg über den moorigen Boden nahmen, ging Arminius zum Angriff über. Die als Vorhut vorgesehene Legion warf sich dem Feind entgegen, und unter schwersten Verlusten gelang es dem Heereszug, sich bis zum Abend auf offenes Gelände und festen Boden vorzukämpfen. Abermals schlug man ein Lager auf und schützte es durch einen Erdwall. Auch wenn Tacitus nichts darüber berichtet, so ist zu vermuten, dass sich die vier Legionen in dieser Situation wieder vereinigten. Als während der Nacht im Lager grundlos Panik ausbrach, stürzten die Soldaten zu der dem Feind abgewandten *porta decumana*, die weiter ins Landesinnere geführt haben soll: Deutlich wird, dass die Truppen des Arminius abermals vor den römischen Legionen standen und ihnen den Weg zum Rhein versperrten.

Die Wende brachte der Entschluss der Germanen, das Lager selbst anzugreifen. Als sie am folgenden Tag gegen die Wälle anstürmten, machten die römischen Truppen aus allen Toren einen Ausfall und griffen die Belagerer im Rücken an. Ausdrücklich betont Tacitus die günstigere Beschaffenheit des Geländes ohne Wälder und Sümpfe, das den Römern jetzt gleiche Chancen im Kampf bot. Bald gelang es den Legionären, den Kampf siegreich zu gestalten. Sie verfolgten ihre Gegner noch bis zum Abend, ehe sie ins Lager zurückkehrten. Erst am Tag danach zogen die Truppen in die Winterquartiere am Rhein: Zwar litten sie unter Lebensmittelmangel, doch allem Anschein nach bleiben sie auf ihrem Weg unbehelligt. Der Bericht klingt aus mit der Erwähnung der Furcht vor einem germanischen Einfall in Gallien und der Episode des gerade noch verhinderten Abbruchs der Rheinbrücken – also abermals mit einer Reminiszenz an die Varus-Situation.

Diese Erzählung ist in mehrfacher Hinsicht von Interesse. Zum einen präzisiert sie, was unter einem Hinterhalt verstanden werden kann: Germanen, denen es gelingt, die römischen Truppen in eine anhaltend ungünstige Situation zu manövrieren, die einerseits nicht die Aufstellung einer geordneten oder gar vorteilhaften Kampflinie erlaubt, andererseits aber geradezu nötigt, den Kampf zu suchen und den Durchbruch zu wagen. Dabei dürfte in Strategie und Taktik von besonderer Bedeutung gewesen sein, dass die Legionen abhängig blieben von der Beachtung der allgemeinen Wegeführung und von der Verpflegungssituation; beides zwang das römische Heer stets, die Schlacht auch an ungünstigen Stellen anzunehmen, statt das Heil im Rückzug oder in einer raumgreifenden Umgehung des Feindes zu suchen.

Zum anderen wird deutlich, dass die Römer keineswegs von vornherein nur Opfer einer ungünstigen Situation waren und ihr Verhalten ebenso wenig von Passivität bestimmt blieb. Dios Bericht zur Varuskatastrophe zeichnet ein Bild schutzlos ausgelieferter römischer Soldaten, die mehrere Tage unter permanenten germanischen Angriffen wehrlos durch die Wälder zogen. Beim Zug des Caecina hingegen wurde das Heer, soweit es die Umstände nur irgend erlaubten, immer wieder in Formation gebracht, Verteidigungswerke errichtet und ebenso der Kampf mit dem Gegner gesucht. Die bei Cassius Dio durchaus erkennbaren Versuche des Varus, eine Stabilisierung der Marschordnung zu erreichen sowie Lager in keineswegs ungünstiger Situation zu errichten, ja selbst die Nachricht von der offensichtlich angenommenen Schlacht sollten vor diesem Hintergrund stärker gewichtet werden – auch wenn die im einzelnen getroffenen Entscheidungen vielleicht nicht immer der Situation angemessen waren.

Die Gemeinsamkeiten des rechtsrheinischen Schauplatzes und der germanischen Gegner ließen das Publikum die Schilderung des Caecina-Hinterhalts in den taciteischen *Annalen* kaum anders denn als Gegenbericht zur Varuskatastrophe lesen, und zwar selbst dann, wenn Tacitus nicht ausdrücklich auf die Parallele hingewiesen hätte. Während die äußere Situation für beide Feldherrn vergleichbar war, so bestand der entscheidende Unterschied eben darin, dass Caecina am Ende mit einem Großteil seiner Truppen den germanischen Angreifern entkommen konnte. Damit wurde das Interesse der Leser unwillkürlich auf die Frage gelenkt, warum dies in einem Fall gelungen war, im anderen aber nicht.

Als entscheidender Unterschied fällt das bedächtige Operieren Caecinas aus gesicherten Stellungen ins Auge; hinzu kommen seine Entschlossenheit und sein hoher persönlicher Einsatz. Insbesondere erwies er die von einem Heerführer geforderte Standfestigkeit als er sich der im römischen Heer breit machenden Panik entgegenstellte.[41]

Bemerkenswert ist jedoch die unterschiedliche Gesamtstrategie der beiden Feldherrn angesichts der Bedrohung: Während Varus die Lager nur zum Schutz vor nächtlichen Angriffen errichtete und dann am Morgen jeweils weiterzog – wobei er am Ende die Truppen sogar selbst in der Nacht weiterführte –, nutzte der umsichtig agierende Caecina die Lager als Rückhalt, um in ihrem Schutz gezielt die nächsten Operationen vorzubereiten. Schon auf den ersten, von ihm rechtzeitig entdeckten germanischen Hinterhalt reagierte Caecina mit der sofortigen Errichtung eines Lagers, noch bevor es zu Überfällen auf den Heereszug kam. Im Schutz des Lagers bereitete Caecina den weiteren Vormarsch vor und trieb den Wegebau voran. Und trotz prekärer Verpflegungslage belegte er für mindestens zwei Nächte sein zweites Lager: zunächst, um hier den Angriff der Germanen abzuwarten, sodann, um nach erfolgreichem Ausfall dorthin zurückkehren zu können. Erst nach einer weiteren Ruhepause führte Caecina das Heer zum Rhein.

In scharfem Kontrast dazu steht das nur auf schnelles Entkommen angelegte, scheinbar ausschließlich von dem Gedanken an Flucht bestimmte Verhalten des offenbar von Panik erfassten Varus. Das nach den ersten Überfällen auf einer Anhöhe, also in relativ gesicherter Position errichtete Lager wurde von Varus gleich am Morgen darauf verlassen. Erst für diesen Tag vermerkt Dio die größten und verlustreichsten Auseinandersetzungen. Der Rückhalt eines gesicherten Lagers hätte den Truppen des Varus vermutlich schon in dieser Situation eine bessere Ausgangslage geboten. Und so wird der Rückbezug auf ein Lager als erfolgversprechendere Alternative auch an anderer Stelle thematisiert: Velleius Paterculus kontrastiert den Bericht über die bei Aliso eingeschlossenen Römer, die trotz Lebensmittelmangel einer Übermacht von Belagerern standhielten und sich schließlich durch überlegtes und wehrhaftes Verhalten befreien konnten, ausdrücklich mit Varus und schließt, dass dessen Heer bei umsichtigerem Handeln hätte gerettet werden können.[42] Es scheint, dass die Zeitgenossen ein Entkommen des Varusheeres für durchaus möglich hielten.

## 5.3 *Zur Frage der Glaubwürdigkeit*

Die ausführlich erzählenden Berichte zur Varuskatastrophe sind Teil der antiken Literatur. Sie folgen den Vorgaben bestimmter Gattungen, die sich von der Auswahl des Darzustellenden über dessen Formung bis in den Inhalt der Texte auswirken. Selbst die antiken Geschichtsschreiber fühlten sich nicht in erster Linie einer möglichst faktengetreuen Wiedergabe vergangener Ereignisse verpflichtet, sondern wollten unterhalten und belehren. Hinzu kommt, dass alle Autoren, deren Schriften zur Varuskatastrophe uns erhalten geblieben sind, keine Augenzeugen oder gar Teilnehmer der Kämpfe waren, sondern oft erst im Abstand von mehreren Generationen das Ereignis zum Gegenstand ihrer Werke machten. Bewusst oder unbewusst entsprachen sie dabei dem Zeitgeschmack ihrer eigenen Epoche, bedienten Erwartungen ihrer Leser und verfolgten eigene Intentionen.

Überlegungen wie diese – gefördert durch Widersprüche und teils grob voneinander abweichende Überlieferungen zum Geschehen wie bei Cassius Dio und Florus – haben immer wieder zu der Frage geführt, ob man den literarischen Quellen überhaupt vertrauen kann. Dabei ist das Problem, in wieweit man literarischen Texten einen Bezug zu den darin geschilderten historischen Realitäten zugestehen will, nicht auf die Überlieferung zur Varuskatatrophe beschränkt. Noch radikalere Positionen der Geschichtswissenschaft zweifeln mit der «Historischen Memorik» sogar an, ob es überhaupt ein richtiges Erinnern geben kann, was doch die erste Grundlage jeder Überlieferung noch vor der schriftlichen Fixierung eines Ereignisses wäre.[43]

Antworten auf diese Fragen erschließen sich nur aus den Texten selbst. Verfolgt man den Weg der Überlieferung zur Varuskatastrophe, so ist festzustellen, dass es Überlebende und Augenzeugen gab und somit gleich mehrfache Möglichkeiten wechselseitiger Korrektur und Konsensbildung: Neben den zumindest indirekt beteiligten beiden Legionen des Asprenas sowie den bei Aliso befreiten Römern hören wir von Überlebenden der Varustruppen als Begleiter des Germanicus, die ihm den Verlauf des Unglücks am Ort der Niederlage schilderten.[44] Auch hatte man Gefangene von den Germanen zurückkaufen können.[45] Die letzten Überlebenden aus der Schlacht wurden noch fast 40 Jahre später unter Kaiser Claudius (41–54 n. Chr.) befreit.[46] Durch die auch nach 9 n. Chr. bestehenden Kontakte zu Friesen und Chauken, durch den auch weiterhin geleisteten Dienst von Germanen wie etwa seitens des Flavus im römischen Heer, nicht zuletzt aber durch die Angehörigen der Sippe des Arminius in Rom – als unversöhnliche Feinde wie Thusnelda oder als um die römische Gunst bemüht wie Segestes[47] – hat es sogar eine Überlieferung aus wechselnden germanischen Perspektiven gegeben: Die Frage nach der Glaubwürdigkeit der verschiedenen Versionen stand im Raum und forderte damals bereits zwangsläufig deren kritische Überprüfung.

Zu Beginn der 30er Jahre verweist Velleius Paterculus auf Autoren, die ausführlich die Varuskatastrophe beschrieben hätten. Auch Velleius kündigte eine entsprechende Monographie an, vermutlich ohne diesen Plan umzusetzen.[48] Wichtig ist jedoch, dass die zeitnah einsetzende Verschriftlichung in gleich mehreren Werken eine Kanonisierung einleitete, die, zumindest was den schieren Gang der Ereignisse betraf, diese nicht dem gestalterischen Belieben späterer Autoren zur freien Disposition überließ.

### *Ereignis und literarische Gestaltung*

Davon ist abzugrenzen, dass Schilderungen von Landschaft, Klima und Wetterbedingungen, ja selbst das Kampfverhalten der Germanen oft nur das spiegeln, was man sich in Rom eben unter Germanien und den Germanen vorstellte. Zur Erzeugung von Anschaulichkeit lagerten sich solche Anmutungen um den Handlungskern und sind als Elemente literarischer Gestaltung idealerweise davon zu unterscheiden. Freilich vermischten sich diese beiden Überlieferungsebenen für diejenigen, die später einen solchen mit Imaginationen angereicherten Bericht als Vorlage für eine eigene Erzählung nutzten, und der moderne Betrachter steht vor demselben Problem. Grundlage einer Beurteilung kann nur der Gesamttext sein. Die Herausarbeitung einiger als widersprüchlich angesehener Landschaftsschilderungen allein, wie sie gerne etwa von Kritikern Dios ins Feld geführt werden, ist nicht geeignet, einen Bericht in Bausch und Bogen als unglaubwürdig in Frage zu stellen.[49]

Die besondere Ausmalung der landschaftlichen Bedingungen ist sicherlich auch der Tatsache geschuldet, dass diese für die Niederlage der Römer wohl tatsächlich eine Rolle gespielt hatten. Bereits in der frühesten Erwähnung der Varuskatastrophe, kurz nach dem Überfall, wird von Ovid der verräterische Einschluss des römischen Heeres in tückischem Gelände betont.[50] Die Schwierigkeiten der Kriegsführung in Germanien beschreibt nur wenige Jahre später Strabon detailliert: «Die Barbaren (kämpfen) in Sümpfen, unzugänglichen Wäldern und Einöden unter Ausnutzung des Geländes, indem sie bewirken, dass diejenigen, die es nicht kennen, selbst kurze Entfernungen als eine weite Strecke ansehen, und indem sie ihre Gegner in Unkenntnis über die Wege und Nachschubmöglichkeiten für Proviant und andere Dinge halten.»[51] In dieselbe frühe Zeit fällt die allzu optimistische Vorschau des Manilius, wonach Germanien im Sommer ungeschützt sei, weil dann die Böden trocken wären.[52]

Zeigt der Bericht des Cassius Dio bereits eine differenziertere Sicht dieser Verhältnisse, indem der Autor auf wechselnde, auch für die Römer günstigere Geländemerkmale hinweist, so werden andere Klischees von ihm erst gar nicht bedient: Die Beschreibung der überlegten Taktik, immer wieder nur stoßweise Angriffe vorzutragen, nimmt gerade nicht den Topos des germanischen Furors auf: Der Vorstellung, die Germanen würden sich aufgrund ihrer körperlichen wie mentalen Beschaffenheit im Kampf zwar für einen schnell-energischen und mutigen Vorstoß eignen, könnten jedoch weder planend vorgehen, noch wären sie ausdauernd, wird in diesem Kontext geradezu widersprochen.[53] Dass derartige Klischees allerdings in den Köpfen der Römer durchaus noch vorhanden und aufzurufen waren, zeigt sich, wenn Tacitus in seiner Darstellung des Bataveraufstands (68/69 n. Chr.) selbst für langgediente und römisch geschulte germanische Hilfstruppen Nacktheit, Kampf in *cuneus*-Form (Keilform), Disziplinlosigkeit und Übermut, Trunkenheit, blindes Anstürmen und Beutegier voraussetzt und behauptet, der Anführer Civilis habe angeblich die Frauen und Kinder im Rücken des Heeres aufgestellt, wo sie mit ihrem anfeuernden Geheul einen Beitrag zum Kampf geleistet hätten.[54] Nicht anders wähnt Orosius für die Zeit der Drususfeldzüge Wagenburgen hinter den Schlachtreihen der Germanen.[55] Trotz der als barbarisch geschilderten Kampfweise wurden in beiden Fällen die Gefahren, die von den germanischen Gegnern für Rom ausgingen, deshalb nicht als geringer eingeschätzt.

Gegenüber diesen aus der Zeit des Kimbernsturms (113–101 v. Chr.) stammenden und tradierten Auffassungen bildete sich nach der Varuskatastrophe dann als neues Motiv der von den Germanen unter Ausnutzung des Geländes planvoll gelegte Hinterhalt aus. Zwar hatte es auch schon vorher Hinterhalte gegeben, in die römische Heere geraten waren.[56] Doch das dramatische Ende des mehrtägigen Heereszugs gar mit zwischenzeitlichem Lagerbau war bis dahin ohne jedes Vorbild.

Zu fragen bleibt allerdings, wie die Wiederholung dieses Verlaufs unter Caecina zu bewerten ist:[57] War der Überfall auf sein Heer ein historisches Ereignis? Man wird nicht so weit gehen wollen, die *Annalen* des Tacitus in diesem Bereich als romanhaft abzuqualifizieren. Die Konsequenzen für die Beurteilung seines Werks auch in anderen Abschnitten wären gravierend. Anzunehmen ist, dass Caecina mit seinen Truppen tatsächlich in einen schweren und verlustreichen Hinterhalt geraten war, wie ihn zu legen zur Kriegstaktik der Germanen gehörte, und dass er aus ihm hatte entkommen können. Die weitere Darstellung des Tacitus gilt dann allerdings nicht mehr der genauen Dokumentation der Ereignisse; vielmehr nutzt der Autor das Geschehen, um ein Gegenmodell zum Scheitern des Varus zu entwerfen. Grund für diese Konzeption der Darstellung mag gewesen sein, dass die Niederlage des Varus in den erst mit dem Jahr 14 n. Chr. einsetzenden *Annalen* nicht auf andere Weise einzubringen war; denn die Erzählungen der ersten beiden Annalenbücher stehen noch ganz unter dem Eindruck dieses Ereignisses und setzen es voraus.[58] Die in dieser Art literarisch genutzte Möglichkeit der Anspielung bestätigt vielmehr, dass es ein weithin bekanntes Vorbild gab und die diesbezüglichen Kenntnisse sich auch auf zahlreiche Details des Geschehens erstreckten. Dieses Vorbild wurde von den Lesern des Tacitus nicht nur identifiziert, sondern der Vorgang war für viele Römer immer noch von lebhaftem Interesse und mit Fragen verbunden, zu denen Tacitus auf seine Weise Stellung bezog.

Die mit dem Untergang des Varusheeres verbundenen Vorstellungen finden sich noch im fortgeschrittenen 3. Jahrhundert n. Chr. Im Jahr 235 stieß Maximinus Thrax nach einem Einfall der Germanen über den Limes ins germanische Gebiet vor. Laut Herodian – einem jüngeren Zeitgenossen des Cassius Dio – zogen sich die Germanen aus den offenen Flächen in den Schutz der «Sümpfe und Wälder» zurück, «um von hier aus zu kämpfen und anzugreifen. Der dichte Bewuchs schützte sie vor den Pfeilen und Wurfspeeren der Feinde; die tiefen Sümpfe mussten den Römern, die das Gelände nicht kannten, gefährlich werden, während sie selbst, mit dem Terrain vertraut, genau wussten, wo das Land nicht zu betreten und wo es fest war (...).»[59] Das Besondere der Darstellung liegt darin, dass für die Kämpfe im rechtsrheinischen Gebiet das Bild einer als typisch für den germanischen Lebensraum erachteten Landschaft aufgerufen wird, die mit ihren ausgedehnten Sümpfen und Wäldern zwar durchaus häufig vorkommen mochte, zu Südwestdeutschland östlich des Limes, wo diese Kämpfe stattgefunden haben müssen, jedoch ausgesprochen wenig passen will.

## 5.4 *Nationale Erhebung oder Meuterei?*

Die häufigste Bezeichnung für das Geschehen in den antiken Quellen lautet «Niederlage» *(clades)* – als *clades Variana* oft ergänzt um den Namen des von ihr betroffenen Feldherrn.[60] In dieselbe Richtung weist die Bezeichnung als «Unglück» *(calamitas)*[61] bzw. die einfache Feststellung, dass Varus und seine drei Legionen gefallen oder vernichtet worden seien:[62] Über die näheren Umstände oder gar politischen Hintergründe der Katastrophe wird damit nichts ausgesagt. Zentrale Motive sind vielmehr das römische Erleiden, zudem die Größe des Unglücks.

Allein auf dem Caelius-Stein befindet sich mit *bellum* die Bezeichnung der Vorgänge als «Krieg» (vgl. Abb. 12).[63] *Bellum Varianum* ist singulär: Üblicherweise wird ein *bellum* nach dem Gegner bezeichnet oder dem Gebiet, in dem der Krieg geführt wurde. Denkbar wäre also *bellum Germanicum*. Doch scheint die Grabinschrift des Caelius den Begriff *clades Variana* bereits vorauszusetzen und dabei *clades* durch *bellum* zu ersetzen: «Niederlage» eignete sich kaum für eine ehrenvolle Grabinschrift und der Begriff *clades* hätte zwangsläufig das Andenken des Bestatteten als das eines Verlierers belastet. Einen länger andauernden «Krieg» des Varus, an dessen Ende die Vernichtung der drei Legionen gestanden hätte, kann man jedenfalls nicht aus dem

Wortlaut der Inschrift herleiten. Als «Schlacht» *(proelium)*, dem für uns so geläufigen Begriff, wurden die Vorgänge in der Antike nie bezeichnet. «Schlacht im Teutoburger Wald» ist vollends erst eine aus Tacitus hergeleitete Begriffsbildung der Frühen Neuzeit.[64]

Auf die politischen Hintergründe verweisen Bezeichnungen als Aufstand *(rebellatrix Germania)*[65] oder Vertragsbruch *(foedere rupto)*.[66] Sie kommen vorrangig in den zeitnahen Quellen vor und bringen noch die erwartete Wiederherstellung des ursprünglichen Zustands zum Ausdruck. Aus der Erfahrung des beginnenden zweiten Jahrhunderts n. Chr. kann Tacitus dann vom «Abfallen» Germaniens *(descivere)* sprechen.[67] Im Gegensatz zu «Niederlage» verdeutlichen diese Bezeichnungen, dass Germanien in der Zeit des Varus zum römischen Herrschaftsbereich gezählt wurde.

### *Politische Hintergründe: Die Varuskatastrophe im Vergleich*

Vor allem die detaillierte Vorgeschichte zur Varuskatastrophe bei Cassius Dio ist mit Hinweisen auf die römische Steuererhebung und Rechtsprechung, wodurch die Römer tief in das Leben und die bisherige politische Ordnung der Germanen eingegriffen hätten, um die Anführung von Gründen bemüht.[68] In pauschalerer Weise warf Arminius den Römern Habgier *(avaritia)*, Grausamkeit *(crudelitas)* und Hochmut *(superbia)* vor.[69] Doch ganz ähnlich ist der Widerstand gegen die sich intensivierende römische Herrschaft auch bei zahlreichen anderen Aufständen beschrieben worden: Vergleiche bieten etwa die große Erhebung Galliens unter Vercingetorix (52 v. Chr.), der von Tiberius niedergeschlagene Aufstand in Pannonien (6–9 n. Chr.), in nachaugusteischer Zeit die großen Erhebungen in Nordafrika unter Tacfarinas (17–24 n. Chr.), in Britannien unter Boudicca (61 n. Chr.) oder, mit gewissen Einschränkungen, auch noch um das Jahr 69 n. Chr. der Aufstand der Bataver.[70]

Auf die Bezüge ist schon oft hingewiesen worden, doch sie erweisen sich für die Interpretation abermals als ein Problem grundsätzlicher Art: Auf der einen Seite kann es sich bei den in ähnlichen Formulierungen erhobenen Vorwürfen gewissermaßen um eine ‹Topik der Revolte› handeln, zu der die Autoren – wenn nicht schon seinerzeit die Protagonisten – griffen, um sich selbst und anderen eine bestimmte Konfliktstruktur zu erklären. Erkenntnis über die tatsächlichen Ursachen wäre damit freilich nicht gewonnen. Allerdings muss die Entlarvung eines topisch einsetzbaren Elements nicht zwangsläufig bedeuten, dass sich etwas möglicherweise nicht wirklich in der beschriebenen Weise zugetragen hat. Ein Aufbegehren in Folge von Eingriffen in die etablierte Ordnung, von Einschränkungen der eigenen Lebensweise oder als Resultat von Abgabenforderungen ist ja zunächst einmal nicht unplausibel.

Auf der anderen Seite kann man, wenn man die Berichte ernst nimmt, die verschiedenen Aufstände innerhalb des Römischen Reiches vergleichend untersuchen, um Gemeinsamkeiten herauszufinden und eine Typologie zu erkennen:[71] So ist festgestellt worden, dass die Erhebungen zwar zumeist in einigem zeitlichen Abstand von der ersten Eroberung bzw. Pazifizierung eines Gebietes ausgebrochen sind, doch stets zu einer Zeit, in der die traditionellen Strukturen noch funktionierten. Der Aufbau eines Verwaltungsapparates und die um sich greifende Finanzkontrolle Roms waren Momente, welche die veränderten Umstände besonders spürbar und bewusst machten. War das Eingreifen Roms anfänglich von den lokalen Eliten vor allem aus der eigenen Perspektive gesehen worden, wonach die Römer durchaus als hilfreiche Partner in Stammesauseinandersetzungen erscheinen konnten, so war es oft erst die nachwachsende Generation, die sich aus diesen Verhältnissen zu lösen vermochte. Hinzu kam, dass die Tatsache der römischen Herrschaft bei unterschiedlichen Gruppen wechselseitig Gemeinsamkeiten entdecken ließ, auch wenn sie sich bis dahin scharf voneinander abgegrenzt hatten: Die Herrschaft Roms relativierte bisherige Unterschiede.

Die Führer dieser Erhebungen stammten durchgehend aus den traditionellen Eliten. Zugleich waren sie fest in das römische System der Herrschaft integriert. Geschuldet war dies dem Prinzip römischer Politik, das alte System der Führung in den unterworfenen Gebieten zu nutzen und den römischen Bedürfnissen anzupassen. Die Anführer derartiger Erhebungen gehörten zu den am stärksten romanisierten Teilen ihrer Gesellschaft, und fast durchgehend waren sie vorher im römischen Militärdienst aktiv geworden.[72] Häufiges Merkmal der aufständischen Völker ist schließlich noch die Lage ihrer Siedlungsgebiete im Grenzland: Sie machte den Unterschied zwischen dem Leben inner- und außerhalb des Imperiums konkret erfahrbar und bot im Konfliktfall zugleich einen Rückzugsraum.

Unter den Rebellionen innerhalb des Römischen Reiches war die von Arminius angeführte die einzige, die Erfolg hatte. Die in das römische Herrschaftssystem integrierte traditionelle Elite als Träger der Revolte, die nachwachsende Generation, die Rolle der Hilfstruppen, selbst die Grenzlage zwischen den Gebieten dichterer römischer Kontrolle und jenen Gebieten zur

Elbe hin, wo unserem Wissen nach die Herrschaft nicht mehr durch auf Dauer angelegte römische Militärlager ausgeübt wurde, lassen – von ihren Voraussetzungen her betrachtet – die Erhebung des Arminius gleichwohl als eine vergleichsweise typische Rebellion innerhalb des *Imperium Romanum* erscheinen.

*Die Beteiligten*

Als Raum der Erhebung gilt zumeist die «Germania». Aus der Vorgeschichte zur Varuskatastrophe geht hervor, dass der Aufstand bei den Cheruskern geplant wurde und Arminius und Segimer die Anführer waren.[73] Welche Stämme darüber hinaus zum Kreis der Verschworenen gehörten oder sich ihnen in der Folge anschlossen, wird nur in Umrissen deutlich: Die Vergeltungszüge des Germanicus zielten in massiver Weise auf Cherusker, Brukterer, Marser, Angrivarier und Chatten (vgl. Abb. 1 u. 13). Bei Brukterern und Marsern fanden sich auch zwei der drei verlorenen Legionsadler – der dritte wurde erst mehr als 30 Jahre später unter Claudius zurückgewonnen.[74] Für eine Beteiligung der Chatten sprechen überdies die Verschwägerungen ihrer führenden Familien mit dem Cheruskeradel. Schließlich lesen wir in einer Randnotiz, dass der Ampsivarier Boiocalus wegen seiner Romtreue auf Befehl des Arminius in Ketten gelegt worden war.[75]

Offensichtlich unbeteiligt waren an der Nordseeküste Friesen und Chauken, die sich auch nach 9 n. Chr. weiter an der Seite Roms finden.[76] Nichts wird über den Süden und Südwesten des germanischen Gebietes bekannt, doch liegen über diese Gegenden für die gesamte Okkupationszeit kaum Nachrichten oder archäologische Befunde vor. Der Zug der beiden Legionen des Asprenas an den Niederrhein zur Sicherung Galliens ist allerdings ein starkes Indiz dafür, dass von den südlicheren Rheinabschnitten keine aktuelle Gefährdung ausging.[77] Insgesamt lassen sich demnach für die Teilnehmer des Überfalls auf Varus im wesentlichen Stammesgebiete im Bereich der nördlichen Mittelgebirge und Mittelgebirgsausläufer, von mittlerer und oberer Ems bis zur Weser, von oberer Lippe bis oberer Ruhr und – mit den Chatten – vielleicht auch noch im Bereich von Fulda und Eder erschließen.

Ob es vor dem Überfall zu einem förmlichen Bündnis der Beteiligten mit gemeinsam verabredeten Zielen gekommen ist, erscheint fraglich. Cassius Dio bemerkt ausdrücklich, dass viele Germanen sich erst anschlossen, als der erste Überfall Erfolg hatte.[78] Darüber hinaus verweist kaum etwas auf Verbindungen zwischen den germanischen Stämmen: Dass man sich etwa in der Zeit der Drususfeldzüge wechselseitig unterstützt hätte, ist nicht erkennbar. Und selbst für die Germanicusfeldzüge gibt es nicht den geringsten Hinweis, dass Arminius beispielsweise den mehrfach von Rom angegriffenen Marsern oder den Brukterern Beistand geleistet hätte.[79] Eine Ausnahme bilden allein die Chatten, denen die Cherusker einmal zur Hilfe kommen wollten. Doch gerade dieser Versuch scheint vor allem wieder aus den verwandtschaftlichen Verbindungen zwischen den Führungsfamilien der beiden Stämme zu resultieren.[80] Für die Zeit der römischen Herrschaft in Germanien kam hinzu, dass die Art ihrer Ausübung – hier die Privilegierung einiger Stämme als Alliierte, dort die Behandlung anderer als Unterworfene – einer Solidarisierung überdies entgegenwirkte.[81]

*Die Eigendynamik der Erhebung*

Kernland der Rebellion war das Stammesgebiet der Cherusker, die von Rom in besonderer Weise gefördert worden waren. Doch selbst innerhalb dieses Stammes sind verschiedene Gruppen auszumachen:[82] Arminius und Segimer als Anführer der Revolte standen Segestes und wohl auch Inguiomer als Verteidiger des Bündnisses mit Rom gegenüber. Die Quellen lassen erkennen, dass innerhalb des Cheruskeradels über einen längeren Zeitraum hinweg ein heftiger Streit zwischen den Familien tobte, der auch Rangpositionen zum Gegenstand hatte. Vor diesem Hintergrund könnte ein Streit der Stammesmitglieder um die Stellung zur Okkupationsmacht durchaus auch nur eine Fortsetzung der alten Konflikte gewesen sein, mithin also kaum mehr als ein Mittel der innercheruskischen Auseinandersetzungen.[83] Der Angriff auf das Heer des Varus zwang dann alle, sich zu positionieren: Segimundus, der Sohn des Segestes und zu dieser Zeit Priester an der *Ara Ubiorum*, lief zu den Aufständischen über; Sesithacus, der Sohn des Segimer und Neffe des Segestes, zeigte seine Zugehörigkeit, indem er sich an der Leiche des Varus verging.[84] Flavus, der Bruder des Arminius, hielt Rom die Treue. Mit der noch am Kampfplatz vorgenommenen Opferung römischer Tribunen und Zenturionen band Arminius alle Beteiligten zu einer Schicksalsgemeinschaft, denn jeder wusste, dass Rom darauf mit massiver Vergeltung am ganzen Stamm reagieren würde.[85] Es scheint, dass mehr noch als die Planung die Tat selbst das Entscheidende war.[86] Der von ihm verantwortete Erfolg trug Arminius nicht nur die Stellung des Anführers bei den Cheruskern ein, sondern auch die des Kriegsherrn bei all denen, die durch ihre – auch nachträgliche – Beteiligung Rom gegenüber schuldig geworden waren.[87]

Keine Andeutungen finden sich in den Quellen zum Überfall auf eine etwaige Auseinandersetzung innerhalb des Heeres. Die Ereignisse als Meuterei zu bezeichnen, erscheint als eine aus rechtssystematischen Überlegungen an die Ereignisse herangetragene moderne Deutung.[88] Doch ihren Vertretern gebührt das Verdienst, nicht nur die oft unbewusst herangezogenen nationalen Kategorien unseres geschichtlichen Denkens durch den irritierenden Gegenentwurf aufgebrochen, sondern auch die nicht zu bestreitenden militärischen Hintergründe des Überfalls wieder stärker ans Licht gehoben zu haben. Denn auch unabhängig von dem rechtlichen Status der cheruskischen Truppen durfte Varus bis zum Moment des Überfalls auf deren Unterstützung rechnen. Selbst die Annäherung der bewaffneten germanischen Kontingente an den Zug der Legionen erfolgte noch bis zum ersten Speerwurf unter der Maske von Verbündeten.[89] Hinzu kam aber auch noch das Spezialwissen – über die römische Militärtaktik, das erwartete Vorgehen, bevorzugte Wege, Marschordnung und Verpflegungssituation. Kenntnisse wie diese hatten die Germanen als Waffenkameraden der Römer gewonnnen, und sie kalkulierten sie klug bei der Planung ihres Überfalls mit ein. Selbst die militärische Schlagkraft der germanischen Kontingente war durch die Einsätze im Auftrag Roms und wohl ebenso durch verbesserte Ausrüstung gestärkt worden.

Den Kern der Angreifer bildeten die eher gefolgschaftlich organisierten und im Krieg erfahrenen cheruskischen Jungmänner um Arminius. Die Gespaltenheit der Cherusker verbietet selbst im Hinblick auf diesen einen Stamm, von einer gemeinsamen tragenden Idee zu sprechen. Um so weniger ist es angemessen, den Überfall auf das Varusheer als nationale Erhebung deuten zu wollen. Dies setzt, nicht zuletzt unter dem Eindruck des in unseren Quellen verwendeten Begriffs «Germanen» – der ja erst von außen an die Bewohner rechts des Rheins herangetragen wurde – eine Einheitlichkeit und ein einheitliches Empfinden voraus, die in der Wirklichkeit nicht existierten. Auch gibt es keine Indizien dafür, dass die Struktur der germanischen Stämme für einen derartigen Zusammenschluss überhaupt die gesellschaftlichen und politischen Voraussetzungen geboten hätten. Es stellt sich vielmehr die Frage, ob und – wenn ja – inwieweit dem Angriff auf die Legionen überhaupt ein auch längerfristige Perspektiven berücksichtigender Plan zugrunde lag: Denn all jenen, die mit den römischen Verhältnissen auch nur ein wenig vertraut waren, musste klar sein, dass Rom hinter den vernichteten Legionen noch eine weitaus größere Zahl von Truppenkörpern zur Verfügung hatte – und diese im Bedarfsfall auch einsetzen würde.

# 6. Die Varuskatastrophe als epochale Wende?

Nur wenige Tage nach der endgültigen Befriedung des schweren Aufstands in Pannonien kam die Vernichtung des Varusheeres völlig überraschend. Rom wurde nicht nur durch die Größe des Verlustes erschüttert. Hinzu kam auch, dass das Unglück Augustus in seiner ureigensten *provincia* traf: Aufgrund der Bedeutung, welche die militärische Überwindung der Germanen für die Selbstdarstellung der iulischen Familie erlangt hatte, war nicht nur die römische Außen- und Militärpolitik, sondern auch das persönliche Ansehen des Augustus in seinem Kern getroffen.

Der Herrscher, der sich über Monate nicht mehr rasierte und die Haare wachsen ließ, soll immer wieder mit dem verzweifelten Ausruf «*Quintili Vare, legiones redde!*» – «Quintilius Varus, gib mir die Legionen wieder!» – den ungepflegten Kopf gegen die Türen seines Zimmers gerammt haben. Das Bild ist geeignet, den Rang der Niederlage drastisch zu veranschaulichen. Zumal in der Rezeption ist es zum Symbol der gescheiterten Eroberung Germaniens geworden. Dem Untergang des Varusheeres kommt im Bewusstsein einer breiten Öffentlichkeit nicht nur der Platz eines radikalen Wendepunkts in der Beziehung zwischen Römern und Germanen zu, sondern ihm werden auch bis in die Gegenwart reichende Konsequenzen für die europäische Geschichte, wenn nicht für die Weltgeschichte überhaupt zugemessen.[1]

Um die Perspektive der Zeitgenossen handelt es sich dabei freilich nicht: Die Varuskatastrophe stellte weder militärisch noch politisch einen Einschnitt dar. Fraglos machte der Verlust von drei Legionen sie zu einer der besonders schweren Niederlagen des Römischen Reiches. Doch wegen eines einzigen militärischen Misserfolgs aus einem vormals beherrschten Gebiet zurückzuweichen, entsprach keineswegs römischem Selbstverständnis, und es war auch keine von Rom geübte Praxis. Um so mehr galt dies im Verhältnis zu einem Gegner, den man in seiner Lebensweise nicht nur als rückständig empfand, sondern der im militärisch-technologischen Bereich in der Tat nicht an Rom heranreichte. Die überragende Organisationsmacht Roms, die unvergleichlich reichhaltigeren Ressourcen, aber ebenso die Attraktivität der römischen Lebensführung – die auch auf die Germanen ausstrahlte und für sie eine Stellung in römischen Diensten oder als Partner des Imperiums durchaus reizvoll machte – waren schließlich auch in den Jahrzehnten zuvor in der Lage gewesen, die unzugänglichen germanischen Wälder den Römern auf unterschiedliche Weise zu erschließen.

In der Stadt Rom zeigte sich der ansonsten sieghaft strahlende Augustus durch seine öffentlich zur Schau getragene Trauer als ein Mensch, der selbst den Mächten des Schicksals ausgeliefert war: Dieses Verhalten half zugleich, von eigener Verantwortung abzulenken.[2] Zur Vermeidung von Unruhen ließ er überall in der Stadt Wachen aufziehen. Gallier und Germanen wurden aus der Stadt gewiesen, die germanische Leibwache des Herrschers auf eine Insel deportiert. Da der Heeresdienst für viele Italiker an Popularität verloren hatte und die Männer überdies – wegen der Herausbildung der Berufsarmee – der dem Grundsatz nach immer noch bestehenden Wehrpflicht entwöhnt waren, nahm Augustus unter massivem Einsatz von Zwangsmitteln Neuaushebungen vor. Das Aussetzen der üblichen Feste und das Geloben von Spielen für Iupiter Optimus Maximus – den höchsten unter den römischen Göttern –, so wie es bereits auf dem Höhepunkt des Kimbernkrieges praktiziert worden war, sollten die Größe der Gefahr veranschaulichen und allen Bewohnern des Reiches die Notwendigkeit des von Augustus verordneten Handelns deutlich machen.

### *Erste Reaktionen am Rhein*

Am Rhein bestätigten sich unterdessen die Befürchtungen nicht, die Germanen würden auch über den Strom vordringen und die gallischen Stämme zur Erhebung mitreißen. Schon mit der Ankunft der beiden Legionen des Lucius Asprenas am Niederrhein war diese Gefahr gebannt. Noch 9 n. Chr. oder Anfang 10 n. Chr. überquerte der Neffe des Varus den Strom und konnte so zur Befreiung der bei Aliso Eingeschlossenen beitragen.

Im Frühjahr 10 n. Chr. übernahm abermals Tiberius das Oberkommando. Die verlorenen Legionen wurden nicht nur ersetzt, sondern die einstige Zahl um zwei weitere auf insgesamt acht erhöht. Ovid fasste bereits im Jahr nach der Varuskatastrophe seine Siegeshoffnungen in Verse; doch es wird nicht recht klar, ob Tiberius in diesem Jahr überhaupt nach Germanien vorstieß.[3] Spätestens 11 n. Chr. überquerte der designierte Nachfolger des Augustus mit seinen Truppen den Rhein. Ovid malte sich unterdessen den Germanientriumph des Tiberius bereits in allen Einzelheiten aus.[4] Das Heer des Tiberius muss bis in den Spätsommer in Germanien geblieben sein: Den Geburtstag des Augustus am 23. September feierte der Feldherr noch mit Reiterspielen jenseits des Stroms. Die nur mit entsprechenden militärischen Aktionen in Germanien sinnvoll zu verbindende imperatorische Akklamation, die Augustus und Tiberius im selben Jahr entgegennahmen, deutet auf zähl- und messbare Erfolge hin. Doch aus unseren Quellen wird nichts über die Operationsgebiete des Tiberius bekannt. 12 n. Chr. setzte jener die Feldzüge fort, doch auch diesmal bleiben mögliche Gegner und durchzogene Regionen unerwähnt. Am Ende des Jahres übergab Tiberius seinem Neffen und Adoptivsohn die Truppen: Germanicus hatte ihn bereits im Jahr zuvor begleitet und soeben seinen ersten Konsulat absolviert, also die oberste römische Magistratur innegehabt.

Was in den vergangenen drei Jahren unter Tiberius durchgeführt und in Germanien erreicht worden war, lässt sich aufgrund der nur spärlich fließenden Quellen kaum feststellen. Sein Lobredner Velleius Paterculus rühmt, Tiberius habe in diesen Jahren die Kräfte Germaniens gebrochen, und Velleius äußert Unverständnis darüber, dass man dem Feldherrn keinen Triumph in Rom zugebilligt hatte. Anders Cassius Dio: Der Historiker – der aus seiner Grundeinstellung heraus und im Gegensatz zu den meisten anderen seiner Kollegen keiner expansiven Politik das Wort redete – resümiert knapp, Tiberius habe keine Unterwerfungen von Germanen entgegengenommen, und der Radius seiner Feldzüge sei begrenzt geblieben.[5] Eine weitere Informationsquelle sind Rückverweise in Berichten aus der Zeit der sich anschließenden Germanicusfeldzüge. Sie lassen allerdings erkennen, dass mit dem Wiederaufbau von Stützpunkten rechts des Rheins begonnen worden war. Darüber hinaus hatte die Varuskatastrophe für Kastelle im Bereich der Friesen, Chauken und im Vorfeld von Mainz möglicherweise keine oder kaum Konsequenzen, jedenfalls waren diese Positionen bald nach dem Ereignis wieder besetzt. Und ebenso fanden in diesen ersten Jahren nach der Vernichtung des Varusheeres erneut Flottenoperationen über die Nordsee hinweg statt, deren Ziel die nach Germanien hineinführenden Flüsse gewesen sein dürften.[6]

## 6.1 *Die Feldzüge des Germanicus*

Als Germanicus im Jahre 13 n. Chr. das alleinige Oberkommando über die Rheinlegionen übernahm, dürfte er im wesentlichen die Aktionen des Tiberius fortgesetzt haben.[7] Wohl schon in seinem ersten Jahr als Oberbefehls-

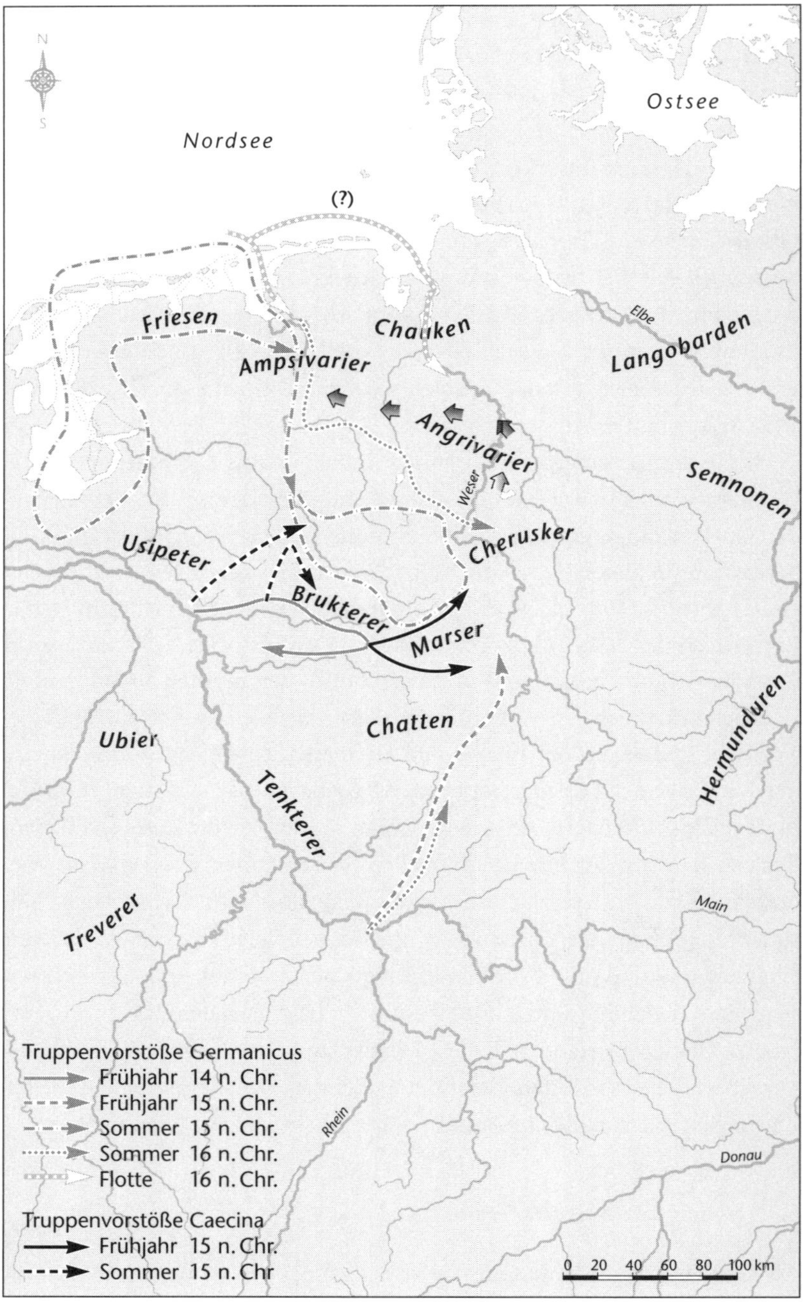


*Abb. 13 Die Feldzüge des Germanicus (14–16 n. Chr.)*

haber und mithin noch unter Augustus konnte auch er eine imperatorische Akklamation entgegennehmen: Die Auszeichnung ist ein deutliches Indiz dafür, dass der leibliche Sohn des Drusus in seinen Kompetenzen von Augustus nicht auf defensive Operationen festgelegt worden war.[8] Was Germanicus seinen Truppen und den Germanen in den folgenden Jahren bereiten sollte, war vielmehr ein blutiger und erbarmungslos geführter Offensivkrieg.

Im Herbst 14 n. Chr. konnte Germanicus zunächst eine Meuterei der Rheinlegionen, die unmittelbar nach dem Tod des Augustus ausgebrochen war, unterdrücken. Die Soldaten nutzten die politisch instabile Lage, die sich durch den Herrscherwechsel ergeben hatte, um kürzere Dienstzeiten und höheren Sold zu fordern. Dabei kam Germanicus auch nicht in Versuchung, dem Drängen der Soldaten nachzukommen, an Stelle des wenig beliebten Tiberius die Staatsführung zu übernehmen. Nach Niederschlagung der Meuterei führte der Feldherr die Truppen noch im Spätherbst in rechtsrheinisches Gebiet. Die Soldaten sollten Gelegenheit bekommen, sich mit dem Blut der Feinde von ihrer Schuld, die sie durch den Ungehorsam auf sich geladen hatten, reinzuwaschen.[9]

Ziel des Angriffs waren die germanischen Marser zwischen oberer Lippe und oberer Ruhr (vgl. Abb. 13). Die Legionen wurden auf Nebenwegen herangeführt und überraschten die Germanen während eines Festes. Wessen sie habhaft werden konnten, den metzelten sie nieder. In einem Umfeld von 50 römischen Meilen (rund 75 km) verwüsteten sie das ganze Land. Doch war ein Teil des Rückwegs nicht gesichert, und so erwarteten Brukterer, Tubanten und Usipeter die Legionen in einem Hinterhalt, den sie wahrscheinlich im Bereich der mittleren Ruhr gelegt hatten. Die Situation zwischen Wäldern und Hügeln erinnert abermals stark an das vom Untergang des Varusheeres bekannte Szenario. Den Soldaten des Germanicus, die in Kampfformation durch die besetzten Anhöhen stießen, gelang es jedoch, die Germanen in die Flucht zu schlagen.[10]

### *Der Feldzug des Jahres 15 n. Chr.*

Konzentriert und massiv – und ohne jeden äußeren Anlass – setzten die Römer den Angriffskrieg im Jahre 15 n. Chr. fort. Gleich im Frühjahr erfolgten zwei parallel vorgetragene Vorstöße des Unter- und des Obergermanischen Heeres.[11] Vier Legionen samt Hilfstruppen zogen unter dem Kommando des Aulus Caecina abermals gegen die Marser. Germanicus führte seinerseits das Obergermanische Heer von Mainz aus gegen die Chatten (vgl. Abb. 13). Die trockene Witterung erlaubte ihm ein schnelles Vorstoßen. Um den Vormarsch weiter zu beschleunigen, wurden die Wege erst im Rücken des Hauptheeres wetterfest ausgebaut. Im Taunus erneuerte man ein Kastell über einem bereits von Drusus errichteten Schutzposten, dessen Lokalisierung jedoch bis heute offen ist.

Das Stammesaufgebot der Chatten flüchtete vor den anstürmenden Legionen über die Eder. Kinder, Frauen und Greise, die nicht fliehen konnten, wurden von den römischen Soldaten gefangen genommen oder niedergemacht. An der Eder ließ Germanicus eine Brücke bauen, überquerte sie und steckte Mattium, den Hauptort der Chatten, in Brand. Auch das umliegende Land wurde verwüstet. Ein Teil der Chatten soll damals zu den Römern übergelaufen sein, andere flüchteten.

Als Germanicus sich bereits auf dem Rückmarsch befand, erreichte ihn die Nachricht, der Cherusker Segestes würde von einem Heeresaufgebot seines Schwiegersohns Arminius belagert. Der römische Feldherr ließ daraufhin seine Truppen umkehren und stieß abermals quer durch das chattische Gebiet bis zu den Cheruskern vor. Wohl ohne weitere Auseinandersetzung gelang ihm die Befreiung des Segestes, wobei ihm ebenso Thusnelda, die schwangere Gattin des Arminius, in die Hände fiel.

Nach dieser Aktion scheinen sich die Legionen wieder auf die Rheinlinie zurückgezogen zu haben, um bald darauf, mit neuer Ausrüstung und frischem Proviant versehen, zu einem Schlag gegen das Kerngebiet der Cherusker auszuholen. Auf getrennten Wegen wurden alle acht Legionen zu einem gemeinsamen Treffpunkt an der Ems geführt. Die Chauken schlossen sich dem Heer des Germanicus mit Hilfstruppen an. Eine leichte Einheit der Römer, die gegen die Brukterer geschickt worden war, fand dort zwischen den unbestattet gebliebenen Leichen und weiterer Beute aus der Varuskatastrophe den Adler der 19. Legion, die mit dem Feldherrn untergegangen war.

Das Hauptheer brach von dem gemeinsamen Treffpunkt an der Ems zu den «äußersten Brukterern» auf, als deren Siedlungsgebiet der Raum zwischen Ems und Lippe angegeben wird. In ‹bewährter Manier› verwüsteten die Legionen das Land, das sie durchzogen. Da sein Heer nicht mehr weit vom Ort der Varuskatastrophe entfernt war, entschloss sich Germanicus, den Gefallenen die letzte Ehre zu erweisen. Eine Vorhut bahnte den Weg durch schwieriges Gelände. Nachdem Germanicus den Schauplatz betreten und besichtigt hatte, befahl er, die sterblichen Überreste zusammenzutragen. So wurden sechs Jahre nach ihrem Tod die Soldaten des Varusheeres in einem Grabhügel ehrenvoll bestattet.[12] Im Anschluss daran nahm Germanicus die Verfolgung des offenbar stets in der Nähe weilenden Arminius wieder auf. Systematisch zog sich der Cherusker weiter ins Landesinnere zurück. Doch als ihm die geographische Situation günstig erschien, machte er Halt und stellte seine Truppen zum Kampf. Den ersten Ansturm römischer Reiter konnten die Germanen mit Wucht zurückschlagen, Gleiches gelang ihnen gegen die nachgerückten römischen Reserven. Erst als auch die Legionen herangerückt waren, brach Arminius den für ihn bis dahin siegreich verlaufenden Kampf ab.

Aber die Römer hatten nicht nur die germanischen Heeresaufgebote gegen sich: Zwei Legionen sollten auf Befehl des Germanicus den Rückweg entlang der Nordseeküste nehmen. Die dicht am Ufer marschierenden Truppen gerieten in eine Springflut und erlitten fürchterliche Verluste. Nicht viel besser erging es den vier niedergermanischen Legionen, die von Caecina angeführt wurden. Sie blieben weiter im Visier des Arminius. Der Cherusker war den römischen Truppen vorausgeeilt und schnitt ihnen an den *pontes longi*, einer strategisch günstigen Stelle wohl noch östlich der Ems, den Rückweg ab. Dem Heer, das zwischen Hügeln und unpassierbarem vorgelagerten Moor abermals in die «Varus-Falle» geraten war, gelang die Befreiung erst nach mehrtägigen Kämpfen.[13]

Die Bilanz des Feldzugsjahres war für die Römer ernüchternd. Zudem wurde die Bestattung der Gefallenen des Varusheeres von Tiberius offen kritisiert: Der Anblick der erschlagenen und unbestatteten Kameraden würde die Furcht der Soldaten vor diesem Gegner vergrößern und ihre Kampfkraft lähmen, auch hätte sich Germanicus aufgrund seines Priesteramtes als Augur nicht mit der Bestattung von Leichen befassen dürfen. Gleichwohl beschloss man am Endes des Jahres, dass Germanicus durch einen Triumph geehrt werden und die beteiligten Legaten die *ornamenta triumphalia* erhalten sollten. Diese Auszeichnungen, die einen siegreichen Abschluss der Kämpfe signalisieren sollten, können nur als unmissverständliches Signal des neuen Kaisers Tiberius gewertet werden, dass damit der Krieg in Germanien sein Ende gefunden habe.[14]

### *Der Feldzug des Jahres 16 n. Chr.*

Doch dessen ungeachtet setzte Germanicus die Feldzüge Anfang 16 n. Chr. kontinuierlich fort.[15] Erneut eröffneten parallel vorgetragene Vorstöße einerseits von Xanten aus entlang der Lippe und andererseits von Mainz aus gegen die Chatten die Aktionen (vgl. Abb. 13). Diesmal wechselte Germanicus, der eine der Heeresgruppen stets persönlich anführte, wieder an den niedergermanischen Abschnitt. In Obergermanien fielen leichte Einheiten unter dem Legaten Silius bei den Chatten ein und nahmen Frau und Tochter des Fürsten Arpus gefangen. Bereits gegen Ende des Vorjahres war es gelungen, durch eine wohl ganz ähnliche Kommandoaktion die Unterwerfung des Cheruskers Segimer, des Bruders des Segestes, sowie von dessen Sohn Sesithacus zu erreichen:[16] Es scheint, dass dabei die teils vormals mit den Römern verbündeten Germanenfürsten geradezu gezielt herausgefischt wurden. Vermutlich hatten diese nach dem Vorbild des Segestes ein eigenes Interesse, sich angesichts der Offensiven des Germanicus wieder rechtzeitig auf die römische Seite zu schlagen, und Rom zeigte, dass man seine alten Verbündeten nicht vergessen hatte: Segimer und Sesithacus jedenfalls wurde ihre Beteiligung an dem Überfall auf Varus genauso wie Segestes vergeben.

Germanicus führte seinerseits volle sechs Legionen zum Entsatz eines Kastells an der Lippe, das von den Germanen belagert wurde. Offensichtlich war es den Winter über mit römischen Truppen besetzt gewesen. Doch die Belagerer zogen sich noch vor der Ankunft des riesigen Heeres zurück. Allerdings hatten die Germanen den von Germanicus errichteten Grabhügel für die Gefallenen des Varusheeres zerstört, zudem einen Altar, der für den Vater des Germanicus errichtet worden war. All diese Aktionen können nur als Provokationen der Germanen gedeutet werden und zeigen, wie stark die Gegner des Germanicus sich mittlerweile ihm gegenüber fühlten. Germanicus seinerseits ließ den Weg zwischen dem Rhein und Aliso durch Schneisen und Dämme neu befestigen: Der Zusammenhang legt nahe, dass mit der Ortsangabe «Aliso» das zuvor von den Germanen belagerte Kastell gemeint ist.

Auch das weitere Vorgehen entsprach im Wesentlichen jenem des Vorjahres: In einer zweiten Aktion wurde abermals das Gesamtheer gegen die Cherusker geführt. Zur Vermeidung der langen und gefahrvollen Landwege schiffte man diesmal sämtliche Truppen über die Nordsee ein. Eine unsichere Textüberlieferung lässt nicht ganz deutlich werden, ob die Flotte bereits an der Ems, oder aber, wie es – der Strategie des Feldzugs entsprechend – eher einen Sinn ergeben würde, an der Mündung der Weser anlandete.[17] Die Rechnung jedenfalls, plötzlich mitten in Germanien zu stehen und so die Germanen zu einer Schlacht zu zwingen, ging auf. Doch in zwei großen Auseinandersetzungen, bei Idistaviso und am Angrivarierwall, konnten die vermeintlichen Stärken der Römer bei einer offenen Auseinandersetzung

*Abb. 14 Marmorbüste mit dem Porträt des Germanicus (Kopenhagen: Ny Carlsberg Glyptotek)*

nicht wirklich zur Geltung gebracht werden.[18] Und abermals erwies sich die Rückführung der Truppen als eigenes Problem: Jener Teil des Heeres, der zu Lande den Weg in die Winterquartiere nehmen sollte, kam diesmal ungeschoren davon. Doch der größere Teil der Truppen, der mit der Flotte eingeschifft wurde, geriet in einen mörderischen Sturm. Die manövrierunfähigen Schiffe wurden in den offenen Ozean getrieben, und die Soldaten mussten ihr Gepäck, die Verpflegung, ja sogar Pferde, Vieh und selbst ihre Waffen zur Entlastung der leckgeschlagenen Schiffe über Bord werfen. Wer nicht ertrank, strandete an unbekannten Inseln. Teile der römischen Truppen soll es bis nach Britannien verschlagen haben.

Germanicus selbst war mit seinem Dreiruderer an der chaukischen Küste gestrandet. Angeblich konnte er nur mit Mühe vom Freitod abgehalten werden. Dann suchte er jedoch die Küsten nach Überlebenden seines Heeres ab, wobei ihm auch soeben erst besiegte Stämme wie die Angrivarier halfen. Die aufgefundenen Soldaten führte er sodann zum Rhein zurück. Um den Germanen zu demonstrieren, dass sein Heer allen Widrigkeiten zum Trotz immer noch hinreichend schlagkräftig war, befahl er dem Gaius Silius mit 30 000 Fußsoldaten und 3000 Reitern erneut bei den Chatten einzufallen. Noch umfangreichere Verbände führte er selbst gegen die Marser.[19] Mit Hilfe eines übergelaufenen Fürsten gelang ihm dabei die Bergung eines weiteren Legionsadlers aus dem Heer des Varus: Ihn hatten die Marser an einem Kultplatz verwahrt. Die Episode macht zugleich deutlich, dass es trotz einer Kriegsführung, die geradezu auf die physische Vernichtung der Marser abzielte, unter ihnen immer noch Fürsten gab, die bereit waren, mit den Römern gemeinsame Sache zu machen.

*Die Abberufung des Germanicus*

Doch in Rom hatte man genug von dem Feldherrn im Norden, und der im Vorjahr offen zu Tage getretene Konflikt zwischen Tiberius und Germanicus entschied sich nun. Tiberius bemängelte abermals die Art der Kriegsführung und die hohen Verluste, auch wenn er sich bemühte, diese dem Germanicus nicht allein anzulasten. Er wies auf die von ihm selbst geführten Kriege in Germanien hin, in denen er *«plura consilio quam vi»* – «mehr durch kluges Vorgehen als durch Gewalt» – erreicht hätte. Das von Germanicus erbetene zusätzliche Jahr, im Laufe dessen er die seiner Meinung nach entscheidend geschwächten Germanen glaubte endgültig besiegen zu können, wurde ihm von Tiberius verwehrt. Mit dem Angebot eines Konsulats in Rom, dem Hinweis auf den noch zu feiernden Triumph und die Aussicht auf ein großes Kommando im Orient entzog Tiberius dem Germanicus die Führung über die Rheinlegionen.[20]

In Rom feierte Germanicus am 26. Mai 17 n. Chr. seinen Triumph *«De Cheruscis Chattisque et Angrivariis quaeque aliae nationes usque ad Albim colunt,»* das heißt «Über die Cherusker und Chatten sowie die Angrivarier und die anderen Volksstämme, die im Gebiet bis zur Elbe wohnen.»[21] Die glänzende Feier wird bei den zeitgenössischen Autoren üppig ausgemalt – und sie sollte sicherlich darüber hinwegtäuschen, wie wenig tatsächlich erreicht worden war.

Unsere Kenntnis der Germanicusfeldzüge ist geprägt von ihrer ungewöhnlich detaillierten Darstellung bei Tacitus. In dessen *Annalen* wird der jugendliche Germanicus am Rhein zum Gegenspieler des alternden Tiberius in Rom stilisiert, der seinem Neffen und Adoptivsohn mit Misstrauen und Missgunst begegnete. Befürchtungen, in dieser Hinsicht einer sehr subjektiven Perspektive des Tacitus aufzusitzen, konnten in den letzten Jahren vor allem durch Neufunde einiger spektakulärer Inschriften zurückdrängt werden, da sie eine in wichtigen Punkten immer wieder geradezu dokumentarische Arbeitsweise des Tacitus belegen. In den häufig zitierten offiziellen Beschlüssen bieten die *Annalen* ein offensichtlich weitgehend verlässliches Gerüst.[22]

*Möglicher Auftrag und Ziele der Germanicusfeldzüge*

Seinen lang anhaltenden Widerstand gegen die Politik des Tiberius dürfte Germanicus damit begründet haben, dass er sich noch als Vollstrecker der Politik des Augustus sah. Schon die Übertragung des Rheinkommandos an Germanicus hatte programmatischen Charakter, und sie ließ sich mit einem möglicherweise beabsichtigten Rückzug der Römer nach der Katastrophe des Varus auf die Rheingrenze schwerlich vereinbaren: Germanicus erhielt die höchste Kommandogewalt in einem Gebiet, für dessen Eroberung seinem Vater Drusus der Siegerbeinamen «Germanicus» verliehen worden war – ein Name, den er in seiner Eigenschaft als Sohn schließlich selbst tragen durfte. Ihm waren mit dem germanischen Kommando nicht nur alle Möglichkeiten gegeben, außenpolitisch in die Fußstapfen seines Vaters zu treten, sondern es wurden Konstellationen geschaffen, die dieses geradezu von ihm einforderten. Im Alter von 28 Jahren und ausgestattet mit großem Ehrgeiz unterstand ihm das gewaltigste Heer seiner Zeit, und ihm gegenüber lag der einzige Gegner, mit dem sich das Römische Reich noch im Kriegszustand befand.[23] Ausdrücklich berief sich Germanicus bei seinen Feldzügen immer wieder auf das Vorbild seines Vaters Drusus und forderte die Legionen auf, ihm zur Elbe zu folgen.[24]

Dass diese Leitlinie des Germanicus auch der Haltung des Augustus entsprach, verdeutlichen dessen *Res Gestae* als ein inschriftlich überliefertes – mithin aus diesen Jahren im Original erhaltenes – Selbstzeugnis von höchstem dokumentarischen Rang: Im außenpolitischen Teil dieses Tatenberichts rühmt sich Augustus der Ausdehnung der römischen Herrschaft an allen Grenzen des Reiches. Das von ihm in Germanien Erreichte ist eingebunden in eine überaus kunstvolle Formulierung, mit der er von Spanien über Gallien bis nach Germanien einen großen Bogen schlägt und die äußeren Grenzen des so umfassten Raums präzise benennt: «Die Provinzen Galliens und Spaniens, ebenso Germanien habe ich befriedet, ein Gebiet, das der Ozean von Gades bis zur Mündung der Elbe umschließt.»[25]

Die «Befriedung Germaniens bis zur Elbe» gibt den für 8 v. Chr. mehrfach überlieferten und beim Triumph des Tiberius 7 v. Chr. gefeierten Zustand wieder.[26] Erstmals niedergeschrieben wurden die *Res Gestae* wohl um 2 v. Chr. Für dieses Jahr entspricht die Formulierung nicht nur der offiziellen Doktrin, sondern sie dürfte auch den tatsächlichen Zustand der um sich greifenden römischen Herrschaft in Germanien wiedergegeben haben. Veröffentlicht wurden die *Res Gestae* allerdings erst nach dem Tod des Augustus im Jahre 14 n. Chr.: Wie verhielt sich mithin die Notiz des Augustus zur nicht wegzudiskutierenden Varuskatastrophe?

Von der Forschung erwogen wurde, dass die Formulierung «ein Gebiet (…) bis zur Mündung der Elbe» von Augustus ganz bewusst doppeldeutig gewählt wurde, und zwar als Resultat einer redaktionellen Änderung anlässlich der letzten Überarbeitung des Leistungsberichts von ca. 13/14 n. Chr. Denn mit Friesen und Chauken (vgl. Abb. 1) gab es in der Tat auf einem schmalen Streifen entlang der Nordseeküste germanische Stämme, die auch noch nach der Varuskatastrophe zu Rom hielten und – wie etwa die Friesen – selbst ihre Tribute weiterhin bezahlten: Augustus hätte also einerseits durch die geschickte Aneinanderreihung von Spanien, Gallien und Germanien seinen Lesern die Befriedung von Räumen vergleichbarer Größe suggeriert, andererseits durch die geschickte Eingrenzung der Aussage auf die «*Mündung* der Elbe» eine offenkundige Unwahrheit vermieden. Allerdings darf diese feinsinnige Diskussion nicht dafür blind machen, dass Augustus – selbst für den Fall, dass diese Stelle so zu verstehen sein soll – bewusst eine Doppeldeutigkeit gewählt hat und er eben nicht auf die Erwähnung der Elbe verzichten mochte – und damit auch nicht auf die öffentliche Feststellung, dass dieses Gebiet von ihm befriedet worden sei: Die Kontrolle Germaniens ist in den *Res Gestae* nicht Anspruch, sondern Tatsache. Der Varuskatastrophe billigte Augustus in seinem für die Nachwelt gedachten Leistungsbericht jedenfalls keine politischen Konsequenzen von Dauer zu – es war ein nicht weiter erwähnenswerter, zudem sicherlich bald behobener «Betriebsunfall» der ansonsten makellosen römischen Erfolgsgeschichte unter seiner Ägide.

Ob die Auffassungen des Augustus und des Tiberius über die künftig gegenüber Germanien zu verfolgende Politik bereits zu Lebzeiten des Augustus voneinander abwichen, scheint denkbar, vielleicht sogar wahrscheinlich, ist aber nicht sicher zu erweisen.[27] Die Urteile darüber, wer von den beiden in den letzten Lebensjahren des Augustus der militärpolitisch Realistischere, Zurückhaltendere, wenn nicht Ängstlichere, und wer der energischer Durchgreifende war, fallen in der Forschung unterschiedlich aus. Fraglos war Tiberius in seiner Zeit der mit Abstand beste Kenner der Verhältnisse in Germanien. Dabei dürfte das ungestüme, allzu rücksichtslose und mit hohen Verlusten erkaufte Vorwärtsdrängen des Germanicus wesentlich dazu beigetragen haben, dass Tiberius die weiteren Offensiven einstellen ließ. Ihm musste auch auffallen, dass bei dem gewaltsamen Vorgehen des Germanicus jeder Ansatz zu einer zielführenden politischen Neuordnung fehlte: «Sie möchten mit dem Gemetzel fortfahren», lässt Tacitus seinen Helden in der Schlacht am Angrivarierwall den Legionen zurufen, «Gefangene nützten ihnen nichts, allein der Untergang des Volkes würde dem Krieg ein Ende machen.»[28] Indem Germanicus gegen Arminius aber nicht einmal offene Feldschlachten eindeutig zu seinen Gunsten entscheiden konnte, drohte er sogar, das Prestige des römischen Heeres zu verspielen.

Etwas über zwei Jahre nach seinem Triumph starb Germanicus im Osten des Römischen Reiches. Ein ausführlicher, an mehreren Stellen des Imperiums veröffentlichter Ehrenbeschluss, die sogenannte *Tabula Siarensis*, verzeichnete seine Verdienste. Im Hinblick auf Germanien heißt es in dieser Inschrift, dass er die Germanen besiegt, sie von Gallien sehr weit abgedrängt und zudem die verlorenen Feldzeichen wiedergewonnen, somit die Niederlage des Varus gerächt habe.[29] Der Kontrast zum Triumph über die «bis zur Elbe besiegten Völker» konnte größer kaum sein: Die nach dieser Formulierung tatsächlich erreichten Ziele der Germanicusfeldzüge, nämlich die Abdrängung der Germanen vom Rhein, entsprachen schwerlich den hochfliegenden Absichten des Feldherrn während seiner Kämpfe, und sie entsprachen auch nicht den Absichten des Augustus. Es scheint, dass Tiberius nur zwei Jahre nach dem Triumph des Germanicus die öffentlichen Ehrenbezeugungen für den verstorbenen Augustusenkel geschickt nutzte, um nachträglich seine eigene, weit defensivere Konzeption der römischen Germanienpolitik auf offizielle Weise zum angeblich gemeinsam verfolgten Ziel zu erklären.[30]

## 6.2 *Der Tod des Arminius*

Der große Gegenspieler des Germanicus in jenen Jahren war Arminius, der in den Quellen als Anführer des germanischen Widerstands erscheint. Dank des ausführlichen Berichts in den *Annalen* des Tacitus verfügen wir über ein recht gutes Bild des Cheruskers in dieser Zeit. Direkte Reden der Protagonisten und Ausmalungen der bewaffneten Auseinandersetzungen verleihen der Erzählung des römischen Autors freilich eine verführerische Lebendigkeit und Dichte, die nicht mit den historischen Tatsachen gleichzusetzen sind. So ist es abermals eine Gradwanderung, die tatsächlichen Geschehnisse von ihrer Gestaltung durch Tacitus sorgfältig abzuscheiden.

*Arminius als Feldherr*

Arminius wird von Tacitus als umsichtig planender Heerführer vorgestellt, der seinem Gegenüber ganz und gar ebenbürtig war.[31] Die üblichen Barbarenbilder passen nicht mehr auf ihn. Seine bevorzugte und immer wieder angewandte Strategie war die des Überfalls auf die in langer Reihe auseinandergezogenen Legionen während des Marsches – eine Schwachstelle des römischen Heeres, die er konsequent zu nutzen verstand. Die gezielte Auswahl enger Passagen zählte ebenso zu dieser Strategie wie – nach einem römischen Vorstoß, den er durch geschicktes Zurückziehen oft ins Leere laufen ließ – der Überfall auf die Legionen während des Rückmarschs. Die prekäre Verpflegungssituation der römischen Truppen, die ihnen die Möglichkeit zu großräumigen Ausweichaktionen oder zur Umkehr nahm, scheint dabei von Arminius klug und präzise eingeplant gewesen zu sein. In einer Auseinandersetzung mit seinem Onkel Inguiomer wird der Überfall auf die im Marsch befindlichen Kolonnen geradezu zu der dem Arminius eigenen Strategie. Vermutlich wäre sie auch im angeführten Fall die erfolgreichere Vorgehensweise gewesen: Doch Arminius wurde überstimmt, und der von Inguiomer bevorzugte direkte Angriff auf das römische Lager endete für die cheruskischen Truppen in einem Desaster.[32]

Darüber hinaus war Arminius in der Lage, seine Truppen in römischer Manier zur Schlacht aufzustellen.[33] Bei Idistaviso scheute er selbst vor einem mit acht Legionen und zahlreichen Hilfstruppen angetretenen Gegner nicht zurück: Schätzungen der römischen Truppenstärke reichen bis zu einer Größenordnung von 80 000 Mann. Arminius beherrschte die Auswahl eines optimalen Schlachtortes, der seinem Heer – etwa durch natürliche Begrenzungen oder günstiges Gefälle – Vorteile bot, aber auch die Bildung von offenen oder versteckten Eingreifreserven, die er zu gegebener Zeit zum Einsatz brachte, und taktische Manöver wie etwa die vorgetäuschte Flucht, während der er plötzlich seine Soldaten sich wieder gegen den Feind wenden ließ.[34] Seine Truppen wussten diszipliniert den Zeitpunkt des Angriffs einzuhalten, folgten den Vorgaben, auf welche Art sie den Gegner angreifen sollten,[35] ebenso verstanden sie sich auf Belagerungen und konnten kriegswichtige Geländearbeiten durchführen.[36] Feldherrnreden vor der Schlacht – mit der psychologisch wichtigen Ermutigung der eigenen Soldaten und der entsprechenden Herabwertung des Gegners – lassen Arminius in der Überlieferung wie einen römischen Heerführer agieren; indem er Überläufer durch Geldversprechungen und weitere Belohnungen lockte, die an den Dienst in den römischen Hilfstruppen angepasst waren, zeigte er sich zugleich als ideenreicher Provokateur.[37] Im Kampfgetümmel tat er sich durch die Wucht seines körperlichen Einsatzes hervor: «Mit seinen Händen, seiner Stimme und unter Wunden» hielt er bei Idistaviso die Schlacht, als sich das Kriegsglück gegen die Germanen zu wenden schien.[38] Chaukische Hilfstruppen, die auf römischer Seite kämpften, ermöglichten dem Cherusker in dieser Situation schließlich ein Entkommen. Wenn sie ihn wissentlich durch ihre Reihen flüchten ließen, so war auch dies eine Form der Respektsbezeugung. Selbst wenn Germanicus 16 n. Chr. gleich zwei Schlachtensiege über die Cherusker und ihre Verbündeten feierte, so ist der Darstellung des Tacitus doch deutlich zu entnehmen, dass es Arminius am Ende gelungen war, sich gegen die römischen Berufssoldaten in zwei offenen Feldschlachten weitgehend zu behaupten.

### *Die Stellung des Arminius unter den germanischen Stammesfürsten*

Auch wenn Arminius in diesen Jahren als Führer des germanischen Widerstands erscheint, so war seine Stellung weder bei den Cheruskern konkurrenzlos, noch war sie im Kreis der germanischen Stämme unstrittig: Jene Zerwürfnisse, die innerhalb der cheruskischen Führungsschicht im Vorfeld des Überfalls auf Varus zu Tage getreten waren, setzten sich auch nach 9 n. Chr. fort. Damals hatte freilich noch ein Beschluss des Stammes der romfeindlichen Position des jugendlichen Arminius zum Durchbruch verholfen und seinen Kontrahenten Segestes in die Pflicht genommen.[39] Nach seinem Sieg eröffnete Arminius den Konflikt mit dem alten Rivalen erneut, indem er Thusnelda, die Tochter des Segestes, raubte. Hinzu kam, dass diese von ihrem Vater bereits einem anderen versprochen worden war.[40] Als Thusnelda, mittlerweile schwanger von Arminius, wieder bei ihrem Vater war, ließ dieser seine Tochter nicht mehr fort. So zog jener, ungeachtet der gerade angelaufenen Offensiven des Germanicus, im Frühjahr 15 n. Chr. mit seinen Gefolgsleuten gegen die Burg des Segestes. Diese Belagerung erst rief Germanicus auf den Plan und brachte Segestes und seinen Anhängern die Befreiung, Thusnelda hingegen, die in unverbrüchlicher Treue zu Arminius stand, die Gefangenschaft. Zwei Jahre später, beim Triumph des Germanicus, wurde die Spaltung der Cherusker in drastischer Weise vorgeführt: Während Segestes in Rom auf der Ehrentribüne saß, wurden seine Tochter Thusnelda, sein Sohn Segimund sowie Thumelicus, der mittlerweile zur

Welt gekommene Sohn des Arminius, als Gefangene durch die Straßen der Stadt getrieben und der neugierigen Bevölkerung vorgeführt.[41] Im Anschluss an den Triumph scheint man Thusnelda und Thumelicus allerdings mit Respekt behandelt zu haben.[42] Dass das Schicksal dem in Ravenna aufgewachsenen Sohn des Arminius später noch übel mitspielen sollte, deutet Tacitus zwar an, doch fallen diese Ereignisse wohl in jene Jahre, für die wir – aufgrund des fragmentarischen Charakters der *Annalen* – keine Überlieferung besitzen: Spätestens 47 n. Chr. war Thumelicus tot. Allein Italicus, der Sohn des Flavus, hatte bis zu diesem Zeitpunkt aus der alten Führungssippe der Cherusker überlebt (vgl. Abb. 11).[43]

Die Gefangennahme der Thusnelda trieb den erzürnten Arminius zu weiterer Agitation. Seinen Gegner griff er offen an: «Das sei ein vortrefflicher Vater, ein großer Feldherr, ein starkes Heer, die mit so vielen Händen eine einzige Frau abgeführt hätten.»[44] Nach Tacitus gelang es dem Arminius damals, sowohl die Cherusker als auch einige von deren Nachbarn für den Kampf gegen Germanicus zu gewinnen. Zu den seinerzeit zu Arminius Übergetretenen gehörte auch sein Onkel Inguiomer. Ähnlich wie Segestes hatte er in früheren Zeiten bei den Römern in hohem Ansehen gestanden.[45] Ab diesem Zeitpunkt findet er sich in allen großen militärischen Auseinandersetzungen unter den Gegnern Roms. Fatalerweise war er es, nicht der jugendlich ungestüme Arminius, der bei dem Hinterhalt an den *pontes longi* zum Sturm auf das Lager des Caecina riet – und so die Befreiung der römischen Legionen erst ermöglichte. In den Kämpfen selbst wurde Inguiomer schwer verwundet. Gleichwohl tat er sich in den späteren Schlachten von Idistaviso und am Angrivarierwall erneut hervor:[46] Als bewährter Militär und Heerführer, zudem Führer einer sehr großen Zahl eigener Klienten, stand Inguiomer dem Arminius kaum nach. Später sollte der Markomannenkönig Maroboduus behaupten, dass sogar der entscheidende Plan zur Vertreibung der Römer nicht auf Arminius, sondern auf Inguiomer zurückzuführen und dieser der ganze Stolz der Cherusker sei.[47]

Auf der Ebene der germanischen Stämme war jener Maroboduus der Gegenspieler des Arminius. Eine Beteiligung des Cheruskers als Führer eigener Hilfstruppen an dem römischen Angriff auf Maroboduus im Jahre 6 n. Chr. erscheint durchaus möglich (vgl. Kap. 3.1): Die lebenslange Feindschaft hätte demnach – was das Verhältnis zu Rom betrifft – einen geradezu paradoxen Auftakt genommen. Während der Niederschlagung des Aufstands in Pannonien verhielten sich beide auf ihre Weise Rom gegenüber loyal. Nach seinem

Sieg über den Legaten sandte Arminius dem Maroboduus das abgeschlagene Haupt des Varus. Der Vorgang wird zumeist als Angebot an den Markomannenkönig gedeutet, sich der gemeinsamen Sache anzuschließen. Doch implizierte dies sicherlich keine Bereitschaft des Arminius, sich dem Maroboduus unterzuordnen – wie dieses oft ausgelegt wurde; vielmehr zeugt die Geste eher von einer ihrer selbst bewussten Stärke:[48] Für den Fall des Zusammengehens war der Rang eines jeden klar erkennbar.

Unmittelbar nach der Abberufung des Germanicus brach der schwelende Konflikt zwischen Arminius und Maroboduus offen aus. Der Zeitpunkt der Eskalation ist zugleich ein Indiz dafür, dass der zumindest vorläufige Verzicht auf ein weiteres militärisches Eingreifen Roms für die Germanen erkennbar gewesen sein muss. Beide Parteien zogen zur großen Feldschlacht gegeneinander. Auf der einen Seite standen die Cherusker und ihre Bundesgenossen, das «alte Heer des Arminius».[49] Es dürften jene Kämpfer gewesen sein, die mit ihm gegen Germanicus gefochten und ihr persönliches Schicksal an den Cherusker gebunden hatten. Aus den Gebieten an der Elbe stießen die Semnonen und Langobarden zu ihnen. Sie waren von Maroboduus abgefallen und kämpften nun an der Seite des Arminius um ihre neue Unabhängigkeit: Viel spricht dafür, dass die Unterstützung, die der ambitionierte Arminius ihnen zuteil werden ließ, überhaupt erst zum Anlass für die bewaffnete Konfrontation der beiden germanischen Fürsten wurde.

Auf der Gegenseite stand Inguiomer, der abermals die Seiten gewechselt und sich mit seinen Klienten dem Maroboduus angeschlossen hatte: Wenn Tacitus als Argument anführt, Inguiomer hätte sich seinem jüngeren Neffen nicht unterordnen wollen – gegen den er sich bei der Absprache des weiteren Vorgehens an den *pontes longi* ja noch hatte durchsetzen können –, so scheint dies bereits auf einen machtvoller vertretenen Führungsanspruch des Arminius zu verweisen.[50] Nach der eher unentschieden verlaufenden Schlacht, in der sich beide germanische Fürsten als begabte Schüler Roms erwiesen und ihre Truppen ganz in der Art römischer Legionen gegeneinander geführt hatten, zog sich Maroboduus auf einen Hügel ins Lager zurück. Doch wurde ihm dieser Rückzug auch von den eigenen Gefolgsleuten als Zeichen der Niederlage ausgelegt.[51]

### *Die Ermordung des Arminius*

Diese innergermanische Schlacht war der Anfang vom Ende des Maroboduus – aber auch des Arminius. Von Maroboduus fielen die Gefolgsleute ab, und er bat schließlich Tiberius um Hilfstruppen im Kampf gegen die Cherusker. Tiberius lehnte dieses Ansinnen mit dem Argument ab, die Markomannen hätten ihrerseits, als Rom gegen denselben Gegner vorgegangen sei, die Legionen doch auch nicht unterstützt.[52] Allerdings entsandte der römische Herrscher seinen Sohn, den jüngeren Drusus, als Vermittler an die Donau: Drusus sah freilich seine Aufgabe vor allem darin, durch politische Initiativen den Machtverfall des Maroboduus voranzutreiben. Dem Markomannenfürsten blieb schließlich nichts anderes übrig, als zum Schutz vor seinen innenpolitischen Gegnern Zuflucht zu Rom zu nehmen. Tiberius wies ihm Ravenna als Asyl an, wo der Markomannenkönig – pikanterweise am selben Ort wie der Sohn des Arminius – noch 18 Jahre lebte.[53]

Nur kurze Zeit später traf in Rom ein schriftliches Angebot eines Chattenfürsten namens Adgandestrius ein, Arminius zu vergiften.[54] Tiberius lehnte das Angebot ab, weil er es für nicht vereinbar mit der Würde des römischen Volkes hielt. Doch belegt der Brief des Chattenfürsten, dass einige Germanen immer noch auf eine Kooperation mit den Römern setzten. Darüber hinaus lassen die bekannten verwandtschaftlichen Verbindungen zwischen chattischem und cheruskischem Adel vermuten, dass der Vorstoß des Chatten bereits Ausdruck der sich zuspitzenden inneren Konflikte unter den Cheruskern war:[55] Nach dem Sieg über Maroboduus legte Arminius offene Bestrebungen an den Tag, sich von der Stellung eines Kriegsherrn zu der eines Königs aufzuschwingen. Der «Freiheitssinn des Volkes» stand jedoch laut Tacitus diesem Ansinnen entgegen. So gingen Anhänger und Gegner des Arminius mit Waffengewalt gegeneinander vor, und man kämpfte mit wechselndem Erfolg. Dass in dieser Lage den Führungsrivalitäten innerhalb des cheruskischen Adels wohl eine mindestens so große Rolle wie dem – vom überzeugten Republikaner und Monarchiekritiker Tacitus mit Blick auf die innenpolitischen Verhältnisse in Rom betonten – Freiheitssinn des Volkes zukam, bestätigt das Ende des Arminius: Seinem Aufstieg durch den plötzlichen Überfall auf Varus nicht ganz unähnlich, war es eine *Hinterlist* – ins Werk gesetzt von seinen eigenen Verwandten – der Arminius im Alter von 37 Jahren schließlich zum Opfer fiel. Welcher Art diese Ränke waren, überliefert uns Tacitus freilich nicht.

### *Frieden oder Freiheit: Der inszenierte Arminius*

Tacitus begnügt sich in seinen *Annalen* nicht mit der Darstellung der Ereignisgeschichte, sondern bietet sorgfältig konstruierte und – natürlich – fingierte Reden und Redenpaare, um die Motive der untereinander so gänzlich zerstrittenen germanischen Fürsten offenzulegen und zu erörtern. In der Verteidigung des abermals zur römischen Seite übergelaufenen Segestes vor Germanicus, ferner in der Szene eines Zwiegesprächs zwischen Arminius und seinem im römischen Heer kämpfenden Bruder Flavus, das über die Weser hinweg geführt worden sein soll, und schließlich in den Reden des Arminius und des Maroboduus vor ihren Heeren werden in prinzipieller Weise die Positionen für oder gegen eine Kooperation mit Rom vorgetragen:[56] Flavus hebt darin die Größe Roms, seine Macht zu strafen, aber auch die Milde hervor, die Rom den Unterworfenen zuteil werden lasse. Und ganz im Sinne der *pax Romana* – des von Rom gebrachten, seinem Inhalt nach aber auch von ihm bestimmten Friedens – argumentieren Segestes und Maroboduus, dass der Wunsch nach Frieden doch Römer und Germanen miteinander verbinde. In diesem Sinne betont Maroboduus, dass er dem Frieden, der unblutig ist, den Vorzug gegenüber jedem Krieg geben würde, und Segestes hebt hervor, dass er seine Freunde und Feinde entsprechend den römischen Interessen wählen würde, um den Frieden zu wahren.

Die romfreundlichen Cherusker Segestes und Flavus werden unter der Feder des römischen Autors zur Partei des Friedens stilisiert und als Anhänger der alten Verhältnisse – gemeint ist allerdings die Situation nach der Ankunft Roms in Germanien – sowie der Beständigkeit *(constantia)* und Treue *(fides)* gezeichnet. Aus deren Perspektive verkörpert Arminius in allem das Gegenteil: die Unruhe und das Neue, den Bruch der Verträge und immer wieder die Untreue *(perfidia)*. Doch Arminius seinerseits erkennt in der Treue des Segestes und des Flavus nur Zeichen der Knechtschaft *(servitia)*, und den Maroboduus schmäht er gar als einen «Satelliten des römischen Herrschers». Was die anderen ihm als Untreue vorwerfen, ist dem taciteischen Arminius hingegen eine «Pflicht gegenüber dem Vaterland, der angestammten Freiheit (und) den heimischen Göttern».[57] Die Abkehr von diesen Werten ist für Arminius der eigentliche Verrat: Freiheit oder Frieden, Treue und Untreue prallen in diesen Dialogen als unversöhnliche ideologische Konzepte aufeinander und lassen sich nicht eindeutig zueinander positionieren. Nur Maroboduus vermag – aus seiner Perspektive – Unfreiheit als Folge von Untreue herauszuarbeiten, wenn er es dem Arminius als dessen persönliche Schuld anrechnet, dass Thusnelda und sein Sohn in Gefangenschaft seien; dies habe Arminius durch seinen Verrat an Rom selbst verursacht.[58]

*Arminius als Politiker*

Dem von Arminius bemühten Freiheitsbegriff bringt Tacitus durchaus Sympathie entgegen, doch einen entsprechend edlen Charakter bzw. die Verfolgung eines ausschließlich höheren Ziels attestiert er dem Cherusker nicht: Angeborene Gewalttätigkeit habe Arminius ausgezeichnet; er sei ein Unruhestifter gegen das Bestehende gewesen und zudem jemand, der allein von unruhigen Zeiten habe profitieren können und diese Konflikte deshalb auch gefördert habe. Wenn Arminius schließlich bezichtigt wird, für sich persönlich die Königsherrschaft erlangen zu wollen, so steht eine solche Position nach römischem Verständnis in eklatantem Gegensatz zu dem von Arminius beanspruchten Freiheitsgedanken: In der Umwertung aller Werte gerät damit auch der von Arminius ausgefochtene Kampf um die Freiheit unter den Verdacht, in Wahrheit nicht mehr als ein Instrument zur Errichtung einer eigennützigen Alleinherrschaft gewesen zu sein.

Tatsächlich scheint es sich so verhalten zu haben, dass Arminius seine Anhänger vor allem immer erst durch den Verweis auf Gegner mobilisieren konnte, so dass Konflikte das Fundament seiner Führungsstellung bildeten. Der gelungene Überfall auf Varus war der Ausgangspunkt für die Erlangung seiner Führungsposition, die Feldzüge des Germanicus stabilisierten diese. Doch als die integrierende Kraft eines äußeren Gegners nach dem Abzug des Germanicus fehlte, wandten sich seine Landsleute gegen den Führungsanspruch des Arminius, der Tacitus zufolge damals den Gefahren des Hochmuts *(superbia)* erlag.[59] Arminius war Feldherr, kein Politiker. Die Prophezeiung des kühlen Taktikers Tiberius, dass man die Cherusker und die anderen Stämme der Germanen ruhig ihren eigenen Konflikten überlassen könne, traf in besonderer Weise auf das Wirken des Arminius zu – und sie beruhte sicherlich auf direkter persönlicher Kenntnis.[60]

Das Gegenbild zur Rolle des Arminius bietet die Herrschaft des Maroboduus, der es verstand, innerhalb zweier Jahrzehnte mit großem politischen Geschick ein fest institutionalisiertes Königtum aufzubauen. Tiberius selbst widmete dem politischen Ende des Markomannenkönigs einen eindrucksvollen Nachruf: «Vor dem Senat legte Tiberius dar, nicht Philipp hätten die Athener, nicht Pyrrhos oder Antiochos das römische Volk in gleichem Maße (wie jenen Maroboduus) zu fürchten brauchen. Die Rede ist erhalten, in der er die Bedeutung des Mannes, die unbändige Kraft der von ihm unterworfenen Völker und die für Italien gefährliche Nähe des Feindes (...) hervorgehoben hat.»[61] Dieser Einschätzung entspricht es, wenn in den frühen Quellen zur Varuskatastrophe der Name des Arminius nicht einmal erwähnt wird – als germanische Führungspersönlichkeit war Arminius den Römern zu jener Zeit wohl weder hinreichend bekannt, noch erwartete man, dass er eine geschichtliche Bedeutung erlangen würde. Nur Strabon – der vermutlich Augenzeuge des Germanicustriumphs war und dem wir eine ganze Fülle von Eigennamen germanischer Fürsten verdanken – gibt dem Heerführer der Cherusker, der den Überfall auf Varus leitete, einen Namen. Doch im selben Atemzug charakterisiert Strabon Arminius vor allem als denjenigen, der den Krieg gegen die Römer fortsetzte:[62] Und auch Tacitus hat dem Cherusker erst in dieser Funktion als Gegner des Germanicus ein für uns erkennbares Profil verliehen.

## 6.3 *Das Ende der Quinctilier*

Das abgeschlagene Haupt des Varus, das von Arminius seinen makabren Weg zunächst zum Markomannen Maroboduus und von dort nach Rom genommen hatte, wurde von Augustus den Quinctiliern zur Bestattung in der Familiengruft übergeben.[63] Eine symbolische Ächtung des Varus, etwa um der Öffentlichkeit einen Haupt- oder Alleinschuldigen zu präsentieren, fand nicht statt. Von einer gewissen Vertrauensseeligkeit abgesehen, die in einigen der Quellen aufscheint, wurden in erster Linie der Verrat und die Hinterlist der Feinde verantwortlich gemacht – zudem das Schicksal: Dessen Wirken entzog das Geschehen vollends der den Menschen gegebenen Gestaltungsmöglichkeiten.[64]

Auf die weitere Stellung der Angehörigen des Varus in Rom hatte die verheerende Niederlage in Germanien keinen Einfluss. Der politische Aufstieg seiner Neffen setzte sich beispielsweise fort. Waren kurz vor seinem Tod bereits Lucius Nonius Asprenas (6 n. Chr.) und Sextus Nonius Quinctilianus (8 n. Chr.) zum Konsulat gelangt, so wurden Publius Cornelius Dolabella im Jahre 10 n. Chr. und Sextus Appuleius im Jahre 14 n. Chr. Konsuln. Als Statthalter erhielten die Neffen mit *Africa* und *Asia* die wichtigsten und vornehmsten Provinzen zur Verwaltung angewiesen:[65] Ungeachtet der Ereignisse des Jahres 9 n. Chr. blieben die Quinctilii höchst geachtete und von Augustus beständig geförderte Mitglieder der Gesellschaft. In besonderer Weise galt dies für die Witwe des Varus. Als Freundin der einflussreichen jüngeren Agrippina, der Gemahlin des Germanicus, war Claudia Pulchra eine der großen Damen ihrer Zeit.[66] Der engen Verbindung der beiden Mütter dürfte es zu verdanken gewesen sein, dass P. Quinctilius Varus im Herbst 18 n. Chr. sogar mit Iulia Livilla, der jüngsten Tochter des Germanicus, verlobt wurde (vgl. Abb. 9): Damit sollte neun Jahre nach der Niederlage des Varus und etwas über ein Jahr nach dem großen Germanientriumph des Germanicus der Sohn des so furchtbar gescheiterten Legaten zum Schwiegersohn des Triumphators und präsumtiven Nachfolgers des Tiberius werden!

Die Umtriebigkeit des Segestes, der sich nach 15 n. Chr. als beständiger Freund des Imperiums und Mahner erfolgreich zu profilieren versuchte, ging offensichtlich nicht zu Lasten des Varus. Obwohl die Version des Germanen, derzufolge der umgekommene Feldherr vielleicht allzu leichtfertig Warnungen in den Wind geschlagen hatte, durchaus Verbreitung fand, verletzten direkte Vorwürfe an die Adresse des Varus noch in den zwanziger Jahren des 1. Jahrhunderts n. Chr. ein Tabu: Als der für verbale Tiefschläge berüchtigte Rhetor Lucius Cestius Pius in einer Anspielung dem P. Quinctilius Varus die Niederlage seines Vaters vorhielt, galt dies dem älteren Seneca als ein Musterbeispiel unanständigen Verhaltens.[67]

Zu einer Wende in der Beurteilung des Varus kam es erst einige Jahre später: Im Jahre 26 wurde in Rom Claudia Pulchra von dem ambitionierten Aufsteiger Domitius Afer angeklagt.[68] Es war dies die Zeit der berüchtigten Hochverratsprozesse unter Tiberius; in Rom herrschte ein Klima der Angst, Verfolgung und Missgunst. Das die üblichen Verdächtigungen zitierende Verfahren – unsittlicher Lebenswandel, Giftmischerei und Zauberei zu Lasten des Prinzeps – zielte über Claudia Pulchra im Kern auf eine Beschädigung der jüngeren Agrippina: Entsprechend unmöglich war es der mittlerweile verwitweten Gattin des Germanicus, ihrer Vertrauten zu helfen. Im Jahr darauf zog Domitius Afer den Sohn des Legaten gleichfalls in das für die Angeklagten aussichtslose Verfahren hinein.[69] An diesem Punkt endet die Überlieferung zu den Quinctiliern. Mit der Anklage und dem Ausscheiden der Familie aus der Führungsschicht des Reiches war allerdings auch das Andenken des Feldherrn seines Schutzes beraubt.[70]

### *Die Entstehung des verzerrten Varus-Bildes*

Schon in seiner drei Jahre später abgefassten Römischen Geschichte gab Velleius Paterculus eine verzerrende Karrikatur des Toten: «Quinctilius Varus (...) war von milder Gemütsart, ruhigem Temperament, etwas unbeweglich an Körper und Geist, mehr an müßiges Lagerleben als an den Felddienst gewöhnt. Dass er wahrhaftig kein Verächter des Geldes war, beweist seine Statthalterschaft in Syrien: Als armer Mann betrat er das reiche Syrien, und als reicher Mann verließ er das arme Syrien. (3) Als er Oberbefehlshaber des Heeres in Germanien wurde, bildete er sich ein, die Menschen dort hätten außer der Stimme und den Gliedern nichts Menschenähnliches an sich. (...) (4) (...) die Zeit des Sommerfeldzugs (brachte er) damit zu, von seinem Richterstuhl aus Recht zu sprechen und Prozessformalitäten abzuhandeln.»[71]

Das vernichtende Urteil erscheint an dieser Stelle zum ersten Mal. Vermutlich war Velleius selbst sein Urheber. Erwachsen ist es auf der einen Seite aus dem von Velleius bewusst konstruierten Gegensatz des römischen Feldherrn zum Charakter des Arminius, der nach dem Schriftsteller «tüchtig im Kampf und rasch im Denken (war und) ein beweglicherer Geist, als es die Barbaren gewöhnlich sind.»[72] Auf der anderen Seite griff Velleius auf eine vorhandene Topik negativer Charakterisierungen zurück. Das Bonmot zur syrischen Statthalterschaft nimmt kurioserweise eine dem Varus selbst vorgetragene Klage der Bewohner Judäas gegen Herodes auf. Und nur wenige Kapitel zuvor beschreibt Velleius inhaltlich durchaus ähnlich, wenn auch rhetorisch weniger brillant, den – von ihm gleichfalls herabgewürdigten – Marcus Lollius als einen Mann, «dem der Gelderwerb allgemein mehr am Herzen lag als eine ordentliche Amtsführung».[73] Beide Passagen bedienten das ebenso beliebte wie in der Öffentlichkeit weit verbreitete Bild vom römischen Magistraten, der sich in den Provinzen unrechtmäßig bereicherte.

Zu Lebzeiten des Legaten – oder gar in unmittelbarer zeitlicher Folge seiner syrischen Statthalterschaft – wären solche Anwürfe und Urteile undenkbar gewesen. Allein schon die Zugehörigkeit zur Familie des Herrschers hätte Varus davor geschützt. Doch auch wenn Velleius ihn an einer rhetorisch weniger stilisierten Stelle zurückhaltender als «durchaus ernsthaften Mann mit den besten Absichten» würdigt,[74] so sind es vor allem die Charakterisierungen jener abschätzig formulierten Passage – mit denen sich Velleius in der Zeit der Verfolgung der Quinctilii zugleich selbst positionierte –, die seitdem das Bild von Varus nachhaltig bestimmt haben und Ausgangspunkt weiterer negativer Ausmalungen der Persönlichkeit des Varus geworden sind:

So bezeichnete Theodor Mommsen den Legaten als «Mann von fürstlichem Reichtum wie von fürstlicher Hoffart, aber von trägem Körper und stumpfem Geist und ohne jede militärische Erfahrung und Begabung.» Allein der «Kopf- und Mutlosigkeit des römischen Feldherrn» war nach Auffassung des Historikers die Schuld am Untergang der Legionen anzulasten.[75] Als ein «anmaßende(r) und stumpfsinnige(r) Grand-Seigneur» erschien der «von allen guten Geistern verlassene P. Quinctilius Varus» Ernst Hohl, und «diesen Popanz mit der Verwaltung Germaniens zu betrauen» war nach diesem Historiker ein «verhängnisvolle(r) Entschluss des greisen Augustus».[76] Auch wenn in der jüngeren Forschung die Charakterisierungen weniger farbenreich ausfallen, so ziehen sich die in krassem Widerspruch zur sachgerechten Amtsführung des Varus in Syrien stehenden Vorwürfe hinsichtlich seiner angeblichen militärischen Unerfahrenheit und seines fehlenden Fingerspitzengefühls bis heute durch die meisten Darstellungen.[77]

Die antiken Gewährsmänner, die nicht in der Velleius-Tradition stehen, gehen hingegen in ihrer Beurteilung der politischen Urteilsfähigkeit des Varus kaum über die Andeutung einer gewissen Unbedachtheit hinaus. Und selbst dieser Vorwurf fand seine Grenzen darin, dass es ja doch Verbündete Roms und von Tiberius und Augustus ganz besonders geförderte – und im Hinblick auf Arminius und Tiberius sicherlich persönlich bekannte, wenn nicht miteinander vertraute – Führer der Germanen waren, denen Varus geglaubt und damit seinen Untergang bereitet hatte. Gerade Cassius Dio spricht im Zuge seiner sorgfältigen Analyse der politischen Strukturen der römischen Herrschaft und der Situation in Germanien vor dem Überfall auf Varus den Legaten im Prinzip von jeder persönlichen Schuld an der entstandenen Gegnerschaft der Germanen frei.[78]

Was darüber hinaus an Vorwürfen Bestand hatte, erhellt am besten das Verhalten des Tiberius während dessen Feldzügen in Germanien nach der Varuskatastrophe: Um sich vor fatalen Fehleinschätzungen zu schützen, beriet er – entgegen seiner sonstigen Gewohnheit – alle Fragen immer gleich mit mehreren Ratgebern. Er verschärfte überall die Aufsicht und gewährte jedem, der über einen kriegswichtigen Sachverhalt im Zweifel war, direkten Zugang zu sich. Das Heer wurde wieder in den Zustand einer schlagkräftigen Expeditionsarmee versetzt und war, ebenso wie der Feldherr selbst, jederzeit – selbst während des Essens – im Alarmzustand und auf eine kriegerische Auseinandersetzung vorbereitet. Wenn Tiberius schließlich dazu überging, selbst spontane Entscheidungen nur in schriftlich beglaubigter Form an die Truppenführer weiterzugeben, so bestätigt diese bemerkenswerte Notiz, dass die Verschwörer um Arminius offenbar im allerengsten

Umfeld des römischen Legaten hatten agieren und offensichtlich selbst falsche Befehle – mit denen sie angeblich im Namen des Oberbefehlshabers sprachen – hatten überbringen können.[79]

Doch auch bei diesen sorgfältigeren Vorkehrungen des Tiberius im Vergleich zu Varus ist in Rechnung zu stellen, dass Varus sich mit seinem Heer in einem seit Jahren befriedeten Gebiet wähnen durfte – und deshalb durch geheuchelte Loyalität so verletzlich war –, während Tiberius in der Situation des offenen Krieges handelte. Insgesamt erscheint es angemessen, zwischen den die Person des Varus verunglimpfenden Vorwürfen des Velleius und konkreten Nachlässigkeiten des Legaten – wie sie in der Reaktion auf den Überfall auch noch in dem Parallelbericht zu Caecina an den *pontes longi* angedeutet sind[80] – zu unterscheiden, wenn man sich einer gerechten Einschätzung nähern will. Und in diesem Zusammenhang ist es dann schon bemerkenswert, dass sich bei dem in frühtiberischer Zeit schreibenden Strabon noch kein negatives Urteil über Varus findet, und auch Cassius Dio in seinem ausführlichen Bericht keine derartigen Vorwürfe gegen den Legaten erhebt bzw. überliefert: Dies aber ist für uns ein wertvolles Indiz dafür, dass die von ihm benutzte literarische Vorlage noch aus einer Zeit vor dem Ende der 20er Jahre des 1. Jahrhunderts stammt, also aus einer Zeit bevor Velleius Paterculus sein gleichermaßen vernichtendes wie geschichtsmächtiges Urteil in die Welt setzte, welches das Ansehen des Varus als Person so nachhaltig beschädigte.

# 7. Die Suche nach dem Ort der Varuskatastrophe

Die Bemühungen, den Verlauf und die historischen Hintergründe der Varuskatastrophe zu rekonstruieren, begleitet seit Jahrhunderten der intensive Wunsch, auch den Ort des Ereignisses zu identifizieren. Bis heute ist die Suche nach dem Schauplatz des Überfalls auf Varus eines der besonders leidenschaftlich diskutierten Themen zur Geschichte der Römer in Germanien. An dieser Debatte beteiligten und beteiligen sich nicht nur professionelle Archäologen und Historiker, sondern unterschiedlichste Vorschläge wurden und werden von kenntnisreichen Lokalforschern und von Laien verschiedenster beruflicher Herkunft vorgelegt. Für manche von ihnen ist die Klärung dieser Frage zu einem wichtigen Teil des eigenen Lebens geworden.

Die Gründe für solch ein Engagement sind vielfältig: Oft ist es nur der Wunsch, einem Mythos durch seine Verortung in einem konkret existierenden Raum Anschaulichkeit zu verleihen – so wie viele Laien und Forscher die *Ilias* Homers mit den Ausgrabungen von Troia verbinden und dann ihre Schlüsse ziehen. Seit der Zeit der Humanisten und bis in die Anfänge des vergangenen Jahrhunderts war die Suche nach dem Ort der Varuskatastrophe zudem Teil einer nationalen Identitätssuche, die in dem Wunsch nach der Verortung dieser primordialen Tat der «Deutschen» – eben des Sieges über Varus und der Vertreibung der Römer – ihre ins Topographische gewendete Fortsetzung fand. Überreste einer solchen Identitätssuche, die von der zugeschriebenen Bedeutung eines Platzes als Ort der Varuskatastrophe lebt, existieren heute kaum mehr auf nationaler, eher noch auf einer regionalen oder lokalen Ebene, die der eigenen Heimat zu einem besonderen historischen Rang verhelfen soll. Schließlich ist für die Gegenwart, die von solchen geschichtsmächtigen Vorstellungen weniger belastet ist, eine Form von «privatistischer Teilhabe» charakteristisch: hervorgerufen durch die eigene Entdeckung eines Ortes als Schauplatz des Ereignisses, durch die Herstellung einer persönlichen Verbindung zu einem solchen Platz oder einfach als «Erlebnis» – etwa durch den Besuch des Ortes, an dem Arminius die Legionen des Varus geschlagen haben soll.[1]

## 7.1 *Mehr als 700 Theorien*

Im Mittelalter, als die meisten Schriften der antiken heidnischen Autoren verschollen waren oder zumindest nicht mehr von einem breiteren Publikum gelesen wurden, besaßen die Menschen vor allem noch über das Geschichtswerk des spätantiken christlichen Autors Orosius (5. Jh. n. Chr.) Kenntnis von der Varuskatastrophe als einem historischen Ereignis.[2] Bischof Otto von Freising verband in seiner zwischen 1143 und 1146 verfassten Chronik den Niedergang der Legionen des Varus mit einer in Süddeutschland verbreiteten Legende, der zufolge ein römisches Heer bei Augsburg vollständig vernichtet worden sein soll. In der Sage selbst wurden unterschiedliche Personen und Episoden aus der römischen und mittelalterlichen Geschichte in ziemlich abenteuerlicher Weise miteinander vermengt. Doch erfreute sich die auf diesem Wege getroffene Lokalisierung in den folgenden Jahrhunderten großer Beliebtheit. Nicht zuletzt haben viele Augsburger Gelehrte, deren Ansehen weit über die Grenzen ihrer Heimatstadt hinausreichte, diese Zuschreibung mit neuen Argumenten zu untermauern versucht. Einer von ihnen war der berühmte Augsburger Humanist Konrad Peutinger (1465–1547). Er suchte in seiner Stadt auch nach archäologischen Überresten der Römer und konstruierte gelehrte Verbindungen zwischen Orts- und Flurnamen aus der Umgebung der Stadt und dem Untergang des Varusheeres. Der nicht weniger bekannte Augsburger Humanist Conrad Celtis vertrat noch 1506 die Ansicht, dass die Legionen des Varus bei Augsburg vernichtet worden wären.

Andere Vorschläge galten dem Versuch, das Ereignis beispielsweise in der Gegend von Mainz oder auch von Frankfurt zu lokalisieren. Doch fanden diese niemals eine vergleichbare Verbreitung wie die Augsburger Lesart. Die Vorstellungen von der Varuskatastrophe – soweit sie die darin verstrickten Personen, den Ablauf des Geschehens und selbst ihre Datierung betraf – waren damals alles andere als klar: Gänzlich unbekannt war etwa der Name des Arminius als Anführer der Germanen. Der Name des Varus verschmolz bei Otto von Freising mit jenem des Verres – dem übel beleumundeten Statthalter Siziliens zur Zeit Ciceros (106–43 v. Chr.) –, was zu weiteren Verwechselungen führte. Die Zahl der vernichteten Legionen wurde gar mit bis zu fünfzehn angesetzt, und datiert wurde die Niederlage zumeist noch in die vorchristlichen Jahrzehnte.

*Die Lokalisierung der Varuskatastrophe nach Tacitus*

Eine völlig neue Grundlage bekam die Suche nach dem historischen Ort, als man im Jahr 1507 die *Annalen* des Tacitus entdeckte. Die Schrift bot erstmals geographische Anhaltspunkte zur ungefähren Lokalisierung der Varusniederlage: In seinem Geschichtswerk beschrieb der römische Autor, wie die Truppen des Germanicus den Kampfplatz aufsuchten. Den Unglücksort selbst lokalisierte Tacitus im «*saltus Teutoburgiensis*», der *nicht weit* entfernt von den «äußersten Brukterern» gewesen sein soll. Als deren Siedlungsraum wiederum gibt er das Gebiet zwischen den Flussläufen von Ems und Lippe an.[3]

Die seit damals gleichwohl über Jahrhunderte hinweg erfolglosen Bemühungen, mit Hilfe dieser Angaben den Ort der Varuskatastrophe ganz genau zu identifizieren, dürfen nicht darüber hinwegtäuschen, dass Tacitus, gemessen an seinen Möglichkeiten, eine ausgesprochen präzise Ortsbestimmung bot. Er bediente sich gleich mehrerer geographischer Orientierungspunkte: Allem voran stand die Angabe der Flussläufe. Die Flüsse dienten nicht nur den römischen Militärs als wichtige Landkennungen zur Untergliederung des Raums zwischen Rhein und Elbe, sondern sie halfen auch den über Germanien berichtenden Autoren in besonderer Weise, sich und ihrem Publikum eine Vorstellung von der Geographie des Raumes zu schaffen und darin Orientierung zu vermitteln. Zudem erfolgte mit dem Hinweis auf die «äußersten Brukterer» in bewährter Weise der Rückgriff auf eine Topographie, die bestimmte Gebiete über die Nennung der dort siedelnden Stämme definierte; schließlich konnte Tacitus mit der Bezeichnung «*saltus Teutoburgiensis*» sogar einen ganz konkreten Namen für einen Platz mitten in Germanien anbieten. Platz und Namen müssen den Römern über dieses Ereignis hinaus bekannt gewesen sein, wenn sie so offensichtlich zur differenzierenden Orientierung in der Region eingesetzt werden konnten. Wie sehr damals innerhalb weniger Jahrzehnte die Kenntnis germanischer Topographie zugenommen hat, macht ein Vergleich mit den Angaben bei Caesar deutlich, der den gesamten rechtsrheinischen Mittelgebirgsraum einfach noch als «Herkynischen Wald» bezeichnete, welcher sich nach seinen Vorstellungen in unendliche Weiten Richtung Osten erstreckte.

Bevor die Truppen des Germanicus in den *saltus Teutoburgiensis* aufbrachen, waren sie zuvor aus Westen und Norden bis zur Ems vorgestoßen. Vermutlich trafen sie sich an einem Punkt ungefähr bei Rheine. Bis hierhin dürfte die Ems in römischer Zeit schiffbar gewesen sein. Der Vorstoß in das

Gebiet zwischen Ems und Lippe kann von hier aus nur Richtung Süden bzw. Südosten erfolgt sein und muss sich den Oberläufen der beiden Flüsse genähert haben.

Der Name *saltus Teutoburgiensis* kommt in der gesamten antiken Literatur nur bei Tacitus und nur an dieser Stelle vor: Der lateinische Begriff *saltus* bezeichnet im allgemeinen einen mit Höhen und Schluchten durchzogenen Landstrich; die Endung des Wortes *Teutoburgium* deutet auf eine Burg, vielleicht auch einen befestigten Hof.[4] Jedenfalls wurde der Ort *Teutoburgium* für den umliegenden *saltus* namensgebend. *Saltus* und *burgus* gemeinsam verweisen eher auf eine hügelige Landschaft. Bereits der Reformator Melanchthon (1497–1560) hat auf der Grundlage des Tacitustextes in dem «nicht weit» von den Oberläufen von Ems und Lippe östlich gelegenen Osning den «*saltus Teutoburgiensis*» gesehen. Diese Deutung hat nicht nur rasch Anklang gefunden, sondern schließlich auch zur Umbenennung dieses Gebirgszuges von «Osning» zu dem für uns so geläufigen wie selbstverständlichen Namen «Teutoburger Wald» geführt: Bei dem «Teutoburger Wald» handelt es sich also nicht um einen jener alten und oft so hartnäckig über Jahrtausende unverändert gebliebenen Landschaftsnamen; vielmehr ist die Bezeichnung das Resultat einer erst aus humanistischer Gelehrsamkeit und auf der Grundlage des Tacitustextes erwachsenen Umbenennung der Frühen Neuzeit.[5]

Der Text des Tacitus wurde von Georg Spalatin 1535 zwar noch in ganz anderer Weise zur Auffindung des Ortes der Varuskatastrophe genutzt, wenn er die «Teutoburg» aufgrund des Gleichklangs der Namen bei «Duisburg» suchte. Doch alle ernstzunehmenden Versuche gründeten seit jener Zeit auf den bei Tacitus so präzise gegebenen und in sich widerspruchsfreien Ortsangaben, bezogen sich also auf den dort umrissenen Winkel zwischen Ems und Lippe. Grundsätzliche Bedeutung kam darüber hinaus allerdings der Frage zu, ob die bei Tacitus erfolgte Distanzangabe von diesem Winkel aus bis zum Unglücksort «*haud procul*» (nicht weit) als eine Entfernung von nur wenigen Stunden oder aber von mehreren Tagen gedeutet werden darf: Denn eine Funktion dieser Angabe war sicherlich auch, den später von Tiberius so heftig kritisierten Besuch des Katastrophenortes durch Germanicus als eine von dem Feldherrn aus nachvollziehbaren Gründen genutzte Gelegenheit erscheinen zu lassen. Dass Germanicus den Besuch des Platzes von Anfang an bei der Konzeption seines Feldzugs eingeplant hatte, daran wird man allerdings kaum zweifeln wollen.

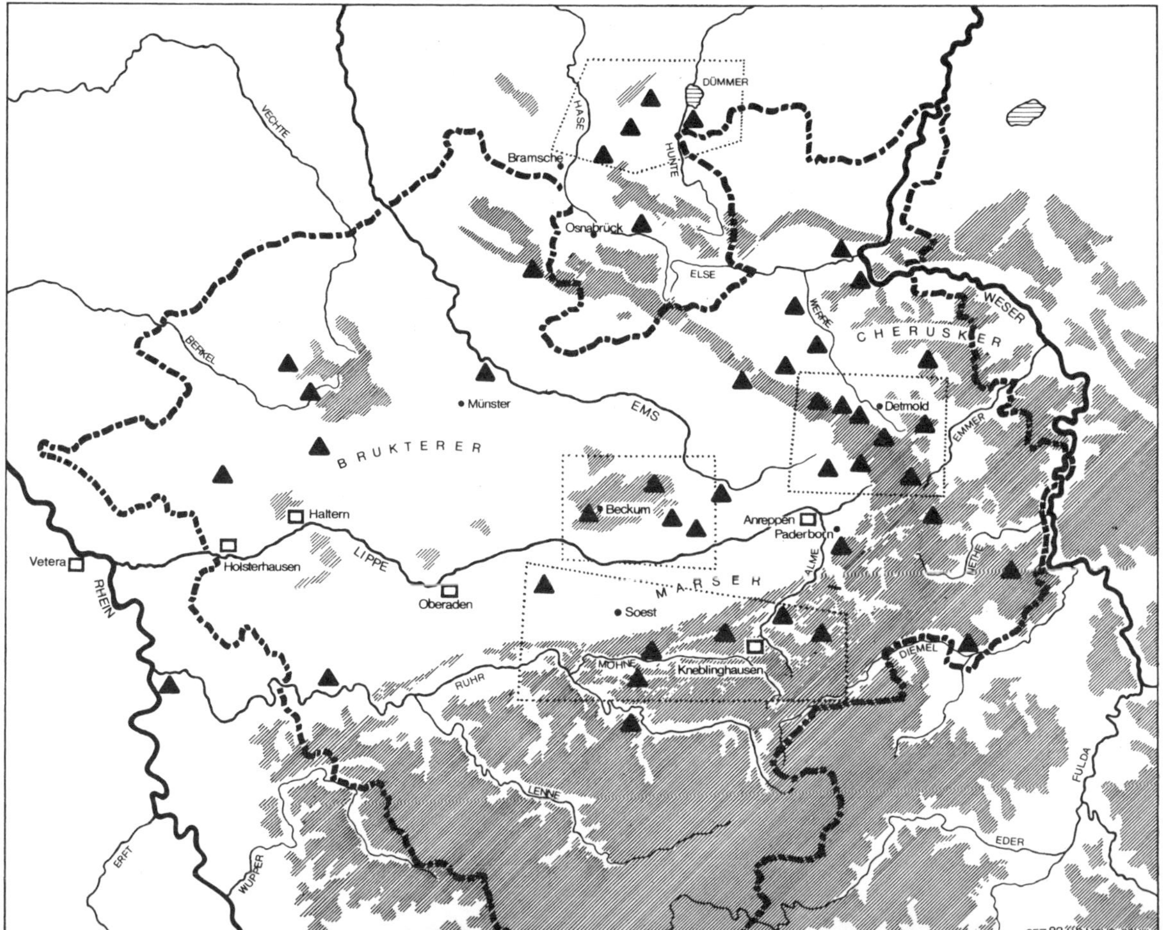


*Abb. 15*
*Vorschläge zur Lokalisierung der Varuskatastrophe (= ▲) und Haupttheorien*

*Weitere antike Quellen zur Lokalisierung der Varuskatastrophe*

Die von den anderen antiken Autoren überlieferten direkten und indirekten Hinweise zum Ort der Katastrophe sind weniger präzise, wenn auch durchaus geeignet, Tacitus zu ergänzen: Cassius Dio nennt als Ausgangspunkt des verhängnisvollen Varuszuges das Gebiet der Cherusker im Bereich der Weser. Der Überfall selbst soll noch auf dem Gebiet befreundeter Stämme stattgefunden haben. Das Gebiet der Cherusker als Ort des Überfalls nennt Strabon, der mit nur geringem zeitlichen Abstand zu dem Ereignis schrieb und sich gerade in Namen und Details als gut informiert erweist.[6] Die Cherusker siedelten wohl zum überwiegenden Teil westlich der Weser, und das von ihnen bewohnte Gebiet lässt sich durch den Siedlungsbereich der anderen Stämme eingrenzen (vgl. Abb. 1): Im Norden waren Chauken und Angrivarier ihre Nachbarn, im Westen Brukterer, im Südwesten Marser und im Süden die Chatten. Brukterer, Angrivarier, Marser und Chatten waren neben den Cheruskern dann auch jene Stämme, gegen die sich die Feldzüge des Germanicus in erster Linie richteten: Mit diesen von Germanicus nicht nur angegriffenen, sondern durch großräumige Verwüstungen regelrecht terrorisierten Stämmen – zu erinnern ist insbesondere an seine wiederholten blutrünstigen Aktionen gegen die Marser, die am schlimmsten unter ihm zu leiden hatten[7] – befinden wir uns wieder in einem Gebiet, das von den Oberläufen von Ems und Lippe «nicht weit entfernt» ist. Ergänzend lassen zwei verschiedene Erwähnungen – einmal zur Zeit des Varus und ein anderes Mal zur Zeit des Germanicus – auf eine Verbindung zwischen dem an der Lippe gelegenen *Aliso* und dem unbekannten Unglücksort schließen: Ob diese nun aus einem richtigen Weg bestand, bleibt unklar, doch scheinen die Plätze prinzipiell untereinander erreichbar gewesen zu sein. Freilich bieten diese viel diskutierten Stellen bei Frontinus und Tacitus im Hinblick auf mögliche Richtungen und Distanzen keine substantiellen Aufschlüsse.[8]

*Bisherige Theorien zum Ort der Varuskatastrophe*

Im Bereich jener Mittelgebirge, welche Lippe und Ems umgeben, und selbst in der eher ebenen Landschaft zwischen diesen beiden Flüssen gibt es kaum einen Ort, der bislang noch nicht als Schauplatz der Varuskatastrophe in Betracht gezogen worden ist. Schon vor Jahrzehnten wurden mehr als 700 Theorien gezählt – und diese Zahl ist längst zu einem viel zitierten Topos geworden.[9] Die verschiedenen Vorschläge sind von Harald von Petrikovits in übersichtlicher Weise zu vier Haupttheorien gebündelt worden

(Abb. 15):[10] Eine Nordtheorie, die den Katastrophenort am Nordrand des Wiehen- und Wesergebirges oder in dessen ebenem Vorland lokalisiert; eine Nordosttheorie, deren Vertreter das Gebiet des heutigen Teutoburger Waldes bzw. die Landschaft zwischen diesem und der Weser bevorzugen; eine Münsterländer Theorie, mit dem Gebiet westlich bzw. südwestlich des Teutoburger Waldes, und schließlich eine Südtheorie, der zufolge das Bergland südlich der Münsterländer Bucht der Ort des Geschehens war.

Die Zahl der bis in die Gegenwart erscheinenden Bücher zur Bestimmung jenes Platzes, an dem Varus mit seinen Truppen unterging, ist Legion.[11] Einer der letzten prominent gewordenen Versuche war jener von Wilhelm Leise. In seinem 1986 veröffentlichten Buch «Wo Arminius die Römer schlug» führt Leise seine Leser – mit den bei Cassius Dio gegebenen Geländemerkmalen im Gepäck, unter Rekonstruktion alter Wege sowie mit etymologischen Rückschlüssen – über Wasserscheiden auf den «Streitberg» in den Arnsberger Wald.[12] Nicht nur von den Medien wurde er dafür gefeiert, und Jürgen Busche lobte nachdrücklich: «Leises Buch stellt eine exzeptionelle Leistung dar. Selten ist interdisziplinäres Arbeiten in der Alten Geschichte in einer Monographie so glänzend zum Erfolg geführt worden wie hier. (…) Manch einer wird fragen, ob man wissen muss, wo die Varus-Schlacht geschlagen wurde. Leise zeigt, dass man es wissen kann.»[13] Und der Sender Freies Berlin resümierte: «Der Verfasser hätte es verdient, dass man fortan statt von der ‹Schlacht im Teutoburger Wald› von der ‹Schlacht im Arnsberger Wald› sprechen würde.» – Freilich konnte der Vorschlag, die Namensgebung «Teutoburger Wald» zu korrigieren, nur eine Anregung für den römischen Autor Tacitus sein. Rasch erlebte Leises Buch eine zweite und dritte Auflage.

Doch letztlich stieß Leises Vorschlag an dieselben Grenzen wie alle bisherigen Versuche zur Lokalisierung der Varuskatastrophe: An den Endpunkten der feinsinnig rekonstruierten Wege wurden noch nie wirklich signifikante archäologische Spuren gefunden. Wo hingegen außerhalb der römischen Militärlager tatsächlich bedeutendere archäologische Funde entdeckt wurden – wie etwa der in diesem Kontext immer wieder angeführte Hildesheimer Silberschatz –, da lässt ein solcher Depotfund weder Rückschlüsse darüber zu, wie seine Bestandteile zusammenkamen und unter welchen Umständen sie in die Erde gelangten, noch lassen sich – falls es sich tatsächlich um Beute aus der Varuskatastrophe handeln sollte – Hinweise auf den Ort des dramatischen Geschehens selbst ableiten, da dieser von jenem der Niederlegung zunächst einmal unabhängig ist.[14]

## 7.2 *Kalkriese*

Auf einer völlig neuen Grundlage entwickelt sich indes die Diskussion um den Ort der Varuskatastrophe seit den Ausgrabungen von Kalkriese, nördlich von Osnabrück:[15] Erstmals liegt nun auch der so lange als Beweis geforderte archäologische Befund vor. Die seit 1987 in Kalkriese in überaus großer Zahl geborgenen Münzen und Militaria sind nicht zuletzt deshalb schon früh als Überreste des Varusheeres gedeutet worden, weil bereits 1885 der überragende Vertreter der deutschen Altertumswissenschaften, Theodor Mommsen, aufgrund der schon damals ganz untypischen Fundhäufung römischer Münzen vermutete, dass an diesem Ort das Heer des Varus zugrunde gegangen sei.[16]

### *Topographie und Funde*

Die Kalkrieser-Niewedder-Senke liegt am Nordrand des Wiehengebirges – dort, wo die Mittelgebirge in die norddeutsche Tiefebene übergehen (Abb. 16).[17] Durch die etwa sechs Kilometer lange Senke führte ein alter Fernweg, der den Niederrhein mit dem zentralen Wesergebiet verband. Zwischen dem stark zerklüfteten Kalkrieser Berg im Süden, der sich im Durch-

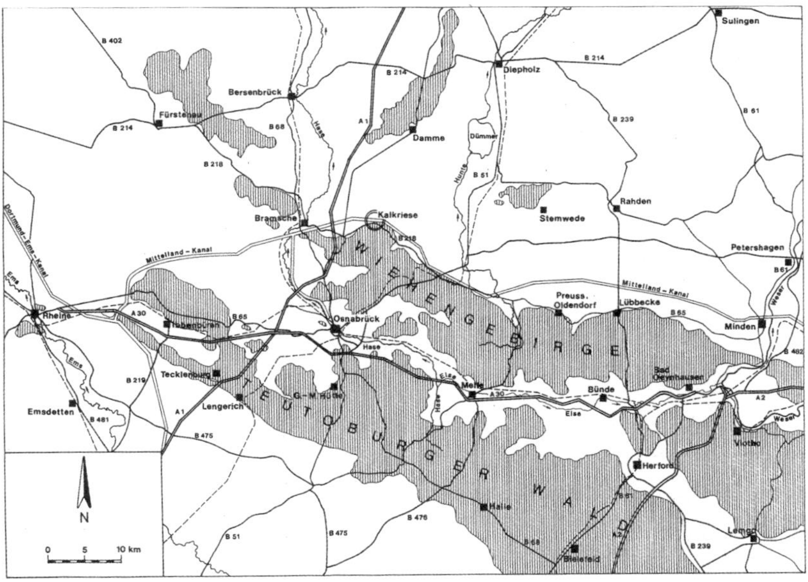


*Abb. 16 Die Lage von Kalkriese zwischen Mittelgebirge und norddeutscher Tiefebene*

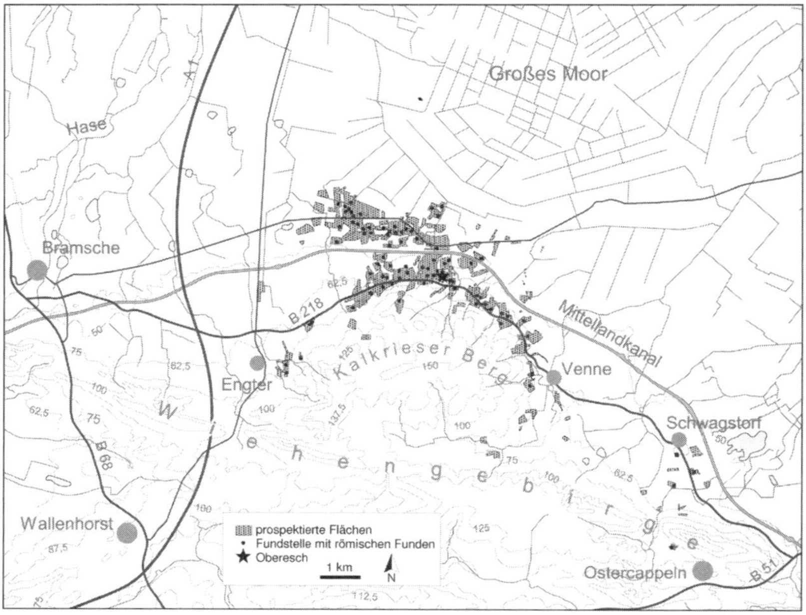


*Abb. 17 Prospektionsflächen und römische Funde in der Kalkrieser-Niewedder Senke*

schnitt 120 Meter aus der Landschaft erhebt, und dem nördlich vorgelagerten Großen Moor verengt sich die Senke an ihrer schmalsten Stelle auf ungefähr einen Kilometer. Starke Grundwasserbeeinflussung reduzieren den begehbaren Untergrund noch einmal auf eine Hangsandzone am Fuß des Kalkrieser Berges sowie eine Flugsandzone vor dem Moor. Der alte Fernverkehrsweg verlief auf den nördlichen Flugsanden.

Die meisten Funde wurden nun dort gemacht, wo sich die Senke zwischen Norden und Süden am stärksten verengt. Deutlich lässt die Gesamtkarte der bislang entdeckten römischen Funde die Flächen erkennen, die in römischer Zeit begehbar waren (Abb. 17). Die bisherigen Ausgrabungen konzentrierten sich auf den Hangbereich des Kalkrieser Berges. Eine schon früh entdeckte Bodenverfärbung auf ca. 20 Metern Breite konnte über eine immer länger werdende Strecke hin verfolgt werden. Im Querschnitt zeigte sich, dass es sich bei der Verfärbung um eine Aufschichtung aus abgestochenen Rasensoden handelte, die man als Wall interpretieren kann (vgl. Abb. 18). Während eine Sohle von 3,5 bis 4 Metern Breite keine Funde aufwies, war in dem nach Norden verlaufenden Bereich die Funddichte besonders hoch. Auch wurden in dieser vorgelagerten Zone die meisten der größeren Fundgegenstände geborgen, wie etwa – als ein besonders spektakulärer Fund – die bekannte, auf dem Umschlag dieses Buches in Verfremdung wiedergegebene Gesichtsmaske.

Der Wall lehnte sich dort an den Kalkrieser Berg an, wo der in die Senke hineinführende Trichter seine engste Stelle erreicht hatte. Möglicherweise zeichnete er die antike Waldkante des mit Bäumen bewachsenen Berges nach. Drainagegräben schützten das Bauwerk vor Unterspülung durch Bäche, die von dem Berg herabfließen; gelegentliche Unterbrechungen können zur Ableitung des Wassers gedient haben, vielleicht waren sie aber auch bewusst als Durchgangsmöglichkeiten angelegt. Im mittleren Abschnitt angetroffene Bodenverfärbungen in regelmäßigen Abständen, die sich zu einer kleinen Reihe ergänzen, werden als Pfostenlöcher interpretiert und gelten als Indiz für eine auf den Wall aufgesetzte und nach Norden gerichtete Brustwehr.

Auch die hohe Funddichte nördlich der Rasensodenmauer und die weitgehende Fundleere südlich davon deuten auf eine Ausrichtung des Erdwerks nach Norden. Dass keine römischen Funde unter der Wallsohle gemacht wurden, zudem dem Wall kein für römische Bauweise typischer Spitzgraben vorgelagert ist, erscheint den Ausgräbern als Indiz dafür, dass dieser von den Germanen aufgeschüttet wurde.

Die verschiedenen Funde, Befunde und deren Deutungen bündeln sich zu folgendem Szenario: Von Osten heranziehende römische Truppen hätten sich dem Engpass angenähert. Als sie ihn durchschritten, seien sie von Germanen, die sich hinter dem etwa zwei Meter hohen Wall verbargen und gleichzeitig schützten, in der Flanke angegriffen worden. Die feuchte Niederung hinter den nur ungefähr 100 Meter breiten Hangsanden und noch weiter im Norden schließlich das Große Moor hätten dem Heer die Fluchtmöglichkeit in Richtung Norden verlegt, während im Süden die Germanen standen. Dass gerade am Fuße des Walls die Funddichte so hoch ist, wird plausibel damit erklärt, dass das Bauwerk während der Kämpfe einstürzte: Dadurch wurden zahlreiche Objekte verschüttet und auf diese Weise dem Zugriff antiker und nachantiker Plünderer entzogen.

Die These einer an diesem Ort dokumentierten militärischen Auseinandersetzung wird zum einen durch die große Anzahl der römischen Funde, für deren dichte Konzentration eine besondere Begründung erforderlich scheint, zum anderen durch den eindeutigen militärischen Charakter des Fundguts gestützt: Bei den Objekten, die neben den zahlreichen Münzen entdeckt wurden, handelt es sich fast durchgehend um Teile von Waffen und Rüstung, von typischer Soldatenkleidung sowie weiteren Ausrüstungsgegenständen wie medizinischen Instrumenten und Vermessungsgeräten, wie sie beim römischen Militär üblich waren. Die gefundenen Objekte bieten Hinweise auf die Anwesenheit von Legionen und Hilfstruppen, von Reitern und Fußsoldaten, Schleuderern und Bogenschützen, schließlich von Reittieren und Zugtieren aus dem Tross. Einritzungen auf zwei bronzenen Schließen eines Kettenhemdes sowie auf zwei Bleiloten nennen bislang viermal eine 1. Kohorte und belegen damit auch epigraphisch, dass an diesem Ort eine zentrale Legionseinheit zugegen war. Seit 2007 publiziert ist das Mundblech einer Schwertscheide, die ebenfalls Einritzungen trägt: Die Schwertscheide gehörte einmal einem Mann, der in der *Legio I* diente.[18]

Der Gesamtbestand des Fundmaterials liegt derzeit bei über 4000 Stükken. Charakteristisch ist die – bis auf wenige Ausnahmen – starke Fragmentierung der Gegenstände; zumeist handelt es sich um Kleinstobjekte. Fast alle sind aus Metall. Das für die Lebenswelt der römischen Soldaten so typische rotgebrannte Essgeschirr, die *terra sigillata*, fehlt – wie überhaupt keine Keramik gefunden wurde, wie man sie von den Römern kennt. Dies mag jedoch auch daran liegen, dass bislang nur ein Teil des Geländes durch Ausgrabungen erschlossen werden konnte: Den größten Teil des Fundgebietes hat man vor allem systematisch mit Metalldetektoren abgeschritten, woraus eine Verzerrung des Fundspektrums zugunsten der Metalle resultieren kann.

*Knochengruben*

Eine besonders spektakuläre Entdeckung der jüngeren Zeit sind Gruben, die mit Knochen von Menschen und Tieren verfüllt wurden (vgl. Abb. 18).[19] Bislang sind acht dieser Knochengruben gefunden worden. Mit Durchmessern von einem halben Meter bis zu vier Metern und einer Tiefe von bis zu einem Meter fallen sie unterschiedlich groß aus, und sie waren auch unterschiedlich dicht verfüllt worden. Für einige Gruben lassen sich die Überreste nur jeweils eines Individuums nachweisen, doch in der sogenannten «Großen Knochengrube» befanden sich mindestens neun Leichen. Manche Knochen tragen eindeutige Spuren von Kampfverletzungen; mehrfach wurden Schädel mit Hiebverletzungen entdeckt. Möglicherweise befindet sich unter den Bestatteten auch eine Frau. Das Fleisch der meisten Körper war zum Zeitpunkt ihrer Deponierung bereits verwest: Die Knochen konnten nicht mehr durch das Gewebe zusammengehalten werden, und die niedergelegten Körper selbst sind auseinandergerissen und in der Regel unvollständig. Ungeschieden voneinander liegen in den Gruben überdies Menschen- und Tierknochen vermischt. Der Befund insgesamt ist nur so zu deuten, dass die verschiedenen Körper zunächst eine längere Zeit unbestattet an der Oberfläche lagen, wo sie dem Tierfraß bzw. organischen Verfall ausgesetzt waren. Es ist eine plausible Annahme, diesen Befund der deutlich späteren Einlagerung der Knochen in die Gruben mit Germanicus zu verbinden, der sechs Jahre nach der Varuskatastrophe an den Ort des Geschehens gelangte und die Überreste der Gefallenen von seinen Soldaten zusammentragen und bestatten ließ.

## 7.3 *Die «Örtlichkeit der Varusschlacht»?*

Bei der archäologischen Untersuchung der Senke von Kalkriese wurde von Anfang an auch die literarische Überlieferung zur Varuskatastrophe mit Gewinn einbezogen und nutzbar gemacht. Ein besonderes Augenmerk galt der großräumig angelegten Analyse der topographischen Verhältnisse und der Wegeführung, der Rekonstruktion der Altlandschaft, aber auch dem Versuch, die kleinräumigen Bodenverhältnisse zu verstehen und den Bewuchs in römischer Zeit zu erschließen. Die naturwissenschaftlichen Untersuchungen ließen erkennen, dass die begehbaren Flächen nördlich des Kalkrieser Berges vor 2000 Jahren viel kleiner waren, als es die offene Landschaft heute erahnen lässt. In Anlehnung an das von Cassius Dio beschriebene Szenario wurden die archäologischen Untersuchungen auf ein immer größeres Gebiet ausgedehnt. Intensive Begehungen mit Metalldetektoren förderten Funde auf einer Fläche von über 50 km² zu Tage. Dem Wall wurden Spuren über eine Länge von mehr als zwei Kilometern zugeordnet. Östlich und westlich der Senke suchte man die Lager des Varus, die nach den literarischen Quellen vorauszusetzen sind. Die Ausgräber bemühten sich, die Funde danach zu differenzieren, ob sie seit dem Kampfgeschehen unverändert an Ort und Stelle lagen, bei späteren Plünderungen des Kampfplatzes verschoben wurden bzw. ob sie erst im Zuge von Opferungen dorthin gelangten, wo man sie entdeckte. Unter der Annahme, dass auch Germanicus und seine Truppen gleichfalls an diesen Ort gelangt waren und diese doch ganz erhebliche Zahl von Soldaten die von ihnen angetroffene Fundsituation durch Sammeln, Reinigen und Bestatten abermals verändert hatten, entstanden sehr komplexe Modelle davon, wie jene archäologische Befundsituation entstanden sein mochte, mit der sich die Ausgräber konfrontiert sahen. Eine Mehrheit der heutigen altertumswissenschaftlichen Forscher ist sich jedoch darin

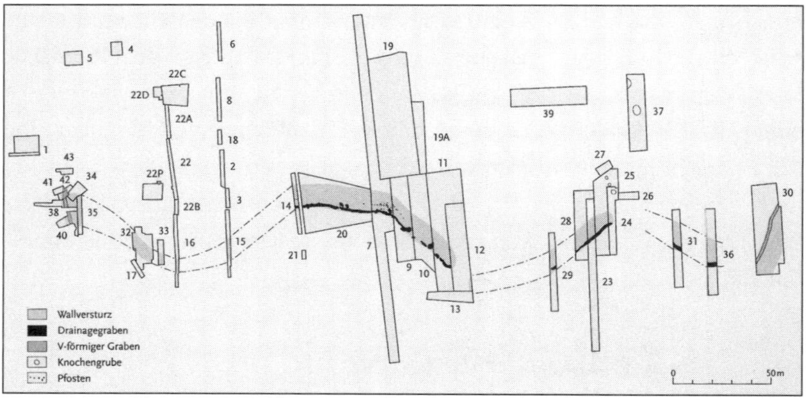


*Abb. 18 Kalkriese: Wall und Knochengruben (mit Angabe der Grabungsschnitte)*

einig, dass es nach Jahrhunderten der Suche tatsächlich gelungen scheint, mit Kalkriese den Ort der Varuskatastrophe zu finden.

### *Offene Fragen*

Allerdings bedingt die Komplexität des Fundplatzes, dass längst noch nicht alle Befunde abschließend verstanden sind. Rätselhaft etwa ist der Verlauf des Walls:[20] Schien sich dieser nach den Ergebnissen der ersten Grabungen an den Kalkrieser Berg anzulehnen, so hat sich sein Verlauf mittlerweile als eigenartig mäandrierend entpuppt, wobei er auch deutlich nach Norden in die Ebene ausgreift (Abb. 18). Zu seiner Errichtung wurden unterschiedliche Materialien verwendet, darüber hinaus treten verschiedene Bauweisen zu Tage – in manchen Abschnitten besaß er z. B. eine vorgelagerte Kalksteinfront. Jüngst entdeckte man im äußersten Westen und äußersten Osten des Walls präzise ausgeführte Gräben in V-Form, wie sie eigentlich für Befestigungen römischer Militäranlagen charakteristisch sind. An beiden Stellen weisen die Gräben in noch unerklärter Weise nach Westen:[21] Auch durch den Fortgang der Ausgrabungen ist es nicht leichter geworden, eindeutige Antworten auf die Fragen nach der Funktion des Walls und nach seinen Erbauern zu geben, und darauf, ob es sich überhaupt um ein einheitliches Bauwerk handelt.

Von weitaus grundsätzlicherem Interesse – und methodisch ganz besonders herausfordernd – ist es jedoch, sich den Diskrepanzen zu stellen, die sich zwischen dem Fundplatz Kalkriese einerseits und dem Ablauf der Varuskatastrophe nach der literarischen Überlieferung andererseits ergeben. Bei einer solchen Diskussion wird man nur gering veranschlagen, dass Kalkriese eher abseits von jenen Gebieten liegt, die vom Oberlauf der Ems und Lippe «nicht weit» entfernt waren: Die von den literarischen Quellen ausgehenden Lokalisierungsversuche des Unglücksortes nahmen den Nordrand des Wiehengebirges nur sehr selten in den Blick – und die textsicheren Humanisten identifizierten nicht umsonst den Osning mit dem *saltus Teutoburgiensis.*[22] Auch dass die Knochengruben – sowohl im Hinblick auf ihre Mehrzahl als auch auf die Form der Bestattung in Gruben – keinem einzeln aufragenden *tumulus* (Grabhügel) entsprechen und die vermischte Deponierung von Menschen- und Tierknochen eher an ein Verscharren als an ein ehrenvolles Begräbnis erinnert, wird man nicht überbewerten wollen: Da die Summe der bislang in den Knochengruben sicher nachgewiesenen Individuen bei 17 (+ 1) liegt, kann man angesichts des Ausmaßes des für diesen Schauplatz vorausgesetzten Ereignisses durchaus noch annehmen, dass vielleicht ein deutlich größerer Bestattungskomplex existierte, der jedoch noch nicht gefunden wurde – oder sich der archäologischen Nachweisbarkeit entzieht.

Bemerkenswerter erscheint allerdings, dass nördlich des Kalkrieser Berges ein bedeutender West-Ost-Verkehrsweg existierte, der eine weitaus leichtere Passage als die sich südlich anschließenden Mittelgebirge bot: Dass dieser natürlich vorgegebene Weg von den Römern in den Jahren der Okkupation nicht genutzt wurde und somit der Nordrand des Wiehengebirges für die Römer unbekanntes Gelände war, ist nicht zu erwarten – nicht zuletzt wegen der zahlreichen Operationen im Raum zwischen Ems und Weser, die sich aus den schriftlichen Quellen erschließen lassen. Man hat diesen Weg bildstark schon mit einer «Autobahn» verglichen, die in römischer Zeit durch die Senke führte.[23] Auch war – wie neueste archäobotanische Untersuchungen belegen – die Landschaft bei Kalkriese in römischer Zeit landwirtschaftlich genutzt und durch die Bodenbewirtschaftung relativ offen.[24] Es fanden sich Überreste germanischer Häuser auf den Hangsanden am Fuße des Kalkrieser Berges im unmittelbaren Engpassbereich; möglicherweise existierten diese Häuser noch, als die Römer kamen: Mit einem unübersichtlichen Platz, den zu erreichen auch später noch für die Truppen des Germanicus Erschließungsarbeiten erforderlich machte, wie es in den Schriftquellen heißt, scheinen sich weder die großräumige Wegestruktur noch die Situation vor Ort zu vertragen.

Vor allem aber gibt es Diskrepanzen im Hinblick auf die räumliche Ausdehnung, die das für diesen Platz vorausgesetzte Kampfgeschehen nach den literarischen Quellen beansprucht haben muss. Für das mehrtägige Geschehen mit den ja stets weiterziehenden Truppen müsste man eigentlich mit einem Raum von 40, wenn nicht 60 Kilometern rechnen.[25] Die von Militärhistorikern geschätzte Kolonnenlänge von zehn bis fünfzehn Kilometern für ein Heer aus drei Legionen lässt sich für das Varusheer vielleicht noch etwas herunterrechnen, aber auch mit einem nur ganz gering veranschlagten Bestand von Zugtieren und Tross (deren Vorkommen ja durch Funde und Knochengruben nachgewiesen ist) wird man für drei Legionen samt Hilfstruppen sicher nicht auf weniger als vier bis sechs Kilometer Zuglänge kommen. Dies entspricht in etwa der Gesamtausdehnung der Kalkrieser-Niewedder Senke vom äußersten Osten bis zum äußersten Westen. Mit anderen Worten: Ein Heer dieser Größe hätte den gesamten Engpass ausgefüllt.[26]

### *Bisherige Antworten: Schriftliche und archäologische Überlieferung*

Die frühesten Überlegungen zum Fundplatz Kalkriese ließen sich noch stark vom archäologischen Befund leiten und verdichteten das Geschehen derart, dass die römischen Truppen in den von der Natur vorgezeichneten Trichter gezogen und dort von den Germanen, die getarnt hinter dem Wall standen, überrascht und an diesem Ort dann auch gleich völlig vernichtet worden seien. Doch wurde unter dem Einfluss der literarischen Überlieferung, die ja einen mehrtägigen Geschehensablauf skizziert, der für das Ereignis in Anspruch genommene Bereich in der Folge immer weiter ausgedehnt: Dementsprechend wurden Funde aus Prospektion und Grabungen in einem Gebiet von rund 20 Kilometern Ost-West-Ausdehnung alle als Niederschlag des in diesem – nun deutlich – vergrößerten Raum angesetzten Kampfes interpretiert.

In jüngster Zeit wurde diese Annahme jedoch drastisch korrigiert: Der Grabungsbereich am Fuße des Kalkrieser Berges, der sogenannte Oberesch, wird von den an den archäologischen Untersuchungen Beteiligten neuerdings als eine Sondersituation interpretiert, die nicht mit den östlichen und westlichen Fundplätzen vergleichbar sei. Charakteristisch für diese Sondersituation seien der Wall, die hohe Funddichte und die Knochengruben. Auch sind die römischen Militaria fast ausnahmslos dort, am Oberesch, gefunden worden, während sie in den äußeren Prospektionsbereichen weitgehend fehlen. Die ursprünglich angenommene Ausdehnung des Walles von mehr als 2000 Metern musste nach neueren Erkenntnissen auf nur noch 400 Meter zurückgenommen werden – versehentlich hatte man sogenannte Wölbäcker, also Überreste deutlich späterer Ackerbaustrukturen, als Teil der Anlage missinterpretiert. Auch wird eine besonders hohe Fundkonzentration von Buntmetallen am westlichen Rand der Senke nicht mehr länger als unmittelbares Resultat des Kampfgeschehens gedeutet, sondern als sekundäre Verlagerung von Beutemetallen: Der wertvolle Rohstoff wurde an dieser Stelle von den Germanen zusammengetragen, um ihn hier in späterer Zeit weiterzuverarbeiten. Erwogen wurde auch, einen Graben bei Schwagstorf, knapp zehn Kilometer östlich des Engpasses, als Hinweis auf ein römisches Lager zu deuten – abermals auf der Suche nach archäologischen Entsprechungen zur literarischen Überlieferung. Doch es stellte sich heraus, dass es sich bei dem Graben nur um einen Teil einer neuzeitlichen Landwehr handelte.[27] Auch der Platz dicht neben dem Oberesch, dort wo heute das Museum steht, barg keine Funde: «Die einzigen Befunde, die direkt auf das Kampfgeschehen zu beziehen sind, (dürften) die Wallanlagen im Bereich des Obereschs gewesen sein.»[28] Und noch deutlicher wurde formuliert: «Die bisher bekannten Befunde außerhalb des Obereschs stehen nicht im unmittelbaren Zusammenhang mit Kampfhandlungen.»[29]

So bleibt zunächst einmal die Feststellung, dass die literarischen Angaben zum Verlauf der Varuskatastrophe einen anderen archäologischen Befund erwarten lassen, als man ihn bislang in Kalkriese angetroffen hat. Die Konsequenzen, die aus dieser erheblichen Diskrepanz gezogen werden, sind unterschiedlich: Manche Althistoriker erkennen in den Grabungsbefunden nur das Zeugnis einer Phase in einem insgesamt deutlich größeren Kampfgeschehen und gehen – gegen den derzeitigen archäologischen Befund – davon aus, dass es im benachbarten östlichen und westlichen Gelände weitere noch unentdeckte Plätze geben wird: so etwa die in den literarischen Quellen erwähnten Lager des Varus, den für die Verstorbenen errichteten *tumulus* des Germanicus oder auch den Ort des endgültigen Untergangs des Varusheeres.[30] Manch einer nimmt dementsprechend den angetroffenen und ergrabenen Teil als Beleg für ein vermutetes größeres Ganzes und kann dann sogar von einer «glänzenden Bestätigung» des Berichts des Cassius Dio sprechen, der «in vollem Einklang mit dem archäologischen Befund von Kalkriese (steht).»[31] Der Lösungsvorschlag der Archäologie weist den umgekehrten Weg: Folgte man der vor Ort tätigen Ausgräberin, so müsste davon ausgegangen werden, dass das Ereignis der Varuskatastrophe wohl viel kleiner war, als es in unseren literarischen Quellen erscheint: «Möglicherweise können die archäologischen Ergebnisse in Verbindung mit weiteren quellenkritischen Analysen zu einer Neubewertung der Schriftquellen beitragen.»[32]

In diesem Sinne lässt sich auch der amerikanische Archäologe Peter S. Wells für seine Rekonstruktion der «Schlacht im Teutoburger Wald» vom archäologischen Befund in Kalkriese leiten: Denn da nun «der genaue Ort der Schlacht entdeckt» und die Varuskatastrophe dadurch die «am besten dokumentierte(.) militärische(.) Auseinandersetzung (..) der Antike» sei, sieht er sich in der Lage, «die vollständige Geschichte der ... Schlacht» zu erzählen: «In meiner Deutung der Texte halte ich es (... [so] ...), dass die detaillierten Beschreibungen, die Cassius Dio über den Charakter der gegebenen Landschaft liefert, weniger tatsächliche Einzelheiten des Ereignisses darstellen als vielmehr stereotype Versatzstücke aus der römischen Literatur sowie allgemeine Vorstellungen über Menschen und Aussehen der Region.» Es überrascht ihn «beim Lesen über die Schlacht im Teutoburger Wald sowie über die zu ihr führenden Entwicklungen (immer wieder zu sehen), wie viele Forscher die römischen Texte trotz ihrer Widersprüchlichkeit immer noch für bare Münze nehmen»: «Dio berichtet, die Schlacht habe über drei Tage gedauert. Ich sehe keinen Grund anzunehmen, dass sie länger als einen Tag dauerte und rekonstruiere die Ereignisse entsprechend.» Und an anderer Stelle schreibt er kurz und knapp: «Die Schlacht (...) dauerte etwa eine Stunde.»[33]

So plausibel der von Wells skizzierte Ablauf der Schlacht den derzeitigen archäologischen Befund von Kalkriese zu erklären scheint, so problematisch ist allerdings der von ihm praktizierte Umgang mit der literarischen Überlieferung – und Historiker oder Philologen werden ihn als methodisch kaum statthaft empfinden. Eine derartig freie – und nicht mehr im Kontext der literarischen Überlieferung kritisch eingebundene und methodisch überprüfte – Uminterpretation und Verwerfung der antiken Quellen nimmt Altphilologen und Althistorikern jede Grundlage ihres Arbeitens, weit über den Spezialfall der «Varuskastrophe» hinaus.

So scheint man auch gut beraten, Skepsis hinsichtlich der – selbst von Wells, der den besonderen Rang der Katastrophe hervorhebt, übrigens nicht geteilten[34] – Überlegung walten zu lassen, dass die Zahl der untergegangenen Truppen deutlich geringer gewesen sein soll: Nach übereinstimmender Überlieferung der verschiedenen antiken Autoren war es doch gerade die exzeptionelle Größe des Verlustes, die erst den eigentlichen Rang der Niederlage ausmachte.[35] Sie wird von Velleius Paterculus – immerhin ein Zeitzeuge des Geschehens und mit dem germanischen Heer aufgrund seiner vorherigen Tätigkeit persönlich vertraut – auf den Umfang von drei Legionen, drei Reitereinheiten und sechs Kohorten präzisiert. Selbst wenn es im Zuge der Varuskatastrophe noch verschiedene Nebenschauplätze gegeben haben wird, so schält sich doch in der Überlieferung ein verhängnisvolles Hauptereignis um den großen Heereszug heraus, den Varus anführte. Die Totalität des erlittenen Verlustes wird auch dadurch unterstrichen, dass die Zahlen der mit Varus vernichteten 17., 18. und 19. Legion in der römischen Geschichte niemals wieder zur Bezeichnung von Legionen verwendet wurden.

Angesichts der noch andauernden Forschungen erscheint es daher sinnvoll, den Stand unseres Wissens mit maßvollen Worten zu beschreiben: Ohne Frage zählt der Fundplatz von Kalkriese zu den besonders wichtigen Zeugnissen für die römische Anwesenheit in Germanien und jener Phase, in der die Römer das Land ihrer Herrschaft zu unterwerfen suchten. Ein besonderer Reiz – und die Chance zur Gewinnung weiterer Erkenntnisse – liegt darin, die Widersprüche zwischen den unterschiedlichen Überlieferungsträgern, zwischen den schriftlichen und zwischen den archäologischen Quellen, nicht vorschnell einzuebnen oder hinwegzuinterpretieren.[36] Doch unabhängig davon, ob es sich bei dem Fundplatz von Kalkriese um den Zentralort der Varuskatastrophe oder nur um einen Teilabschnitt, ob es sich um ein davon abzutrennendes Nebenereignis oder aber gar um eine andere Auseinandersetzung dieser Jahre gehandelt haben mag: Die archäologischen Funde und Befunde lassen keinen Zweifel daran, dass an diesem Ort eine römisch-germanische Auseinandersetzung stattgefunden hat. Es bleibt zu hoffen, dass die wissenschaftliche Erforschung dieses Platzes weiterhin nachhaltig unterstützt und vorangetrieben wird, um zu einem noch besseren Verständnis der historischen Vorgänge zu kommen, die sich dort ereignet haben.

## *7.4 Keine Spur von Germanicus*

Ein wichtiges Argument für die Deutung von Kalkriese als Ort der Varuskatastrophe ist die zeitliche Bestimmung der Ereignisse, die sich dort zugetragen haben. Sie beruht auf der Analyse der dort gefundenen Münzen, die – im Gegensatz etwa zu den sonstigen Metallfunden – als Einzelobjekte vergleichsweise gut zu datieren sind. Gefunden wurde eine große und für die Auswertung repräsentative Zahl von Münzen aus Gold, Silber und Bronze.[37] Die jüngsten in Kalkriese aufgefundenen Edelmetallmünzen sind in den Jahren 2 und 1 v. Chr. geprägt worden; jüngere Gold- und Silbermünzen finden sich dort nicht. Noch älter sind die Bronzemünzen, das Kleingeld der Soldaten. Allerdings tragen manche der Bronzemünzen sogenannte Gegenstempel; das sind Markierungen, die nicht schon in der Münzstätte, sondern erst in der Zeit, da die Münzen bereits im Umlauf waren, aufgebracht wurden: Wenn diese sekundären Markierungen identifiziert und gedeutet werden können, liefern sie für den Gebrauch der Münzen ein jüngeres Datum, über den reinen Zeitpunkt der Münzprägung hinaus.

*Datierungen mit Hilfe von Münzen*

Für unsere Fragestellung besitzen die Gegenstempel VAR (Abb. 19) und C. VAL, die auf den in Kalkriese gefundenen Münzen mehrfach vorkommen, besondere Bedeutung. Mit größter Wahrscheinlichkeit lassen sich die Buchstaben zu den Namen P. Quinctilius VAR(us) sowie C. Numonius VAL(a), dem Legaten des Varus, auflösen.[38] Münzen mit diesen Gegenstempeln kommen fast nur in Nordwesteuropa vor, und sie wurden deshalb mit Sicherheit dort den Münzen aufgeprägt: Sie können dann mit dem Kommando der beiden Heerführer in diesem Gebiet, das jene zwischen 7 und 9 n. Chr. inne hatten, direkt verbunden und datiert werden. Unter der unstrittig akzeptierten Voraussetzung, dass es sich bei den Funden in Kalkriese um den Niederschlag eines einzigen Ereignisses handelt, kann sich dieses also frühestens zwischen 7 und 9 n. Chr. abgespielt haben, da Münzen mit den Varus-Gegenstempeln an diesem Ort bereits verloren wurden. Auf der anderen Seite kommen an diesem Platz keine Münzen vor, die in den Jahren nach 10 n. Chr. ausgeprägt worden sind.

Das Fehlen späterer Münzen bestimmt in aller Regel einen Zeitpunkt, *vor* dem sich das Geschehen ereignet haben muss. Ein Problem ergibt sich nun allerdings daraus, dass wir von Seiten der Archäologie die Zeit der Feldzüge des Tiberius und insbesondere des Germanicus zwischen 10 und 16 n. Chr. nicht nachweisen können: Obwohl nach der Varuskatastrophe die Zahl der Truppen noch einmal deutlich größer war als in den beiden Jahrzehnten zuvor und Germanicus außerdem ebenso regelmäßig wie weiträumig Operationen rechts des Rheins unternommen, Wege erneuert und Lager errichtet hat, darüber hinaus zumindest ein Teil der Truppen auch den Winter über in Germanien stationiert war, ist all dies archäologisch offenbar völlig ohne Spuren geblieben. Dies scheint umso merkwürdiger, als nahezu alle größeren und namentlich bekannten römisch-germanischen Schlachten gerade in dieser Zeit stattfanden (Schlacht an den *pontes longi*; Schlacht bei Idistaviso; Schlacht am Angrivarierwall). Die durch das ungestüme Vordringen des Germanicus erlittenen Verluste werden in der Summe als annähernd so hoch wie in den ganzen 20 Okkupationsjahren zuvor – einschließlich der Varus-

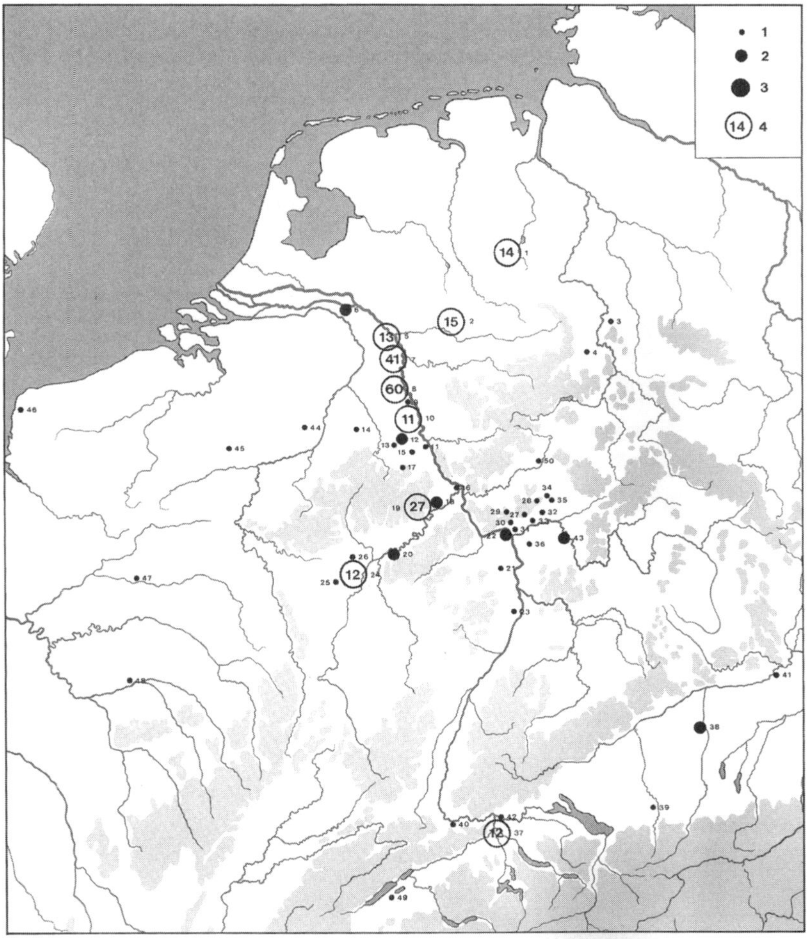

*Abb. 19 Römische Münze mit dem Gegenstempel VAR (vergrößert) und Verbreitung der Münzen mit diesem Gegenstempel*

katastrophe – veranschlagt. Unübersehbar trat diese Forschungsfrage während der beiden letzten Jahrzehnte hervor, als man zahlreiche römische Militärplätze neu entdeckte oder intensiver untersuchte: so beispielsweise jene von Marktbreit, Dorlar, Lahnau-Waldgirmes, Haltern-Ostlager, Holsterhausen, Hedemünden, Anreppen, Oberaden, Beckinghausen, Kneblinghausen, Bielefeld, Brechen/Oberbrechen und schließlich Kalkriese selbst (vgl. Abb. 5). Keiner dieser Plätze scheint das Jahr 9 n. Chr. überdauert zu haben. Gleiches gilt für die rechts des Rheins gefundenen Münzhorte sowie die Streu- und Einzelfunde von Münzen – nichts davon lässt sich eindeutig der Germanicuszeit zuordnen.[39] Gemessen an den historischen Ereignissen, wie sie in den Schriftquellen dokumentiert sind, erscheint dies zumindest als eine sich nach und nach vergrößernde statistische Auffälligkeit. Denn im Vergleich dazu sind die Vorgänge aus den Jahren 12 v. bis 9 n. Chr. durch archäologische und numismatische Funde in großem Ausmaß dokumentiert. Auf Grundlage der literarischen Quellen würde man römische Funde rechts des Rheins jedoch zunächst einmal aus der gesamten Zeit römischer Präsenz erwarten – also für die Jahre von 12 v. bis 16 n. Chr.[40]

Zur Erklärung dieses merkwürdigen Befunds zeichnen sich wiederum zwei Lösungswege ab: Manche Forscher nehmen die fehlenden archäologischen Zeugnisse für die Jahre 10 bis 16 n. Chr. als Konstante und sprechen den Germanicusfeldzügen eine nur sehr eingeschränkte Bedeutung bzw. militärpolitische Wirklichkeit zu.[41] Die Konsequenz eines solchen Ansatzes wäre abermals eine Abwertung der literarischen Überlieferung, die ja ein ganz anderes Bild über diese Zeit bietet. Insbesondere der äußerst detaillierte Bericht des Tacitus über die Kämpfe des Germanicus in den ersten beiden Büchern der *Annalen* wäre in seiner Glaubwürdigkeit erschüttert. Ein solches Urteil hätte gravierende Konsequenzen auch für den Rang der *Annalen* als Quelle für die Rekonstruktion der Geschichte der frühen römischen Kaiserzeit überhaupt.

Der andere Weg führt über die Annahme, dass die Spuren des Germanicus längst aufgedeckt sind, nur dass die archäologische Hinterlassenschaft seiner Soldaten sich nicht von jener unterscheiden läßt, die etwa die Armee des Varus hinterlassen hat. Manche – keineswegs alle – der bekannten Plätze und der Einzelfunde wären dann vielleicht bis 16 n. Chr. zu datieren und damit Zeugnisse der Unternehmungen des Germanicus. Die Tatsache, dass man keine Münzen gefunden hat, die nach 9 n. Chr. geprägt wurde, ließe sich in diesem Fall dadurch erklären, dass frisch geprägtes Geld nur unregelmäßig bzw. verzögert zur Truppe nach Germanien gebracht wurde. Dabei handelt es sich um eine der numismatischen Forschung – wegen der Konsequenzen für Datierungsfragen insgesamt – nicht willkommene, aber eben auch nicht unmögliche Erklärung. Denn wie die Belieferung der Truppen mit Soldgeld erfolgte, ist uns einfach nicht bekannt. Es kam wiederholt vor, dass der römische Staat mehrere Jahre hintereinander überhaupt keine neuen Münzen prägte. Und allein diese völlig unregelmäßigen Prägerhythmen signalisieren, dass die Bezahlung der Soldaten, die alle vier Monate vorgenommen wurde, nicht nur überwiegend, sondern in der Regel mit altem Geld erfolgt sein muss.

Für die Interpretation des Fundplatzes von Holsterhausen, auf dem sich derzeit mindestens elf aufeinanderfolgende und sich teils überschneidende Militäranlagen nachweisen lassen, wird in der Tat bereits erwogen, ob der allgemeine historische und archäologische Befund nicht die besseren Indizien liefert, als es die Prägedaten der dort gefundenen Münzen können:[42] Germanicus hat den literarischen Quellen zufolge ständig entlang der Lippe Militäroperationen durchgeführt, und man vermutet, dass der Platz Holsterhausen, im unmittelbaren Vorfeld von Xanten gelegen, dabei eine Rolle spielte. Da sich in Holsterhausen jedoch keine Münzen aus den Jahren zwischen 10 und 16 n. Chr. gefunden haben, wäre die Konsequenz, dass solche «frischen» Prägungen noch gar nicht ihren Weg in die Geldbörsen der Soldaten des Germanicus gefunden hatten – oder zumindest in diesen Geldbörsen so selten waren, dass eine der frisch geprägten Münzen entweder damals noch nicht verloren gegangen ist oder heute noch nicht wiedergefunden werden konnte. Denn übereinstimmend wird von allen Forschern anerkannt, dass für die Zeit des Germanicus im Vergleich zu jener des Varus der Anteil der neu hinzugekommenen Münzen gerade einmal ein Prozent ausmachte. Mit anderen Worten: Die zur Zeit des Germanicus verwendeten Münzen waren noch zu 99% dieselben, die bereits in der Zeit des Varus benutzt worden sind.[43] Entsprechend schwierig ist es für die Archäologie, die beiden Zeitabschnitte scharf voneinander zu trennen.

### *Rätselhafte Befunde?*

Doch auch für einige andere Militärplätze gibt es geradezu merkwürdige Befunde, die mehrere Belegungsphasen bzw. Unruhehorizonte und abermalige Anwesenheit von Römern anzuzeigen scheinen: So sind vor dem Hauptlager von Haltern in einem römischen Töpferofen (!) 24 Leichen gefunden worden, die man dort – offenbar der Not gehorchend – bestattet hat. Aber die darüberliegende, folglich jüngere Schicht gehört ebenso in einen römischen

Kontext. Entweder haben also die Römer selbst die Leichen pietätlos in den Töpferofen geworfen, oder aber – da man derartiges von den Römern eher weniger erwartet – die Leichen sind Zeugnis eines römischen Kontrollverlusts im unmittelbaren Lagerumfeld von Haltern. Doch müssen die Römer im Anschluss daran, wie die überlagernde Schicht bestätigt, wieder an diesen Platz zurückgekommen sein. Ein ganz ähnlicher Befund stammt von der römischen Gräberstraße in Haltern. Die Grundrisse der imposanten Grabanlagen überschneiden sich an einigen Stellen: Nach römischem Ritus war das Areal einer Grabanlage jedoch für die Ewigkeit geschützt. Der Befund wird damit erklärt, dass die mächtigen älteren Grabhügel so vollständig zerstört gewesen sein müssen, dass deren Position bei der Errichtung neuer Grabhügel nicht mehr genau auszumachen war.[44] Als Zerstörer ihrer eigenen Grabanlagen werden aber die Römer selbst kaum in Frage kommen. – Leider gibt es jedoch keine Funde, die es erlauben würden, diese Zerstörung genau zu datieren; auf der Grundlage unserer Quellen würde man an das *immensum bellum* oder aber an die Varuskatastrophe denken. In diesen Kontext gehört auch eine alte, bislang ohne Ergebnis gebliebene Diskussion darüber, ob Haltern mit dem in Quellen mehrfach erwähnten Aliso identisch sein kann:[45] In diesem Fall wäre eine Belegung des Platzes bis 16 n. Chr. vorauszusetzen, während der derzeitige archäologische Befund – und das ist wegen der fehlenden späteren Münzen vor allem immer der numismatische Befund – nur eine römische Anwesenheit an diesem Platz bis 9 n. Chr. erweisen kann.

Ein durchaus ähnliches, noch ungelöstes Rätsel bietet der Fundplatz von Lahnau-Waldgirmes: Weit verstreut finden sich innerhalb des Platzes die Fragmente der bereits oben erwähnten vergoldeten Reiterstatue (vgl. Abb. 7 f.).[46] Erklären lässt sich dies nur mit einer gewaltsamen Zerstörung, die den Platz insgesamt betroffen haben muss. Doch werden die Fragmente von einer fundleeren, sterilen Schicht überlagert, die ihrerseits wieder von einer Brandschicht mit römischem Fundgut überdeckt wird. Auch für Waldgirmes wird also ein Unruhehorizont erkennbar, auf den – offensichtlich nach einer gewissen Unterbrechung – abermals eine Phase römischer Präsenz folgte. Möglicherweise steht das an der Südostecke gefundene temporäre Lager, das aufgrund seiner Anordnung ein gleichzeitiges Bestehen mit der Hauptanlage eher ausschließt, im Zusammenhang mit einer solchen neuerlichen Nutzung des Platzes durch die Römer.[47] – Doch auch in diesem Fall fehlen für eine jahrgenaue Datierung der Zerstörungen, ob diese etwa mit den Ereignissen um die Vernichtung des Varusheeres in zeitlich engem

Zusammenhang standen oder sich zu einem anderen, möglicherweise früheren Zeitpunkt ereigneten, derzeit noch jegliche weitere Anhaltspunkte.

Ja, selbst für Kalkriese – mit Haltern fraglos der späteste der uns derzeit bekannten rechtsrheinischen Militärplätze Roms – gibt es Befunde, die noch einer weiteren chronologischen Klärung bedürfen: Denn zeitlich noch nach den Gegenstempeln von Quinctilius Varus und Numonius Vala wurden die – dort ebenfalls zahlreich gefundenen – Markierungen mit den Buchstabenkombinationen «AVC» (wohl für: Augustus) sowie «IMP» (wohl für: Imperator) angebracht, deren genauer Bezug noch nicht erklärt werden kann. Über den Buchstaben IMP ist ein Lituus abgebildet, das dem heutigen Bischofsstab ähnliche Zeichen eines römischen Vorzeichendeuters, des Auguren. Der Gegenstempel selbst verweist demnach auf einen IMP(erator), der das Recht besaß, die Vorzeichen einzuholen. Als solcher kommt Augustus in Frage, aber im Prinzip ebenso Germanicus. Auch Germanicus besaß das Amt eines Auguren und konnte im Jahre 13 n. Chr. (vielleicht: 11 n. Chr.) seine erste imperatorische Akklamation entgegennehmen.[48]

Und selbst die jetzt vorgelegte detaillierte Untersuchung der oben erwähnten Knochengruben wirft mit der Lösung von Problemen an der einen Stelle gleich wieder gänzlich neue Fragen an anderen Stellen auf: Denn zur unterschiedlichen Konstruktion der Gruben kommt hinzu, dass sich der Gewebeverband der dort bestatteten Körper nicht überall in gleicher Weise aufgelöst hat.[49] Möglicherweise ist dieses auf unterschiedliche Bedingungen der Lagerung der Knochen ober- und unterhalb der Erdoberfläche zurückzuführen, aber beide Befunde zusammengenommen könnten auch ein Indiz sein, dass nicht alle Knochengruben tatsächlich zur gleichen Zeit entstanden sind. Ein letzter merkwürdiger Fund, der die Datierung dieses Fundplatzes betreffen kann – und damit natürlich auch die Frage, was dort wirklich geschah –, ist schließlich die Inschrift einer *Legio I* in Kalkriese, über die seit kurzem in der Öffentlichkeit heftig gestritten wird: Wir kennen diese Legion nicht als Begleiter des Varus, wohl aber als Teil des Niedergermanischen Heeres in der Zeit des Germanicus.[50]

Überlegungen wie diese zeigen, wie viel Forschung auch noch 2000 Jahre nach dem Untergang des Varusheeres erforderlich ist – und mit Spannung erwartet werden darf. In jedem Fall werden die Erkenntnisse, die auf der Suche nach Antworten auf diese Fragen gewonnen werden dürfen, unser Wissen über die Zeit der römischen Okkupation in Germanien und über ihr Scheitern maßgeblich beeinflussen.

# 8. Von Arminius dem Cherusker zum deutschen Hermann

Im Jahr 47 n. Chr., knapp dreißig Jahre nach dem Tod des Arminius, erbaten sich die Cherusker den in Rom aufgewachsenen Italicus, den Sohn des Flavus und Neffen des Arminius, zum König (vgl. Abb. 11). In inneren Kriegen hatte der Stamm seinen gesamten Adel verloren, und der in der Fremde lebende Italicus war der letzte Überlebende aus dem führenden Geschlecht der Cherusker. Der römische Kaiser Claudius «stattete (Italicus) mit Geldmitteln aus, gab ihm eine Leibwache mit und ermahnte ihn, die seiner Familie zustehende Würde stolzen Sinnes entgegenzunehmen: Er sei der Erste, der, in Rom geboren, nicht als Geisel, sondern als Bürger hinausgehe, um eine auswärtige Herrschaft anzutreten.»[1] Doch auch unter Italicus nahmen die selbstzerstörerischen Auseinandersetzungen der Cherusker kein Ende. Schon bald standen sich Anhänger und Gegner des Italicus, die dem König dessen römische Gesinnung vorhielten, gegenüber. «In einer für die Verhältnisse der Barbaren großen Schlacht blieb der König siegreich. Dann verleitete ihn sein Glück zum Übermut. Er wurde vertrieben und mit Hilfe langobardischer Truppen wieder eingesetzt. Durch sein Wirken in guten wie in schlechten Zeiten schwächte er die Macht der Cherusker.»[2]

Ein Bericht des Cassius Dio für die Zeit um 90 n. Chr. scheint nachgerade eine Dublette zur Geschichte des Italicus zu bilden: Demnach war der Cheruskerkönig Chariomerus wegen seiner Freundschaft zu Rom von den Chatten aus der Herrschaft vertrieben worden. Chariomerus sammelte neue Anhänger um sich und kehrte mit Gewalt zurück. Als er jedoch den Römern Geiseln stellte, fielen nicht wenige seiner Gefolgsleute wieder von ihm ab. Zur Unterstützung erbat sich Chariomerus vom römischen Kaiser Domitian (81–96 n. Chr.) Waffenhilfe, erhielt jedoch nur Geld.[3] Das weitere Schicksal dieses Cheruskerkönigs ist nicht überliefert. Doch nicht einmal zehn Jahre später erwähnt Tacitus die Cherusker in seiner *Germania* nur noch mit wenigen Worten: Allzu lange hätte sich der Stamm einem erschlaffend wirkenden Frieden hingegeben. Sie, die einst die Guten und Gerechten geheißen hätten, würden nun nur noch Tölpel und Toren genannt. Siegreich über die Cherusker wären die Chatten gewesen, und dieses glückliche Schicksal wäre den Chatten als Ergebnis kluger Vernunft angerechnet worden:[4] Die Notiz des Tacitus ist die letzte Nachricht aus der Geschichte der Cherusker überhaupt. Vereinzelte Erwähnungen des Stammes in der späteren Geschichtsschreibung sind nur noch anachronistische Reminiszenzen, deren Autoren auf diese Weise versuchten, an die Bedeutung dieses Stammes während des 1. Jahrhunderts anzuknüpfen.[5]

Insgesamt lassen sich die Cherusker, deren Namen erstmals Caesar überliefert hatte, über einen Zeitraum von rund 150 Jahre als Akteure der Geschichte fassen. Den Höhepunkt ihres Einflusses unter den germanischen Gruppen verdankten sie fraglos dem Wirken des Arminius. Doch in gleicher Weise blieb eine tiefe Zerrissenheit innerhalb der führenden Familien der Cherusker – die sich nicht zuletzt durch verwandtschaftliche Beziehungen auch auf andere Stämme übertrug – ein beständiges Merkmal ihrer inneren Verfassung, und fast immer spielte in diesen Konfliktlagen die Haltung gegenüber Rom eine entscheidende Rolle. Das letzte halbe Jahrhundert der cheruskischen Geschichte scheint durch eine stärkere Romnähe ihrer Könige bestimmt gewesen zu sein. Im Prinzip war dies genau der Frieden *(pax)*, den Segestes im Schutze Roms angestrebt hatte[6] – doch als dieser Zustand erreicht war, bewertete Tacitus, indem er die Cherusker mit ihren mächtigen und herrschsüchtigen Nachbarn verglich, diesen Frieden in seiner *Germania* als «Erschlaffung».

### *Die Zurückdrängung des Germanen-Begriffs in der Völkerwanderungszeit*

Das nur vorübergehende Aufscheinen und Verlöschen von Stämmen und Stammesnamen, die wie die Cherusker nur für einen begrenzten Zeitraum als handelnde Gruppen zu erkennen sind, war innerhalb der germanischen Welt eher die Regel als die Ausnahme. Großräumige Wanderbewegungen, in deren Folge sich immer wieder Stämme und Teilstämme siedlungssuchenden Gruppen anschlossen oder sich von ihnen abspalteten, veränderten die germanische Stammeswelt ab dem späteren 2. Jahrhundert n. Chr.: Zuerst traten an der Donau zahlreiche größere und kleinere Gruppen in Erscheinung, mit zum Teil bis dahin völlig unbekannten Namen. Siedler aus dem elbgermanischen Osten ließen sich im 3. Jahrhundert in Südwestdeutschland nieder; für sie wurde der Name «Alemannen» üblich. Am Niederrhein war die neue Welle von über den Rhein nach Gallien vordringenden Gruppen mit dem Namen der «Franken» verbunden – ein Großverband, in dem unter anderem die alten Stämme der Brukterer, Chamaver, Ampsivarier und Chattuarier aufgegangen sein sollen. Ungeachtet der strittigen Frage, welche ethnischen Realitäten oder welche politischen Organisationsformen sich hinter diesen neuen «Großstämmen» verbargen, war ein Effekt, dass die neuen Begriffe «Franken», «Alemannen» und – an der Donau – «Goten» aus römischer Perspektive für die verschiedenen Grenzabschnitte weitaus griffigere Sammelbezeichnungen wurden: Unter Verwendung dieser Stammesnamen konnte man geographische und politische Situationen schärfer präzisieren, und die allgemeine Bezeichnung «Germanen» kam demgegenüber zunehmend außer Gebrauch.

Als sich schließlich in den Jahrhunderten der Völkerwanderung die Franken in Gallien niedergelassen hatten, die Jüten, Angeln und Sachsen in England, die Vandalen in Nordafrika und die Königreiche von Goten und Langobarden nicht nur in der Tradition, sondern auch auf dem Boden des *Imperium Romanum* fortlebten, hatten die Begriffe «Germanien» und insbesondere «Germanen» ihre bezeichnende Funktion völlig verloren: Diese alten Begriffe genügten einfach nicht mehr, um den sich dynamisch verändernden Raum und die Völker zu beschreiben, für die sie einst gegolten hatten. Auch in den verschiedenen neuen Reichen, die aus den Wanderungen hervorgegangen waren, wurden sie weder der buntgemischten Bevölkerungsstruktur gerecht – wo die aus dem Norden stammenden Krieger allenfalls einen Teil der Oberschicht ausmachten –, noch den staatlichen Institutionen, die zumeist von Rom übernommen wurden. Insgesamt waren die neuen Verhältnisse so heterogen, dass dem Begriff «Germanen» kaum mehr eine beschreibende Kraft innewohnte, geschweige denn, dass er noch sinnvoll die Realität abgebildet hätte. Zwar konnte der Begriff «Germanen», ähnlich wie «Barbar», gelegentlich noch als ein Synonym für einen ganz konkreten Stamm benutzt werden, doch zur Charakterisierung von Gemeinsamkeiten erwies er sich aufs Ganze gesehen als nicht mehr hilfreich und ging folglich in der Zeit der Völkerwanderung mehr oder weniger verloren.

### *Die Begriffe «Germanisch» und «Deutsch»*

Eine kurze Renaissance erlebte der Germanennamen mehr als ein halbes Jahrtausend später: Von Gelehrten der Karolingerzeit wurde er zur Bezeichnung des ostfränkischen Reiches verwendet, das im 9. Jahrhundert durch Abtrennung vom Frankenreich – die im Erbgang zur Ausstattung eines der jüngeren Söhne Ludwigs des Frommen erfolgte – entstanden war. Inspiriert wurde die Namensgebung geographisch: Das Territorium des neu entstandenen Reichs lag von Anfang an auf einer kleinen Fläche östlich des Rheins. Im Zuge der weiteren Expansion füllte es mit dem Raum zwischen Rhein und Elbe schon bald die «*Germania*» der Antike, bevor dieses neu entstandene mittelalterliche Reich in großem Stil auch Gebiete westlich des Rheins hinzu gewann. Der erste Herrscher des Reiches, Ludwig, wurde in westfränkischen Quellen, also von außen gesehen, auch *rex Germaniae*, König von Germanien, genannt. Die uns heute geläufige Übersetzung als «Ludwig der Deutsche» (817–876) ist allerdings nicht zeitgenössisch, sondern wurde erst im 19. Jahrhundert populär – auch sie bildet einen Teil des wirkungsgeschichtlichen Gestrüpps zwischen den Begriffen «germanisch» und «deutsch».

*Diutisc* oder *theodiscus* waren im späten 8. Jahrhundert aufkommende Bezeichnungen für die vom Volk gesprochene Sprache, die damit vom Latein als Sprache der Bildungseliten abgegrenzt wurde.[7] Der Begriff geht zurück auf eine noch ältere Bezeichnung **peudisk*, die dem lateinischen *populus* verwandt ist und «Volk, Gruppe, Menge» bezeichnet. Aus den Begriffen *diutisc* bzw. *theodiscus* erwuchs nach und nach eine Alternative, das neu entstandene, im Prinzip traditions-, ideologie- und namenlose ostfränkische Königreich anzusprechen, so dass die Bezeichnung für die gesprochene Sprache die Grenze zur Volks- und Landesbezeichnung überschritt. Dem antiken Germanenbegriff nicht ganz unähnlich, barg das Wort «Deutsch» ein eigenartiges Gemenge aus geographischer Abgrenzung und – in diesem Fall – an Sprache gebundener ethnischer Zuschreibung. Scharfe Grenzen setzte dieser Begriff indes weder in der einen noch in der anderen Beziehung. Auch ein Bewusstsein einer gemeinsamen Kultur dürfte die Träger dieser Bezeichnung damals noch nicht verbunden haben. Nach dem Zerfall der Karolingermacht war es aber schließlich dieser Begriff, der sich in einer ziellosen und eher zufälligen Entwicklung eignete, das Gemeinsame der überall neu entstandenen Stammesherzogtümer zu erfassen und der in der Namensgebung als «Deutsches Reich» überdauerte.

## 8.1 *«Ich hab in von hertzen lib» – Die Wiederentdeckung des Arminius*

In der Karolingerzeit war der Germanennamen – wie bereits erwähnt – nur für kurze Zeit wieder aufgeschienen.[8] Sein erneutes Aufflackern ein weiteres halbes Jahrtausend später wuchs sich jedoch zu einer Flamme von gewaltiger Leuchtkraft aus: Ausgangspunkt war die Wiederentdeckung der *Germania* des Tacitus 1445 im Kloster Hersfeld, die 1470 erstmals gedruckt wurde. Die kleine Schrift über Sitten und Gebräuche der Bewohner rechts des Rheins und nördlich der Donau veränderte das Weltbild zumal der deutschen Humanisten von Grund auf. Verfasst in der Sprache der Antike – und damit umgeben vom Nimbus höchster Autorität – machte die Schrift nicht nur mit einer Vergangenheit bekannt, die man ungebrochen als die eigene annahm, sondern sie zeigte den Lesern auch, dass diese Vergangenheit von Rom unabhängig gelebt worden war und wie die Germanen sich ebenbürtig neben dem *Imperium Romanum* hatten behaupten können. Den Gelehrten der romanischen Länder, die sich in die überreiche Tradition des Römischen Reiches stellten, vermochten die Humanisten fortan eine eigene, in der Antike wurzelnde Kultur entgegenzuhalten, die ihnen Mittel zur Konkurrenz mit und zur Emanzipation von Rom wurde.[9]

Die unhistorische Darstellungsweise des Tacitus beförderte auf ihre Weise, dass die von dem römischen Autor beschriebenen Charaktermerkmale der Germanen von den neuzeitlichen Gelehrten als zeitlos gültig akzeptiert wurden und man ihnen geradezu normative Geltung zusprach. Die den Germa-

*Abb. 20 Ambrosius Holbein, 1517*

nen des Tacitus eigentümliche Freiheit *(Libertas)*, die urwüchsige, aus den rauen äußeren Lebensbedingungen erwachsene Stärke und die Tugenden der Kampfbereitschaft, Strenge und Sittenreinheit wurden den Zeitgenossen zu Attributen des eigenen Nationalcharakters. Auch die regionale und ethnische Vielfalt sowie die ausgebliebene Zentralisierung erschien als in Vergangenheit und Gegenwart gültig und tief im Wesen der Bewohner Nordeuropas verwurzelt.

Zu den Kuriositäten zählt, dass die taciteische Außenperspektive auf die Germanen in der Antike niemals mit einer entsprechenden gemeinsamen Selbstbeschreibung der Germanen korrespondiert hatte, während sie anderthalb Jahrtausende später zur Grundlage einer eigenen «Identität der Deutschen» wurde. Und auch im Hinblick auf die Abgrenzung nach außen, die einem solchen Bewusstsein der Gemeinsamkeit dienstbar gemacht wurde, bot der einst so erfolgreiche Widerstand der Germanen gegen Rom dann in der frühen Neuzeit mannigfache Anknüpfungspunkte für antirömische, antipäpstliche und antiromanische Reflexe.

Mit dem Auffinden der *Annalen* des Tacitus und schließlich des Geschichtswerks des Velleius Paterculus trat auch Arminius in das Blickfeld der Humanisten. Der Cherusker eignete sich, die Rolle eines positiven Helden auszufüllen. Sein geschichtliches Wirken kam in besonderer Weise politischen Interpretationen entgegen: Schon für den Erstdruck der «Römischen Geschichte» des Velleius Paterculus wurde der Kampf des Arminius gegen Varus als Kopfmotiv für den Holzschnitt auf dem Titel gewählt (Abb. 20): Von links stürmen die Germanen gegen die rechts stehenden Römer an;

beide Gruppen sind durch Fahnen mit den Schriftzügen «*Germani*» bzw. «*SPQR*» voneinander zu unterscheiden und zuzuordnen. Im Vordergrund stehen die beiden Feldherrn, ebenfalls mit Beischriften versehen, und blikken sich in die Augen: Arminius ist in der Art eines zeitgenössischen Landsknechtshauptmanns mit Schoßrock und breitem Barett bekleidet, Varus mit Helm, Brustpanzer und den typischen darunter hervortretenden Lederlaschen. Die Soldaten kämpfen mit Spießen und Hellebarden, und auch die Kleidung ist jene des 16. Jahrhunderts. Unter der Inschrift rechts außen «*Tandem vipera sibilare desiste* – endlich hat die Schlange aufgehört zu zischen» wenden sich die Römer bereits zur Flucht und geben das Feld preis. Ein flüchtender Soldat unterhalb der SPQR-Fahne hält eine Standarte mit dem Habsburger Doppeladler: Dieser Arminius kämpft gleich auch noch gegen Kaiser und Reich.[10]

In die deutsche Literatur wurde Arminius durch Ulrich von Huttens «Arminius-Dialog» eingeführt.[11] Um 1520 verfasst, erschien das kleine, aber für die weitere Rezeption geradezu bahnbrechende Werk erst 1529 postum: Arminius wurde mit den großen Feldherren der Antike auf eine Stufe gestellt, und der Sieg des Arminius über das Heer des Varus stellte für Hutten den Eintritt der Deutschen in die Geschichte dar. Für Hutten war er der erste Vaterlandsverteidiger der Deutschen, woraus sich die Gerechtigkeit seines Kampfes von selbst ergab. Die bei Tacitus beschriebenen Charaktereigenschaften der Germanen waren Hutten unveränderliche Wesensmerkmale der Deutschen auch in der eigenen Gegenwart. Diese Germanen hatten sich im Kampf gegen Rom nicht nur als ebenbürtig erwiesen, sondern – folgt man Hutten – moralisch und militärisch sogar überlegen.

Die Eindeutschung von «Arminius» zu «Hermann» erfolgte im Umfeld Martin Luthers.[12] Der Reformator erklärte den Namen selbst als «Heermann» und Übersetzung von «*dux belli*»: Der «zum heer und streit tüchtig ist, die seinen zu retten und forn an zu gehen, sein leib und leben drüber wogen.» Und an anderer Stelle drückte Luther seine Sympathie mit dem Cherusker noch deutlicher aus: «Wenn ich ein poet wer, so wolt ich den celebriren. Ich hab in von hertzen lib.»[13]

Im Kreis der Reformatoren kamen auch Vergleiche von Luther mit Arminius auf: Der Cherusker stand für die Reformation, sein Gegenüber Varus für die römische Kirche. Die Parallelisierung fand sich unter anderem durchmischt mit der Ikonographie des Kampfes Davids gegen Goliath: In beiden Fällen ließen die Analogien jedenfalls keinen Zweifel daran, welche Seite auch in der eigenen Gegenwart mit dem glücklicheren Ausgang ihrer Sache rechnen konnte. Überhaupt darf man in dem durch die antiken Schriften vermittelten Selbstbewusstsein der Deutschen durchaus eine wichtige Facette des geistesgeschichtlichen Hintergrunds für die Reformation sehen. Die Reformatoren ihrerseits trugen wiederum nicht unwesentlich zur Popularisierung des Arminius bei.

Bis in die Gegenwart fortwirkendes Erbe dieser intensiven Rezeptionsphase der antiken Schriften im späten 15. und im 16. Jahrhundert blieb die Gleichsetzung von «germanisch» und «deutsch»: Deren Relikte zeigen sich sinnfällig in den heute synonym gebrauchten Bezeichnungen «Deutschland» und «Germany», «Germania», «Germanija» etc.; sie offenbaren sich in der – bei näherer Betrachtung höchst problematischen und kaum definitorische Klarheit schaffenden Namensgebung – der Wissenschaftsdisziplin «Germanistik» oder auch noch in der Namensgebung von Institutionen wie dem «Germanischen Nationalmuseum» oder den «Monumenta Germaniae Historica» als Sammlung der Quellen zur Deutschen Geschichte.[14]

Als beständig oder zumindest leicht reanimierbar sollte sich auch die extrem unhistorische Sichtweise des Humanismus mit seiner Gleichsetzung von Einst und Jetzt und – damit verbunden – der Ableitung normativer Ansprüche aus den antiken Texten erweisen. In diesem Zusammenhang finden auch die ersten Lokalisierungsversuche der Varuskatastrophe ihre besondere Bedeutung: Als Beatus Rhenanus (Lippischer Wald bzw. Paderborn), Philipp Melanchthon (Osning bzw. Kassel), Martin Luther (Harz), Georg Spalatin (Duisburg) und andere Gelehrte dafür die verschiedenen Orte in Erwägung zogen, war dieses nicht nur gelehrte Exegese antiker Autoren, sondern durchaus auch Teil einer Identitätssuche mit Hilfe der alten Schriften – waren diese Schriften doch in der Lage, dem mittelpunktlosen Reich über die Geschichte einen Ort gemeinsamer Herkunft zu geben.

## 8.2 *Einiger des Vaterlandes und Liebesheld*

In den knapp anderthalb Jahrhunderten nach dem Dreißigjährigen Krieg (1618–1648) blieb das Arminius-Motiv vor allem in zahlreichen literarischen Bearbeitungen präsent, darüber hinaus in bildlichen Darstellungen und in Vertonungen. Mit der Fülle der Bearbeitungen wurde das Arminius-Motiv vielschichtiger, verlor aufs Ganze gesehen dabei jedoch an politischer Kontur und identitätsstiftender Funktion. Eine größere Gegenwartsbezogenheit zeigt sich auch daran, dass dort, wo sich vorher noch die Deutschen den Germanen anverwandeln wollten, schließlich die Germanen – und mit ihnen Arminius – immer stärker zu Deutschen gemacht wurden.

Zu den buchstäblich großen Werken der Arminius-Rezeption zählt Daniel Caspar von Lohensteins höfisch-galanter Roman von 1689/90, mit einem Umfang von zwei Teilen, neun Bänden und insgesamt 3280 Seiten, dessen verschiedene inhaltliche Ebenen und Absichten sein im wahrsten Sinne des Wortes barocker Titel erahnen lässt:[15] «Großmüthiger Feldherr Arminius oder Herrmann, Als ein tapfferer Beschirmer der deutschen Freyheit, Nebst seiner Durchlauchtigsten Thusznelda. In einer sinnreichen Staats-, Liebes- und Heldengeschichte. Dem Vaterlande zu Liebe. Dem deutschen Adel aber zu Ehren und rühmlichen Nachfolge. In zwei Theilen vorgestellet und mit annehmlichen Kupfer gezieret.» Charakteristisch für diese neue Rezeptionsphase ist, dass der politische Gedanke der Freiheit durch das Motiv der Liebe ergänzt wird – freilich ohne dass dieser so inszenierte Arminius dadurch seine Vorbildfunktion für die Gegenwart («und dem Adel zur Nachfolge») verlieren sollte. Eine zweite, zeitgenössische Ebene des Romans spielte in der Zeit nach dem Dreißigjährigen Krieg: Arminius, in dem die freien Fürsten der Germanen einen Ersten und Gleichen *(primus inter pares)* für ihre Verteidigung nach außen fanden, steht für Kaiser Leopold I. Auch die weiteren Akteure des Romans sind zeitgenössischen Personen zugeordnet und als solche nicht nur zu identifizieren, sondern in einem eigenen Anhang aufgeschlüsselt. Die Grundhaltung des Romans ist ein Lobgesang *(laudatio)* auf die Deutschen. Die Varusschlacht wurde für Lohenstein in dieser Konzeption der Punkt, auf den die Geschichte der gesamten Alten Welt, einschließlich jener des Vorderen Orients, zulief, und von dem zugleich alle weiteren Entwicklungen ausgingen. In dieser Hinsicht durchaus vergleichbar ließ Christian Dietrich Grabbe wiederum rund 150 Jahre später in der Schlussszene seiner «Hermannsschlacht» – mit einer gewissen Großzügigkeit im Hinblick auf die Chronologie – den sterbenden Augustus die Nachricht von der Niederlage des Varus und jene von der Geburt Jesu ereilen, gewissermaßen der Beginn einer doppelten Heilsgeschichte.

Neue Akzente setzte 1749 Justus Mösers «Arminius, ein Trauerspiel»: In seiner politischen Interpretation nutzte Möser für die Darstellung der «Freiheit» nicht den Kampf gegen Varus, sondern die Ermordung des Arminius durch seine eigenen Stammesgenossen. Mösers Anliegen war die Betonung der deutschen Verfassungsproblematik, und sein Arminius, der sich den verblendeten germanischen Fürsten als erster Diener des Staates anbietet, wird von eben diesen Fürsten an der Errichtung einer Zentralgewalt gehindert. Der Gegenspieler des Arminius, Segestes, steht in diesem Drama für Vielstaaterei und Anarchie. Doch Möser griff auch das Problem der Entartung der Führungsstellung zu einer absoluten Monarchie auf, so wie es bei Tacitus für den historischen Arminius angedeutet ist.[16] Die Vernichtung der Legionen des Varus gerät bei Möser, ganz im Sinne seiner Interpretation, zu einem Akt der kollektiven Verteidigung der Sozialordnung gegen Eindringlinge. Mösers Sichtweise war auch insoweit ein fortschrittliches Konzept, als die Beschreibung der Germanen als eine staatsbildende Nation – und nicht mehr primär nur als eine durch Abstammung und kulturelle Übereinstimmungen zusammengehaltene Gemeinschaft – geeignet war, die Germanen vom Makel einer frühen Kulturstufe zu befreien. Zwar wurden diese vermeintliche Ursprünglichkeit und Naturnähe durch die Vorstellungen vom «edlen Barbaren» geadelt, der seinem dekadenten Umfeld ethisch-moralisch überlegen war. Doch die zur gleichen Zeit einsetzende Griechenbegeisterung und die gefühlte Nähe der Deutschen zu diesem Volk hielt unter dem Aspekt der Kulturhöhe für die weitaus größere Zahl der Zeitgenossen ein attraktiveres Identifikationsangebot bereit.[17]

Zu den aberhunderten Bearbeitungen des Arminius-Stoffes im 17. und insbesondere im 18. Jahrhundert als Oper, Drama, Epos, Gedicht, Lied oder Roman trug die gesamte deutsche Geisteselite bei: Johann Elias Schlegel (1743), Christoph Otto von Schönaich (1751), Christoph Martin Wieland (1751), Jakob Bodmer (1756), Friedrich Gottlieb Klopstock – der sich dem Gegenstand zwischen 1752 und 1787 nicht nur in insgesamt 4 Stücken näherte, sondern mit dem «Bardiet» zudem eine besonders weihevolle literarische Form für seine vaterländischen Gesänge entwickelte –, Friedrich Hölderlin (1796) und schließlich auch Johann Wolfgang von Goethe, der 1801 an einem entsprechenden Entwurf arbeitete. Das 18. Jahrhundert war zugleich ein Höhepunkt der Arminius-Opern: Zwischen 1676 und 1910 wurden nicht weniger als 75 auf der Grundlage dieses Stoffs komponiert.[18]

Um Arminius als heroische Bühnenfigur zu inszenieren, bedurfte es längst keiner nationalen Komponente mehr. Damit im Einklang steht, dass die französische Literatur sich des Arminius-Motivs in gleicher Weise bediente, ja, ihn als Romanfigur sogar noch vor den Deutschen entdeckt hatte.[19] Dem Zeitgeschmack entsprechend, schob sich in diesen Werken die dramatische

*Abb. 21 Johann Christoph Sysang, Hermann kündigt den Römern den Bund auf, 1753*

Liebesgeschichte zwischen Arminius und Thusnelda immer stärker in den Vordergrund. Zum Gegenspieler des Arminius geriet so eher sein Schwiegervater Segestes als der Römer Varus. Gottsched, der die Tragödie zu einem Mittel der Aufklärung machen und ihr die Würde wieder zurückgeben wollte, wandte sich vehement gegen den überhöhten Stellenwert des Liebesmotivs und gegen das «Hochzeitmachen» in den Tragödien seiner Zeit. Sein ihm zu jener Zeit noch treu verbundener Schüler J. E. Schlegel lässt seinen «Hermann» konsequent die Prioritäten hervorheben: «Man sage, wenn man einst von meinen Thaten spricht: Thusnelda liebt er sehr, doch mehr noch seine Pflicht.»[20]

Wie sehr das Arminiusbild im 17. und 18. Jahrhundert durch die Rezeptionsästhetik der adeligen Welt bestimmt war, zeigt Johann Christoph Sysangs Illustration zu Otto von Schönaichs «Hermann, oder das befreite Vaterland» (Abb. 21). Sie zeigt Arminius nicht mehr als einen Landsknechtshauptmann – wie bei Ambrosius Holbein (vgl. Abb. 20) – und auch nicht als Führer seiner Truppen im Kampf. Stattdessen lässt sie die Aufkündigung des Bundes mit Rom als eigene Szene entstehen und zeigt Arminius als grazilen Tänzer: «Nach vorn leicht ausschreitend ist er gerade im Begriff, eine ‹posa› einzunehmen, die seine ganze Überlegenheit ausdrücken soll: Den rechten Arm in die Hüfte stemmend, den linken elegant seitlich wegspreizend verlagert er leichtfüßig seinen Schwerpunkt so weit nach oben, dass er mit dezent geneigtem Kopf auf seine beiden römischen Kontrahenten herabschauen kann. (...) Noch schwingt die Kleidung etwas, doch gleich hat er die richtige Position gefunden und wird die Römer nur durch Blick und Gestus in Schach halten können.»[21]

Es war die Zeit, als «Geschichte zum Libretto» wurde und die Arminius- und Varusschlachttradition sich «verbreiterte, verflachte und zerfaserte».[22] Doch auf der anderen Seite trug die Zahl der literarischen, musikalischen und darstellenden Bearbeitungen dazu bei, den Arminius-Stoff weit über die humanistischen Schulen hinaus zu popularisieren und auf breiter Front präsent zu halten.

## 8.3 *Hermannsschlacht und Hermannsdenkmal*

Einen radikalen Wechsel in der Arminius-Rezeption brachte das 19. Jahrhundert. In seiner tagesaktuellen und politischen Ausdeutung der Vergangenheit knüpfte es in vielem wieder an das Arminiusbild des 16. Jahrhunderts an. Ausgangspunkte dieser neuen Zeitnähe des Arminus waren einerseits das Erlebnis der napoleonischen Feldzüge zu Beginn des Jahrhunderts und andererseits die Deutsche Reichsgründung von 1871.

*Das Napoleon-Erlebnis*
Während der napoleonischen Kriege griff man in den deutschen Staaten erneut auf Arminius als Chiffre für die Befreiung von Fremdherrschaft zurück. Die «Hermannsschlacht» selbst wurde in den Rang eines Symbols der Freiheit und der Selbstbehauptung gehoben, und handelnde Macht war die Nation. Letztere beschwor vor allem Johann Gottlieb Fichte: In seinen «Reden an die deutsche Nation» (1807/08) huldigte er dem Mythos eines germanischen Urvolks, dem er politische und kulturelle Überlegenheit bescheinigte und dessen Tugenden und Stärke er zugleich – wie seinerzeit die Humanisten – unverändert in den Deutschen der eigenen Gegenwart wiederfand und beschwor.

Die bekannteste literarische Reaktion auf die napoleonische Besetzung nach dem Zusammenbruch Preußens war aber sicherlich die 1808 verfasste «Hermannsschlacht» Heinrichs von Kleist.[23] Verkörperte darin Varus den Besatzer, so Arminius den opferbereiten, doch ebenso listigen Verteidiger der Freiheit des Vaterlandes, dem auch Lüge und Täuschung als gerechtfertige Mittel dienten. Bis in die Nebenrollen hinein war das Stück ganz auf die eigene Gegenwart bezogen und offen antifranzösisch. Historische Genauigkeit wurde der eigenen Intention untergeordnet, so etwa wenn sich Fust, der Fürst der Kimbern, und Hermann – kaum dass der Sieg errungen war – vor dem verwundeten Varus streiten, wer dem Römer den letzten Hieb verpassen dürfe und dieses Vorrecht sogar mit Waffen ausfechten. Eigentlicher Sieger in der Schlacht war für Kleist nicht der «Preuße» Arminius, sondern der «österreichische» Suebe Maroboduus. Der historische Maroboduus hatte sich zwar ausdrücklich nicht auf die Seite des Arminius gestellt, doch in einem Vorgriff auf die Zukunft deutete Kleist an, dass er von Österreich die wirkungsvollste Hilfe gegen Napoleon erwartete. Eine geplante Aufführung des Stücks in Österreich noch im Jahr 1808 unterlag sofort der Zensur. Erst 1821 konnte die «Hermannsschlacht» aus dem Nachlass veröffentlicht werden. Nochmals fast zwanzig Jahre sollten vergehen, ehe das Stück 1839 zur Uraufführung gelangte; doch erst seit der Reichsgründung 1871 – dann aber unter gänzlich veränderten politischen Umständen – wurde es regelmäßiger gespielt.

Der Begriff «Hermannsschlacht» wurde von der Zeit der Befreiungskriege bis ins 20. Jahrhundert in Deutschland geradezu zu einer Chiffre für den Kampf gegen Frankreich; die Deutschen selbst bezeichneten sich in diesem Kontext als «Enkel Hermanns» oder als «Cherusker».[24] Nach dem Sieg über

Napoleon in der Völkerschlacht bei Leipzig (1813) feierte man ein großes nationales Fest aus Anlass der «Zweiten Hermannsschlacht».[25] Doch obwohl die Tagesbezüge mittlerweile dominierten, war der historische Arminius darunter noch nicht verschüttet. Eine ungebrochene Kontinuität zwischen den Taten des Cheruskers und der deutschen Gegenwart blieb für viele eine fortgeltende Grundannahme.[26] Durchaus repräsentativ erscheint in diesem Kontext die Apologie Ernst Moritz Arndts: «An der Schlacht im Teutoburger Wald hing das Schicksal der Welt, darum ist Hermann Weltname geworden; er ist nicht bloß etwas Poetisches für uns, etwas bloß durch das graue Altertum und den Wahn der wachsenden Zeitlänge Geheiligtes, nein, er ist etwas Ewiges und Wirkliches, weil wir noch durch ihn sind, weil ohne ihn vielleicht seit sechzehnhundert Jahren kein Teutsch mehr geprochen würde.»[27]

Von Kleist bis zur Mitte des Jahrhunderts erfolgten abermals rund zwei Dutzend literarische Bearbeitungen des Hermannstoffes, darunter die tief in der westfälisch-lippischen Heimat verwurzelte und in vielem die spätere völkische Ideologie vorwegnehmende «Hermannsschlacht» von Christian Dietrich Grabbe (1835).[28] Die Fülle der Bearbeitungen zog den Spott Heinrich Heines auf sich:[29] «Nun kamen die Alliierten und die schlechten Befreyungsgedichte, Hermann und Thusnelda, Hurrah!»[30] In seiner Jugend hatte Heine die Begeisterung für den Sieg des Varus über die Römer durchaus noch geteilt. Doch der zu seiner Zeit mit der Rezeption des historischen Ereignisses unauflöslich verbundene Antiromanismus ließ ihn, der es als Lebensaufgabe ansah, die Aussöhnung zwischen Frankreich und Deutschland voranzubringen, auf Distanz gehen. Berühmt sind seine ironischen Verse aus dem 11. Kapitel des Wintermärchens:

*«Das ist der Teutoburger Wald,*
*den Tacitus beschrieben,*
*Das ist der klassische Morast,*
*Wo Varus stecken geblieben.*
*Hier schlug ihn der Cheruskerfürst,*
*Der Hermann, der edle Recke;*
*Die deutsche Nazionalität,*
*Sie siegte in diesem Drecke.»*

In überraschender Wendung verweist Heine am Ende des Kapitels auf die Pläne zur Errichtung eines Hermannsdenkmals im Teutoburger Wald bei Detmold, um sich gar – was freilich nicht erwiesen ist – selbst als Beiträger zu erkennen zu geben:

*«Drum wird dir, wie sich gebühret,*
*Zu Dettmoldt ein Monument gesetzt;*
*Hab' selber subskribiret.»*

*Das Hermannsdenkmal*

Der Plan zur Errichtung eines solchen Denkmals, das den Patriotismus fördern sollte, war bereits im letzten Viertel des 18. Jahrhunderts aufgekommen und unter anderem von Klopstock vertreten worden. Nach den Befreiungskriegen intensivierte sich die Denkmalsbewegung. Schon in der 1807 geplanten, 1830 begonnenen und schließlich 1842 als Ruhmeshalle des Deutschen Volkes fertiggestellten *Walhalla* bei Regensburg füllte eine Darstellung der Hermannschlacht das nördliche Giebelfeld; ihr korrespondierte im südlichen Giebelfeld gegenüber eine Darstellung des Sieges über Napoleon.

Die Anfänge der Realisierung eines Hermannsdenkmals bei Detmold gingen auf den Bildhauer Ernst von Bandel 1836 zurück.[31] Der Baufortschritt selbst gestaltete sich zäh und wurde unwillkürlich zu einem Spiegel der politischen Entwicklung in Deutschland: 1841 wurde der Grundstein gelegt, doch 1848 war erst der Sockel des groß dimensionierten Monuments vollendet. Überall im Reich waren «Denkmalvereine» gegründet worden, mit dem Ziel, auf breiter Spendenbasis die Finanzmittel für die Errichtung einzuwerben. Doch abgesehen von dem Zentralverein in Detmold lösten sich die meisten Denkmalvereine nach wenigen Jahren wieder auf. Nach dem Scheitern der Frankfurter Nationalversammlung ruhte der Weiterbau des Denkmals völlig. Erst 1861 erhielt die Idee im Zuge der Bismarckschen Einigungsbewegung wieder Dynamik, und der Bau wurde fortgesetzt. Den Durchbruch brachte allerdings erst die Reichsgründung 1871: Große Zuwendungen des Reichstags und der Hohenzollern lieferten die nötigen Finanzmittel, um das Standbild für den «Befreier Deutschlands» zügig zu vollenden.

1875 wurde das Detmolder Hermannsdenkmal im Beisein Kaiser Wilhelms I. eingeweiht (vgl. Abb. 23). Das Denkmal, das – wie etwa auf einer in den Grundstein von 1841 eingelassenen Tafel dargelegt – ursprünglich vor allem die Deutschen zur Einheit mahnen sollte, war vor dem Hintergrund des Sieges über Frankreich und der Reichsgründung zu einem Wilhelminischen Siegesmal geworden, und es war ein dezidiert antifranzösisches Monument. Der Blick Hermanns und sein siegreich nach dem Kampf erhobenes Schwert wiesen Richtung Westen. «Heil dem Helden Armin / Auf den Schild hebet ihn / Zeigt ihn den unsterblichen Ahnen / Solche Führer wie

*Abb. 22* *Wilhelm I. als Arminius (Punch vom 11.3.1871)*

der / gieb uns, Wodan, mehr / – Und die Welt, sie gehört den Germanen!» reimte Felix Dahn in seinem «Siegesgesang nach der Varusschlacht» im Jahr nach der Reichsgründung. Wilhelm I. galt als würdiger Nachfolger des Arminius, dem der Sieg über den äußeren Gegner und die Einigung des Reiches gelungen war: In der Zeichnung des über den besiegten Gegner hinwegreitenden Wilhelm I. mit dem Flügelhelm im englischen «Punch» vom 11.3.1871 verschmolzen Arminius und Wilhelm (Abb. 22). Auch umgekehrt kamen Darstellungen des Arminius auf, in denen jener den vollen Backenbart Wilhelms trug.[32]

Ein dem Bandelschen Vorbild nachempfundenes Hermannsdenkmal mit einer Höhe von immerhin noch vergleichbar monumentalen 31 Metern (gegenüber 54 Metern des Originals) wurde 1897 von deutschen Emigranten in New Ulm im Staate Minnesota errichtet. Auch dieser Hermann trägt den Vollbart. Hier ist dieses ikonographische Element allerdings als «Demokratenbart» der Deutschamerikaner und im Gegensatz zu den glattrasierten Engländern zu verstehen.[33] Bemerkenswerter an dem heute noch existierenden Denkmal ist aber das in ihm zum Ausdruck kommende Bekenntnis der Stifter zur deutschen Abstammungsgemeinschaft – die ausgewanderten deutschsprachigen Bewohner New Ulms verliehen durch die Errichtung dieses Monuments ihrer Selbstwahrnehmung Ausdruck, die sich sicherlich

*Abb. 23 Hermannsdenkmal, Detmold, 1871*
*Abb. 24 Freiheitsstatue, New York 1886*

weniger mit dem neugegründeten Kaiserreich verband, sondern Kontinuitätslinien bis zu den Germanen aus der Zeit des Arminius konstruierte.

Beinahe unverändert wiederholt findet sich die heroische Pose des Bandelschen Hermanns bei der 46 Meter hohen «Statue of Liberty» im Hafen von New York, die den Vereinigten Staaten 1886 von Frankreich geschenkt worden war (Abb. 24). Gestus und Attribute sollen – den Intentionen des Hermannsdenkmals nicht unähnlich – auf die Freiheit verweisen. Doch die von ihr gemeinte Freiheit musste die «Statue of Liberty» weder mit dem Schild schützen, noch war es erforderlich, mit dem erhobenen und durch seine Inschrift gleichsam sprechenden Schwert – «Deutschlands Einigkeit meine Stärke, meine Stärke Deutschlands Macht» – äußeren Feinden zu drohen. Freiheit drückte sich bei ihr in der gleichermaßen bergend umfassten wie stolz präsentierten Kodifizierung der Unabhängigkeitserklärung aus, und statt Abwehr nach außen sollte das Licht, das «Miss Liberty Enlightening the World» emporhielt, erleuchten und gerade auch Menschen aus der Fremde zu ihr hinführen.

Wirkungsgeschichtlich fokussierte spätestens das Bandelsche Hermannsdenkmal die Wahrnehmung des Arminius wieder allein auf politische

Aspekte. Zugleich beförderte es eine neue Dynamik der Arminiusrezeption mit dem ihr eigenen Zug zur Arminiusverehrung. In nochmals weitaus breiteren Bevölkerungskreisen wurde «‹Hermann der Cherusker› mit dem Denkmal nun endgültig zum ‹ersten Deutschen›».[34]

*Historienbilder*

Die Reichsgründung 1871 steht auch am Anfang einer ganzen Serie großformatiger Historienbilder.[35] Arminius-Darstellungen illustrierten die Geburt der Nation, in der auch Thusnelda eine heroische Rolle zugesprochen wurde: Denn während Wilhelm Tischbein sie im nachnapoleonischen Biedermeier noch angelehnt an ihren Gatten Arminius zeigte (Abb. 25), der seinerseits als treu sorgender Familienvater nicht nur ihr, sondern auch Sohn und Vater unter seinem Schild Schutz bot und mit erhobenem Schwert verteidigte, wuchs Thusnelda in Karl von Pilotys Darstellung des Triumphzug des Germanicus zur bestimmenden Figur (Abb. 26): Aufrecht, ungebrochen und stolz erstrahlt sie überlebensgroß in der Bildmitte, und nun ist es Thumelicus der an ihrer Stärke Rückhalt findet. Germanicus, eigentliche Zentralfigur des historischen Geschehens, ist links am Bildrand kaum mehr zu sehen, und Tiberius, der als Herrscher über das Römische Reich den Triumph entgegennimmt, ist an den oberen Bildrand gedrängt, wirkt blass und blickt tückisch und in dekadenter Körperhaltung auf das Geschehen. Die Gattin des Arminius wird in diesem – für den Cherusker schmachvollsten – Moment zur moralisch überlegenen, mithin unbesiegten und letztlich triumphierenden Hauptfigur. Mit einer nicht mehr hinterfragbaren Präsenz und Gewissheit ist die Zukunft auf ihrer Seite. Auch dass der «Verräter» Segestes zugegen ist, der nahe beim Herrscher unter den römischen Zuschauern sitzt, kann dieser Botschaft keinen Abbruch tun. Karl von Pilotys bereits 1869 begonnenes Monumentalgemälde war auf der Wiener Weltausstellung 1873 der Beitrag des Deutschen Reiches: Dieses schien Thusneldas Versprechen auf die Zukunft soeben eingelöst zu haben.

Allerdings bildete eine solch offizielle Rezeption eher die Ausnahme: Im Regelfall war die politische Rezeption des Arminius im 19. Jahrhundert, so sehr sie auch auf die Deutsche Verfassungswirklichkeit und das Deutsche Reich bezogen wurde, kein Bestandteil staatlicher Repräsentation. Rückbezüge auf Arminius schienen eher als private Bekundungen auf, deren Vertreter sich selbst in dieser ereignisgeschichtlichen Tradition und den damit verbundenen Ideen sahen – so beispielsweise die zahlreichen Burschenschaften

Abb. 25 *Wilhelm Tischbein, Hermann und Thusnelda, 1822*

Abb. 26 *Karl von Piloty, Thusnelda im Triumphzug des Germanicus, 1873*

oder Turnerbünde, die sich «Arminia» nannten. Der höfische Arminius des 17. und 18. Jahrhunderts war im 19. Jahrhundert bürgerlich geworden.

## 8.4 *Volk, Rasse und Führer*

Mit dem Sieg über Frankreich und der Gründung des zweiten deutschen Kaiserreiches hatte Deutschland zur nationalen Einheit gefunden. All jene Hoffnungen des politischen Germanismus, die aus dem historischen Arminius den Anspruch auf die Einheit und eine starke Stellung des deutschen Volkes in der Völkergemeinschaft abgeleitet – und ihre innere Gewissheit daraus bezogen – hatten, waren damals erfüllt. Für einen aber nun mal erreichten Zustand konnte Arminius deutlich weniger Kraft entfalten. Doch auch in anderer Hinsicht verlor der historische Arminius an Bedeutung und Kontur. So schuf einerseits das seit 1875 stehende Hermannsdenkmal in seiner massiven Gegenwärtigkeit eine eigene Wirklichkeit – dieser Hermann hatte sich spätestens zum Zeitpunkt seiner Einweihung vom historischen Arminius emanzipiert und war im Begriff, ihn zu überdecken, wenn nicht völlig zu ersetzen. Andererseits schob sich eine Ideologie in den Vordergrund, welche die Germanen in den Rang eines auserwählten Volkes hob, und diese Vorstellung wurde schließlich auch politische Ideologie des Staates. Im Rahmen dieser Vorstellungswelt, für die Abstammung und Reinheit des Blutes als wichtigste Kriterien zählten und die in einer dumpf gedachten Vorgeschichte ihre Wurzeln fand, kam dem Wirken des Cheruskers gleichfalls nur noch eine periphere Rolle zu.

### *Arminius im Kaiserreich und in der Weimarer Republik*

Schon bald nach der Einweihung des Hermannsdenkmals überdauerten allein Wilhelm I. und allenfalls noch Bismarck als Ikonen der Reichseinigung, nicht aber Arminius: «Standen Arminius und der Kaiser 1875 noch gemeinsam auf einem Sockel, stellte sich nun heraus, dass ein monarchischer Mythos immer nur einen Monarchen verträgt. Da der Kaiser noch lebte, musste Arminius gehen.»[36]

Der Verlust der identitätsstiftenden Funktion des Arminus zeigte sich deutlich bei der 1900-Jahr-Feier der «Varusschlacht». Diese wurde zwar noch am Fuße des Hermannsdenkmals begangen, doch im Gegensatz zu der hochpolitischen Demonstration anlässlich der Einweihung des Denkmals besaß die Jubiläumsfeier von 1909 eigentlich nur noch einen deutschtümelnden Charakter.[37] Vom 14. bis zum 23. August wurde über insgesamt zehn Tage gefeiert. Den Höhepunkt bildete ein großer Festzug: Der erste Teil stellte den «Siegeszug der Deutschen nach der Schlacht im Teutoburger Wald» dar, der zweite Teil sollte «ein anschauliches Bild des Lebens der alten Germanen und ihrer Kultur geben.»[38] Der pompöse Aufmarsch von 900 Darstellern sowie 200 Pferden und Zugtieren, welche unterschiedlichste Szenen der römisch-germanischen Geschichte und des germanischen Lebens nachstellten, zeigte in der Summe kaum mehr als eine «Zusammenballung von eichenbekränzten, mettrinkenden und jubelnden Fellgermanen.»[39] Politische Prominenz von überregionaler Bedeutung hatte sich nicht mehr eingefunden.

Erst politische Veränderungen ließen auch wieder einen politischen Arminius auferstehen – doch waren dies nur noch die Erscheinungsformen des literarischen Arminius der Hermannsschlachten sowie des von Bandelschen Standbilds. Als der erste Weltkrieg ausgebrochen war und die deutschen Truppen Frankreich angriffen, eröffnete das Berliner Schillertheater die neue Theatersaison 1914/15 vor begeisterten Zuschauern mit Kleists Hermannsschlacht: Von der Bühne herab wurden zwischen den Akten des Stückes dem Publikum immer wieder die aktuellen Waffenerfolge von der französischen Front gemeldet: «Da kam es wohl vor, dass alle im Theater stehend das Deutschlandlied sangen», berichtete ein Augenzeuge.[40]

Das Ende des Ersten Weltkrieges sah freilich ganz anders aus: Das Kaiserreich war untergegangen, das deutsche Staatsgebiet beschnitten, die Souveränität eingeschränkt, und tiefe Zerrissenheit prägte die Nation im Inneren. Abermals eignete sich Arminius als Retter in der Not: Ludwig Fahrenkrog malte 1920 eine hockende Germania, die in ihren gefesselten Händen ein zerbrochenes Schwert trägt (Abb. 28). Hände und Waffen streckt sie hilfesuchend Arminius entgegen, der längst nur noch als Hermannsdenkmal gedacht werden konnte und auf der Spitze eines Hügels als Befreier erscheint. Mit erhobenem Schwert wird der wieder Fleisch gewordene Bronze-Hermann von einer Gloriole hell umstrahlt. Es bedarf nicht des Vergleichs mit Caspar David Friedrich, um zu erkennen, dass dieser Arminius den Erlöser selbst ersetzte (Abb. 27). Der Wald, in dem sich die Szene abspielt, wird bei Fahrenkrog zur düsteren Trutzburg. Es ist jener selbst zum Mythos gewordene «Deutsche Wald», der schon in der Römerzeit den Fremden das Eindringen verwehrt und so seinen Teil dazu beigetragen haben soll, den Germanen die Freiheit zu bewahren. Zugleich war dieser Wald Symbol und Garant der den Deutschen zugedachten Naturnähe, jener Ursprünglichkeit,

*Abb. 27* *Caspar David Friedrich, Das Kreuz im Gebirge, 1808*
*Abb. 28* *Ludwig Fahrenkrog, Hermann als Befreier, um 1920*

Unverdorbenheit und Kraft, die sich direkt aus ihrer Umwelt – mit der sie dieser Vorstellung nach als «Waldmenschen» eine geradezu symbiotische Beziehung eingingen – abgeleitet haben sollen.[41]

Die tief empfundene Demütigung der deutschen Nation in der Nachkriegszeit machte Arminius nicht nur wieder zu einer geeigneten Chiffre für Widerstand und künftige Stärke, sondern der Blick in die Vergangenheit diente abermals der Ausgrenzung des Fremden und der aufbauenden Selbstvergewisserung. Als 1920 eine französische Feldwache mit Marokkanern bei der Saalburg stationiert wurde, notierte der damalige Direktor Heinrich Jacobi in der Chronik des Saalburgmuseums: «Es war das zweite und hoffentlich das letzte Mal, dass Romanen mit ihren orientalischen Hilfstruppen den Saalburgpass besetzt hielten.»[42]

So überrascht es nicht, dass auch das 50jährige Jubiläum der Einweihung des Hermannsdenkmals im Jahr 1925 wieder zu einem politischen Fanal wurde: Grußadressen zum Ereignis sandten unter anderem der Reichspräsident von Hindenburg, der Reichskanzler Dr. Luther, die verschiedenen Reichsminister einschließlich Außenminister Stresemann, schließlich auch der Chef der Heeresleitung, General von Seeckt. Der lippische Generalsuperintendent August Weßel hielt die Festpredigt: «Am Fuße der Grotenburg stehend, von deren Spitze Armins Standbild erhebend zu uns herübergrüßt, fassen wir den vaterländischen Gedanken in seiner ganzen Größe und Tiefe und halten ihn fest mit treuem deutschen Herzen. Nicht um wieder einmal ein Fest zu feiern sind heut' aus Süd und Nord und Ost und West Männer und Frauen und deutsche Jungmannen hier zu uns gekommen, nein, dieser Tag ist ein Tag der inneren Einkehr und zugleich innerer Erhebung. Unsere Hoffnung ist, dass aus der Schandennacht ein neuer lichter Tag voller Ehren anbrechen wird, ein Tag, an dem unsere Ketten zerbrechen werden, an dem die Lüge unter den Fuß getreten wird und die Wahrheit siegt. Ein Tag, an dem Einigkeit und Recht und Freiheit als des Glückes Unterpfand einem von welschem Übermut bedrückten aber nicht zerknickten Volke von neuem geschenkt wird (...) Wir müssen uns in Gottes Willen fügen: Wir ballen auch heute wieder die Faust gegen den Erbfeind, der seit 1000 Jahren der Störenfried Europas ist und uns das Schlimmste zufügen möchte. Aber wir vergessen nicht, dass der ewige König im Regimente sitzt und der Alleinweise, der weiß auch in den Tagen des Niedergangs und des Elends uns wohl zu regieren. Das ist Gottes Erziehungsweise, dass er unser deutsches Volk aus der Tiefe in die Höhe und aus der Enge in die Weite hinausgeführt hat.»[43] Der Reichstagsabgeordnete und spätere Reichsminister im Kabinett Brüning, Reinhold Treviranus erinnerte als Festredner zudem daran, dass das erhobene Schwert Hermanns auch vor «Bruderzwist und Vetternneid (... [dem]) Erbübel der Zwietracht» mahne, welche das Volk nie ganz verlassen hätten: «Parteigeist wird bleiben, wie Zwist in der Sippe (...) Bannt aber den Unfrieden, wenn es um Land und Volk gegen das Übelwollen ringsum, gegen den Geist der Nation geht.»[44]

Die Deutsche Turnerschaft richtete einen «Hermannslauf» aus, bei dem 120 000 Turner von allen Grenzen des Reiches auf 16 Hauptstrecken sternförmig auf Detmold zuliefen; am 16. August, dem Jahrestag der Einweihung des Denkmals, trafen die Schlussläufer gleichzeitig an seinem Fuße ein. Das Standbild des Hermann erschien in jenem Moment noch einmal wie ein Schutzpatron der Deutschen; es sollte der letzte wirkliche Höhepunkt seiner politischen Karriere sein. Zwar fanden auch in den folgenden Jahren noch regelmäßige Jubiläumstreffen beim Hermannsdenkmal statt, doch insgesamt reduzierten sich die Zusammenkünfte dort zu einem vorrangig regionalen Phänomen. Auch die Zeit der Nationalsozialistischen Herrschaft brachte keine neue Aufwertung: Das Regime verfügte mit der Feldherrnhalle in München oder etwa dem Reichsparteitagsgelände in Nürnberg über andere und für die Selbstdarstellung wichtigere Stätten des Kults und der Repräsentation.[45]

### *Der Nationalsozialismus und die Germanen*

Die andere bestimmende Entwicklung war, dass der kulturelle und der zuletzt vorherrschende politische Germanismus eine Allianz mit den Ideen des Rassismus einging. Theoretischer Vorspann war die Rassenlehre Gobineaus, der nicht nur die Ungleichheit der verschiedenen Völker postulierte, sondern der sich auch bereits gegen eine Unterschätzung der germanischen Zivilisation wandte.[46] Entscheidend weiterentwickelt hat die Gedanken Gobineaus der Schwiegersohn Richard Wagners und Germanenfetischist Houston Stewart Chamberlain. Ihm zufolge gehörten die Germanen unter den verschiedenen Rassen zur «Gruppe der Zuhöchstbegabten», nämlich der Arier. Aus dieser angeblich hervorgehobenen Stellung leitete er unmittelbare politische Konsequenzen ab, zu deren Untermauerung er sich auch auf den griechischen Philosophen Aristoteles und dessen Ausführungen zur Sklaverei berief: «Körperlich und seelisch ragen die Arier unter allen Menschen empor; darum sind sie von Rechtswegen (...) die Herren der Welt.»[47]

Chamberlain bereitete den NS-Ideologen ganz entscheidend das Terrain; doch auch die bereits um 1890 im Deutschen Reich entstandene völkische Bewegung erwies sich als Multiplikator einer rassisch begründeten Germanenideologie. Der Nationalsozialismus verbreitete schließlich die Ideologie einer naturalistischen Volksgemeinschaft, die auf gemeinsamer und unverfälschter Abstammung beruhte. Die Blütezeit dieser deutschen Rasse glaubte man in der Zeit der Germanen zu sehen, wie sie in den antiken Texten beschrieben waren. Vertrat doch nicht zuletzt Tacitus in seiner *Germania* den Standpunkt, dass die Germanen ein autochthones, nur sich selbst gleiches und unvermischtes Volk seien – was freilich nicht mehr als ein stets wiederkehrender Topos der völkerkundlichen Literatur war und von vielen fremden Völkern behauptet wurde.[48] Die auf diesen Thesen basierende Rassentheorie des Nationalsozialismus strahlte auf alle gesellschaftlichen Bereiche, auch auf Rechtssystem und Pädagogik aus, und sie fand in den Gedanken der Rassenhygiene ihre ebenso verbrecherische wie mörderische Konsequenz.

In der historischen Forschung errang die Ur- und Frühgeschichte, deren Gegenstand die nichtschriftlichen Kulturen und somit eben auch die außerhalb der antiken Mittelmeerzivilisation lebenden Germanen waren, gegenüber den klassischen Altertumswissenschaften den Vorrang. Die römisch orientierte Lokalforschung, etwa die Limesvereine, gerieten unter den Druck der Germanenforscher. Wieder einmal stigmatisierten die «Arminiusdeutschen» die «Flavusdeutschen» und hielten ihnen vor, mit den Romanen zu sympathisieren. Das Dilemma der nach den antiken Quellen ja schwerlich zu bestreitenden Zusammenarbeit germanischer Fürsten mit Rom hatte etwa der Gymnasialprofessor Gottlob Engelhaaf – dessen Werke und Vorträge sich zu Beginn des 20. Jahrhunderts großer Popularität erfreuten – dadurch aufgehoben, dass er zwar eine Romanisierungsbereitschaft der germanischen Oberschicht zugestand, dem jedoch die angeblich entschieden andere Gefühlslage der «breiten Masse» entgegenhielt.[49]

Arminius war zwar in der Zeit des Nationalsozialismus durchaus präsent, und es wurden ältere Werke über den Cherusker neu aufgelegt; Führergalerien schlugen wie bereits im 16. Jahrhundert den Bogen von Arminius bis zur Gegenwart, und eine Darstellung der Hermannsschlacht war für den ersten von acht großen Wandteppichen in Auftrag gegeben worden, welche in der neuen Reichskanzlei die großen Schlachten der deutschen Geschichte illustrieren sollten.[50] Doch aufs Ganze gesehen stand Arminius nicht im Zentrum nationalsozialistischer Geschichtsbetrachtung, und das Arminius-Bild entwickelte sich in dieser Zeit nicht weiter.[51] Den Ideen des Regimes dienstbar gemacht wurde hingegen die *Germania* des Tacitus: Mit ihrer quasi geschichtslosen Darstellung der germanischen Sitten und Gebräuche war sie nach 1938 im Lateinunterricht zum weitaus wichtigsten Text geworden. Der Unterricht selbst hatte «soviel als möglich deutschkundlichen, germanenkundlichen, rassenkundlichen Charakter».[52]

## *8.5 Varusschlachten heute*

Nach dem zweiten Weltkrieg waren nicht nur die «germanischen Tugenden» gründlich diskreditiert. Die zuvor weit verbreitete Auffassung eines kraftvoll-urtümlichen germanischen Charakters und dessen Herleitung aus einer frühen Kulturstufe musste nach dem Krieg unweigerlich das Bild der erlebten Barbarei hervorrufen. Eine solche Selbstdarstellung lief den Bemühungen der Deutschen, in den Kreis der zivilisierten Völker zurückzukehren, geradezu diametral entgegen. Und auch die wissenschaftliche Forschung ging – wohl nicht zuletzt wegen der unkritischen Nähe mancher Fachkollegen zu ihrem Gegenstand während der Jahrzehnte zuvor – für einige Zeit eher auf Distanz zu Themen, in deren Zentrum die Germanen oder der Cherusker standen.[53]

Eine erneute Annäherung erfolgte erst mehr als eine halbe Generation später in den 60er und insbesondere in den 70er Jahren. Drei Monographien legten in ihrem jeweiligen Bereich die Grundlagen für eine fundamental gewandelte Beschäftigung mit den Germanen: Reinhard Wenskus löste 1961 mit seinem Buch «Stammesbildung und Verfassung» nachhaltig die Vorstellung scheinbar unverändert überdauernder Stämme durch das Modell einer fortwährenden Ethnogenese (Entstehung der Völker) ab; Dieter Timpe näherte sich 1970 in seinen «Arminiusstudien» dem Cherusker als Person in seltener Konsequenz auf der Grundlage antiker Quellen und formulierte seine Hypothese, dass der Angriff auf das Heer des Varus politisch als Meuterei zu werten sei; Klaus von See schließlich machte im selben Jahr in seiner «Deutschen Germanenideologie» die jahrhundertelangen wirkungsgeschichtlichen Verstrickungen in drastischer Weise bewusst. Bald darauf wurde bei der Göttinger Akademie der Wissenschaften das monumentale – mit 37 Bänden soeben vollendete – «Reallexikon der Germanischen Altertumskunde» begonnen, als eine umfassende Aufklärung über den Forschungsstand zum alten Germanien. Die Ost-Berliner Akademie der Wissenschaften erarbeitete mit einem Autorenkollektiv ein weitgehend nüchternes Handbuch zu den Germanen in zwei Bänden. Schließlich erschienen im östlichen und westlichen Teil Deutschlands sorgfältige Quelleneditionen, welche die Aussagen der antiken Autoren zu den Germanen zusammentrugen und auf wissenschaftlich-kritischer Grundlage zugänglich machten. Insgesamt wurden damit gleich in mehrfacher Weise die Grundlagen für eine neue und äußerst sachbezogene Annäherung an Germanenthemen gelegt.[54]

Die fatalen Botschaften des Hermannsdenkmals, das amerikanische Soldaten nach dem Krieg noch als Ziel für ihre Schießübungen wählten, lebten ideologisch nicht wieder auf. Aus Versuchen, es nach 1950 zu aktualisieren und zu einem «Mahnmal für die Wiedervereinigung» umzuinterpretieren, entwickelte sich keine tragende Bewegung.[55] Als Identifikationsfigur für die Nation taugte dieses Denkmal nicht mehr. Heute ist das Detmolder Hermannsdenkmal vor allem eine touristische Attraktion und zählt dabei immer noch zu den meistbesuchten Monumenten in Deutschland. Doch es scheint, dass den Touristen nach ihrem Besuch kaum mehr vom Hermannsdenkmal in Erinnerung bleibt als die Zahl seiner Treppenstufen.

Eine neue Phase der Rezeption der «Schlacht im Teutoburger Wald» darf man mit dem Beginn der Ausgrabungen in Kalkriese ansetzen. Schon früh wurden die dort zu Tage getretenen Funde der Öffentlichkeit als Zeugnisse der Varusschlacht vorgestellt; eine entsprechende Vermutung Theodor Mommsens aus dem Jahre 1885 verlieh – wie bereits erwähnt – der Hypothese zusätzliche Autorität. In der Öffentlichkeit stieß Kalkriese als Ort der Varuskatastrophe rasch auf Akzeptanz, und auch von wissenschaftlicher Seite wichen bald die Fragezeichen, die anfangs noch gesetzt wurden. Das breite öffentliche Interesse dokumentierte sich in Nachrichtensendungen und Fernsehdokumentationen; Spiegel und Focus widmeten dem Fundplatz Titelgeschichten, und ausführliche Reportagen füllten und füllen in regelmäßigen Abständen auch die überregionalen Zeitungen.

In einer strukturschwachen Region nutzte man den Platz zielstrebig und bewusst als Standortfaktor. Der Wunsch «‹Varusschlacht› soll Marke werden»[56] griff die bereitliegenden Vorstellungen von der besonderen «Bedeutung» des Ereignisses auf. Über eine allgemeine Sensationslust hinaus kommt in dem erzielten Interesse auch die grundsätzlich positive Bewertung zum Vorschein, die das Ereignis und der Begriff «Varusschlacht» in der Öffentlichkeit genießen. Das überall verbreitete Label «Varusschlacht im Osnabrücker Land» verknüpft das historische Geschehen unauflöslich mit der Region.

Nach einem ersten provisorischen Ausstellungsgebäude wurde im April 2002 in Kalkriese ein Museumsbau eröffnet, der mit seiner stählernen Schwere und seinem dunklen Inneren geeignet ist, vor allem den Aspekt der «Bedeutung» zu stützen. Der Ausstellung selbst dient die Geschichte, wie die Entdeckung des Varus-Schlachtfeldes an diesem Ort gelungen ist, als roter Faden; Hinweise auf die in diesem Kontext entwickelte Interdisziplinarität untermauern die Argumentation, und ausführlich dargelegte naturwissenschaftliche Untersuchungen erwecken den Eindruck positivistisch erbrachter Beweise. Gegenüber dieser Präsentation der Entdeckungsgeschichte sowie der Ausstellung der Funde treten die historisch-politische Dimension der versuchten römischen Okkupation Germaniens oder auch die Person des Arminius eher in den Hintergrund. Ursache dafür ist sicherlich auch, dass politische Strukturen und biographische Entscheidungen ihrem Wesen nach keinen materiellen Niederschlag hinterlassen, der in Bodenbefunden wiederzufinden und mithin auszustellen wäre. Der besonderen Wirkungsgeschichte der «Varusschlacht» versucht man im dichten letzten Teil der Ausstellung gerecht zu werden. Mit dem angeschlossenen Freilichtgelände setzt man vor allem auf die Authentizität des Platzes und lässt die Besucher den Untergang des Varusheeres gedanklich nacherleben.

Neben der im engeren Sinne wissenschaftlichen Auseinandersetzung löste der Fundplatz Kalkriese allerdings auch eine äußerst lebhafte Diskussion unter Lokalforschern, engagierten Laien und teils auch Politikern aus, ob Kalkriese denn wirklich der Ort der Varuskatastrophe sei. Auch diese Auseinandersetzungen konnten sich – oft geschickt inszeniert – reger öffentlicher Teilnahme sicher sein. Heftige Diskussionen in der Lokalpresse und in Leserbriefen, *homepages*, die eigens aus diesem Anlass eingerichtet wurden, intensiv besuchte Internetforen, aber auch aufwändig präsentierte Rekonstruktionsversuche in Buchform geben Zeugnis von dieser Anteilnahme. Dank umfänglicher Präsentation der archäologischen Zeugnisse und Einstreuung von Zitaten aus den antiken Quellen sind diese Publikationen – auch wenn sie von ganz konkreten Interessen geleitet sind – auf den ersten Blick oft nicht von solchen zu unterscheiden, deren Autoren sich selbstkritisch den in der Wissenschaft etablierten Methoden verpflichtet fühlen. Von der ebenso intensiven wie breiten Beteiligung, ja Begeisterung, welche die Bestimmung des Ortes der Varuskatastrophe in breiten geschichtsinteressierten Kreisen immer noch auslöst, wissen all jene Forscher zum römischen Germanien zu berichten, denen regelmäßig mündlich, fernmündlich und schriftlich ausführliche Lösungsvorschläge zu dieser Frage vorgelegt werden.

Unübersehbar ist auch ein Konkurrenzverhältnis zwischen Kalkriese und dem Lippischen Raum, wo etwa die Gefahr nachlassender Attraktion des Hermannsdenkmals bzw. Umleitung des Besucherinteresses nach Kalkriese offen thematisiert wird. Im Jahr 2007 hatte die Staatsanwaltschaft Osnabrück sogar einer Anzeige gegen den Geschäftsführer der gemeinnützigen «Varusschlacht im Osnabrücker Land GmbH» nachzugehen, dem vorgeworfen wurde, er habe sich mit der Behauptung, dass in Kalkriese die Varuskatastrophe stattgefunden habe, des Subventionsbetrugs und der Erschleichung von Fördergeldern schuldig gemacht: Nimmt man das Freizeitinteresse und die einschlägigen Vermarktungsaktivitäten in Kalkriese hinzu – wo Hausmacher Kochmett als «Römer Mett» angeboten wurde und im Juli 2004 die Rockband «Fury in the Slaughterhouse» aufspielte – dann hat es ganz den Anschein, dass die je spezifische Behandlung des Themas «Varusschlacht» in der Lage ist, auch unsere eigene Gegenwart adäquat zu spiegeln.

# Epilog: « … unstrittig der Befreier Germaniens»

Nach der Abberufung des Germanicus 17 n. Chr. waren die römisch-germanischen Beziehungen für beinahe noch ein ganzes Jahrhundert von einer tiefen Diskrepanz zwischen dem verbliebenen römischen Anspruch auf Germanien einerseits und den Realitäten vor Ort andererseits geprägt:

Am Rhein waren die römischen Truppen auf das linke Flussufer zurückgezogen worden, wo sie sich im Wechsel von größeren und kleineren Militäranlagen in linearer Aufstellung von Norden nach Süden verteilten. Steinbauten lösten schon bald die älteren Holz-Erde-Konstruktionen ab und verliehen den Militärlagern auch äußerlich den Eindruck nicht mehr in Frage gestellter Dauerhaftigkeit. Durch den Zuzug von Händlern und Handwerkern, aber auch von Frauen, die mit den Soldaten in familienähnlichen Beziehungen lebten, entwickelten sich im Umfeld der Lager bedeutende Zivilsiedlungen, die auf ihre Weise zur Verstetigung der Stationierungsorte beitrugen.

Hinsichtlich der rechtsrheinischen Gebiete gingen die römischen Interessen über eine Kontrolle des Vorfeldes nicht mehr hinaus. Bereits Tiberius hatte nicht mehr versucht, den offen ausgebrochenen Gegensatz zwischen Arminius und Maroboduus für ein römisches Eingreifen zu nutzen. Noch deutlicher zeigte sich das römische Desinteresse, als im Jahre 28 n. Chr. die bis zu diesem Zeitpunkt stets tributpflichtigen Friesen von Rom abfielen: Tiberius verzichtete auf jegliche Maßnahme zur Wiederherstellung der römischen Herrschaft in ihrem Gebiet. Rund 20 Jahre später, 47 n. Chr., nahm der ambitionierte Kommandeur der niedergermanischen Truppen, Domitius Corbulo, einen Einfall der Chauken über den Rhein zum Anlass, um in einem Gegenschlag gleich das ganze friesische Gebiet zu besetzen (vgl. Abb. 1). Als er bereits im Begriff stand, auch die Chauken zu unterwerfen, wurde er vom römischen Kaiser Claudius (41–54 n. Chr.) ultimativ aufgefordert, die Truppen umgehend wieder auf die Rheinlinie zurückzuführen.[1]

Andererseits erwarteten weite Teile der römischen Öffentlichkeit immer noch die endgültige Niederwerfung der Germanen:[2] Die Erwartungen speisten sich aus der Erkenntnis, dass es ungeachtet des von Germanicus gefeierten Triumphs über die «bis zur Elbe besiegten Völker» in Wirklichkeit nicht gelungen war, die römische Herrschaft über die Gebiete rechts des Rheins wieder herzustellen. Die römische Öffentlichkeit begleitete jedes Geschehen im germanischen Grenzbereich mit einer nachgerade nervösen Aufgeregtheit und hoffte sogleich auf eine endgültige Eroberung des Landes. In bewährter Weise verstanden es die römischen Herrscher, diese Erwartungen für sich zu nutzen: Der mit hoher öffentlicher Aufmerksamkeit verbundene Germanienfeldzug des Kaisers Caligula (37–41 n. Chr.), des Sohnes des Germanicus, wurde von jenem kaum ernsthaft betrieben, und eigentlicher Kern der Unternehmung war die Niederschlagung einer Insurrektion des Befehlshabers der Obergermanischen Legionen. Doch Caligula dämmte die Erwartungen auf einen großen Germanienfeldzug nicht ein – erkannte damit doch die römische Öffentlichkeit dem militärisch nicht ausgewiesenen jungen Herrscher grundsätzlich die Befähigung zu, in die Fußstapfen seines Vaters zu treten. In ganz ähnlicher Weise setzte sein Nachfolger Claudius (41–54 n. Chr.), der Sohn des Germaniensiegers Drusus und Bruder des Germanicus, das Prestige seines Vaters ein: Gleich zu Beginn seiner Herrschaft ließ er umfangreiche Münzserien prägen, die an die Germanensiege des älteren Drusus erinnerten und auf diese Weise auch den Sohn der Öffentlichkeit empfahlen. Schon bald allerdings stoppte Claudius die Hinweise auf die familiären Verbindungen zum germanischen Kriegsschauplatz in der Münzprägung – vermutlich, um die an ihn herangetragenen Erwartungen nicht ins Kraut schießen zu lassen. Bald verzichtete er in der öffentlichen Darstellung sogar darauf, den ererbten Beinamen Germanicus zu führen.

### *Die Lösung der Germanienfrage unter Domitian*

Erst das nächste Herrschergeschlecht, die Flavier (69–96 n. Chr.), führten gravierendere Veränderungen im römisch-germanischen Grenzgebiet herbei. Zum einen erschloss Vespasian (69–79 n. Chr.) durch den Bau einer Verbindungsstraße zwischen oberem Rhein und oberer Donau den Südwesten Deutschlands. Der spitze Winkel zwischen den beiden Strömen konnte überbrückt, und Truppenverlegungen zwischen Rhein und Donau konnten Dank der kürzeren Verbindung wesentlich erleichtert werden. Zum anderen ließ Vespasian die Truppen von Mainz aus eine mittlere Linie quer durch die Wetterau besetzen. Die Abdrängung der Chatten aus dem Vorfeld von Mainz kann ebenso Ziel dieser Operation gewesen sein wie die Sicherung dieser fruchtbaren Ebene für das Römische Reich. Beide Unternehmungen waren eher Ingenieurkampagnen, die von den Soldaten mit Axt und Spaten vorangetrieben wurden, als mit dem Schwert ausgefochtene Kriege. Sie wurden ideologisch unaufgeregt ins Werk gesetzt und von der römischen Öffentlichkeit offensichtlich kaum beachtet:[3] Im Gegensatz zu den Iuliern und Claudiern war das neue Herrschergeschlecht bei Aktivitäten in Germanien unbelastet und sah sich nicht gleich mit weitgesteckten Erwartungen konfrontiert, denenzufolge es dabei noch ein Vermächtnis des Vaters, Großvaters oder Urgroßvaters zu erfüllen gegolten hätte.

Schlagartig änderte sich diese nüchterne Pragmatik jedoch mit Domitian (81–96 n. Chr.). Der zweite Sohn des Vespasian war nach dem frühen Tod seines Bruders Titus (79–81 n. Chr.) überraschend zur Herrschaft gelangt. Schon bald darauf begann er einen offenen Angriffskrieg gegen die Chatten, der von großem propagandistischen Getöse begleitet wurde. Domitian zog selbst an die Front und führte die Truppen. Sein unverkennbares Ziel war es, im Krieg gegen die Germanen die militärische Sieghaftigkeit des neuen Kaisers unter Beweis zu stellen. Noch bevor die Kämpfe beendet waren, reiste der Herrscher zurück nach Rom und ließ sich in einem überschwänglichen Triumph als Sieger über die Germanen feiern. Domitian selbst nahm den Siegerbeinamen «Germanicus» an; es war das erste Mal, dass ein Princeps diese Siegestitulatur nicht ererbt hatte, sondern aufgrund eigener militärischer Leistungen für sich beanspruchte.

Ihren Höhepunkt fanden die Feiern in der Parole «*Germania Capta* – Germanien ist hinzugewonnen», die überall im Römischen Reich verbreitet wurde. Die Formel stand in unmittelbarer Analogie zu *Iudaea Capta*, mit der rund ein Jahrzehnt zuvor die Provinzialisierung Judäas gefeiert worden war. Die Unterordnung und Provinzialisierung des jüdischen Staates war damals der maßgebliche Leistungsnachweis gewesen, mit dem sich Vespasian und sein ältester Sohn Titus der römischen Öffentlichkeit als Sieger empfohlen und ihre Qualifikation für das Herrscheramt unter Beweis gestellt hatten. In klarer Abstufung der familiären Rangverhältnisse – und auch mit Blick auf den vorgesehenen Herrschaftsübergang auf den älteren Sohn Titus – blieb Domitian seinerzeit von der diesbezüglichen Propaganda völlig ausgeklammert. Als Herrscher im Amt galt es für ihn umso mehr, diesem Defizit abzuhelfen.

Die Analogie zu *Iudaea Capta* musste der römischen Öffentlichkeit suggerieren, dass mit *Germania Capta* abermals der Erwerb einer neuen Provinz gelungen war. Doch tatsächlich verbarg sich hinter der Provinzialisierung Germaniens kaum mehr als eine Änderung der Verwaltungsstruktur, und zwar der längst römisch kontrollierten Gebiete links des Rheins. Die bis zu diesem Zeitpunkt in militärischer Verwaltung verbliebenen beiden germanischen Heeresbezirke wurden in eine reguläre römische Zivilverwaltung überführt. Mit der Gründung einer *Provincia Germania Inferior* im nördlichen Abschnitt sowie einer *Provincia Germania Superior* im südlichen Abschnitt fand ein beinahe einhundert Jahre währendes Provisorium sein Ende – das bis zu diesem Zeitpunkt zugleich das sichtbarste Zeichen für die noch offene Germanienfrage geblieben war. Im Osten der *Germania Superior* war es als Folge des Chattenkrieges zu einigen kleineren territorialen Zugewinnen bzw. Fixierungen des bis dahin nach Osten offenen Grenzabschnitts gekommen, und dieser Zugewinn dürfte geholfen haben, die tatsächlich minimale territoriale Substanz hinter der gefeierten Provinzialisierung zu verschleiern. Als wichtigste Konsequenz erwies sich aber, dass die Parole *Germania capta* die Erwartungen auf eine Eroberung Germaniens dadurch zum Abschluss brachte, dass sie behauptete, dieser Zustand sei nun erreicht. – Freilich hatte der *Germania*-Begriff der beiden neuen germanischen Provinzen, die sich ja zum überwiegenden Teil in dem als Gallien bekannten Gebiet erstreckten, mit dem einstigen *Germania*-Begriff der Okkupationszeit, der dem rechtsrheinischen Gebiet bis zur Elbe gegolten hatte, nichts mehr gemeinsam.

### *Das historische Urteil des Tacitus in seiner Germania*

Im Jahre 98 n. Chr. veröffentlichte der römische Senator Tacitus seine sogenannte *Germania* als einen seiner frühesten literarischen Versuche. Gleich im ersten Satz der Schrift stellte Tacitus Germanien als das Land rechts des Rheins und nördlich der Donau vor – um sodann Sitten und Gebräuche der dortigen Völker zu beschreiben, die außerhalb des Imperiums lebten und von Rom völlig unberührt geblieben waren: Der Gegensatz zu dem von Domitian als erobert gefeierten Germanien konnte krasser kaum sein.[4] Von den Zeitgenossen musste die Schrift geradezu als antidomitianisches Pamphlet gelesen werden, das zwei Jahre nach dem Tod dieses Herrschers dessen reichsweite Propaganda einer angeblich von Rom besiegten und dem Reich einverleibten *Germania* als Lüge entlarvte.

Im 37. Kapitel seiner ansonsten eher unhistorischen Schrift gibt Tacitus einen weit zurückreichenden Überblick zu den römisch-germanischen Beziehungen. Dargestellt werden sie als eine Folge kontinuierlicher kriegerischer Auseinandersetzungen, die mit dem Zug der Kimbern am Ende des 2. Jahrhunderts v. Chr. begonnen hatten und bis in seine eigene Gegenwart anhielten. Als eine dieser Auseinandersetzungen wird die Niederlage des Varus aufgezählt. Diese sticht darin zwar durch die Größe des erlittenen Verlustes hervor, doch eine signifikante politische oder historische Bedeutung misst Tacitus ihr nicht zu. Arminius selbst bleibt – wie in der ganzen Schrift – unerwähnt: Die Varusniederlage ist in der *Germania* des Tacitus nicht mehr als eine Station in der Geschichte römisch-germanischer Kämpfe. Die ganze Verzweiflung des Autors über das bisherige Scheitern Roms an diesem Gegner bricht sich in dem Stoßseufzer Bahn: «*Tam diu Germania vincitur* – So lange sind wir schon im Begriff, Germanien zu besiegen.»

Die Intention des Tacitus wird vor dem Hintergrund einer fortwährenden kriegerischen Expansion des Römischen Reiches, die dieser Autor unverkennbar noch für eine Selbstverständlichkeit hält, überdeutlich: Über die rückblickende Kritik an Domitian hinaus wird die Schrift zur impliziten Aufforderung an den neuen Herrscher Traian (98–117 n. Chr.), die ausstehende Eroberung Germaniens endlich zu einem Abschluss zu bringen. Vielleicht wollte sich Tacitus, den wir zumeist nur als Schriftsteller wahrnehmen, als gewesener Konsul des Vorjahres mit dieser Denkschrift sogar selbst für das Kommando über die germanischen Truppen empfehlen – nach dem Vorbild seines Schwiegervaters Agricola, dem Tacitus wesentliche Verdienste an der Eroberung Britanniens zuschrieb. Die uneingeschränkte Verherrlichung kriegerischer Expansion durch Tacitus folgte noch dem alten aristokratischen Leistungsideal und gehörte eher in die Zeit der späten Republik, als in die taciteische Gegenwart: In einer für gesellschaftliche Aufsteiger nicht unüblichen Art bewies der Emporkömmling *(homo novus)* Tacitus seine Zugehörigkeit zum Kreis der Senatoren durch eine Übererfüllung der Standesmentalität – auch wenn sie in jenen Jahren längst schon anachronistische Züge trug.

Doch unter Traian wurden keine großräumigen militärischen Unternehmungen gegen die Germanen mehr begonnen. Stärker als am Rhein waren die Kräfte des Römischen Reiches mittlerweile an der Donau gefordert. Mit der Eroberung des Dakerreiches im heutigen Rumänien sowie weiträumigen Offensiven im Osten des Römischen Reiches führte Traian das *Imperium*

*Romanum* schließlich zur größten Ausdehnung seiner Geschichte überhaupt. Die Truppen am Rhein wurden sukzessive an andere Brennpunkte des Reiches verlegt; von den Germanen ging keine Bedrohung mehr aus. Schon nach wenigen Jahren der Herrschaft Traians war für jedermann erkennbar, dass es Versuche zu einer Wiedereroberung Germaniens selbst unter diesem expansiven Kaiser nicht mehr geben würde.

*Das historische Urteil des Tacitus in seinen Annalen*

Rund 20 Jahre nach der *Germania* veröffentlichte Tacitus sein großes Spätwerk, die *Annalen*. Den außenpolitischen Auftakt der ersten beiden Bücher bildet seine breite Darstellung der Feldzüge des Germanicus. Im Gegensatz zur *Germania* wird Arminius in den *Annalen* nicht nur namentlich erwähnt und als germanischer Anführer bei dem Überfall auf Varus vorgestellt, sondern seine Rolle wächst sich zu der des großen Gegenspielers von Germanicus aus: Der Cherusker wird zu einem der zentralen, die historischen Handlungen und die Darstellung des Tacitus bestimmenden Protagonisten.

Am Ende des zweiten Buchs der *Annalen* schließt Tacitus die Germanicus-Erzählung mit einem Ausblick auf das Schicksal von dessen bedeutendstem militärischen Gegner ab. An dieser Stelle widmet der römische Senator dem Arminius seinen berühmt gewordenen Nachruf:

«Im übrigen hatte Arminius, der nach dem Abzug der Römer und der Vertreibung des Marbododuus nach der Königsherrschaft trachtete, den Freiheitssinn seines Volkes gegen sich, und als man mit Waffengewalt vorging, kämpfte er mit wechselndem Glück und fiel durch die Hinterlist seiner Verwandten: Er war ohne Zweifel der Befreier Germaniens *(liberator haud dubie Germaniae)*, der nicht wie andere Könige und Heerführer das römische Volk in seinen Anfängen, sondern ein Reich in seiner ganzen Blüte herausgefordert und in den Schlachten mit wechselndem Erfolg (gekämpft hatte), im Krieg aber unbesiegt (geblieben war). (3) Er vollendete das 37. Lebensjahr, davon 12 im Besitz der Macht, und noch heute besingt man ihn bei den barbarischen Völkern, während er in den Jahrbüchern der Griechen, die nur das eigene bewundern, unbekannt ist und auch von den Römern kaum gerühmt wird: Während wir das Alte preisen, vernachlässigen wir das eben erst Vergangene.»[5]

Die Passage ragt, abgesehen von den biographischen Details, heraus, weil sie in der gesamten antiken Literatur die einzige ist, die dem Arminius historische Bedeutung zugesteht.[6] Auch Tacitus war sich dieser Neubewertung bewusst: Denn erst von diesem Standpunkt aus wird seine Kritik der bisherigen griechischen und römischen Überlieferungen verständlich, deren Autoren Arminius kaum beachteten, geschweige denn würdigten. Und gerade die Affirmation *haud dubie* (ohne Zweifel) zeigt, dass eben doch Zweifel an dieser Einschätzung möglich waren.

Im Grunde genommen hätte Tacitus diese Kritik auch gegen sich selbst richten können: Stand doch sein neues Urteil in einem geradezu diametralen Gegensatz zu seiner Geringschätzung der geschichtlichen Bedeutung der Varusniederlage und zu seiner völligen Nichtbeachtung des Arminius in der *Germania* zwanzig Jahre zuvor. Die in dieser Schrift noch wahrnehmbaren Hoffnungen auf eine endgültige Unterwerfung Germaniens hatten sich in der Zwischenzeit zerschlagen.

Die Würdigung der Leistungen des Arminius «*proeliis ambiguus, bello non victus* – in den Schlachten (hatte er) mit unterschiedlichem Ausgang (gekämpft), im Kriege aber (war er) unbesiegt (geblieben)»[7] – verdeutlicht fernerhin, dass nicht primär der Sieg des Arminius über Varus, sondern in der Summe die Kämpfe der Germanicuszeit für Tacitus die Grundlage seines Urteils bildeten. Eine solche Beurteilung stand zugleich in Übereinstimmung mit der Behandlung dieses Zeitabschnitts in den *Annalen*. Als er im Jahr 98 n. Chr. die *Germania* schrieb, war für Tacitus das definitive Ende der römischen Bemühungen zur Wiedereroberung Germaniens noch nicht erkennbar. Erst die diesbezügliche Taten- und Interessenlosigkeit seiner eigenen Gegenwart ließen ihn im Rückblick völlig neu urteilen. Der Verzicht Roms auf die Wiedereroberung Germaniens, der sich nach einem Jahrhundert als endgültig herausgestellt hatte, verlieh dem Widerstand des Arminius *im Nachhinein* historische Bedeutung.[8]

Die Rezeption löste das Urteil des Tacitus «*liberator haud dubie Germaniae*» in aller Regel aus dem Kontext und verband es direkt mit der Vernichtung des Varusheeres. In dieser anachronistischen Zuspitzung findet es sich etwa als Inschrift auf dem Hermannsdenkmal. Das Ende der römischen Offensiven wurde von den Späteren symbolkräftig auf ein einzelnes Ereignis zusammengezogen.[9] Die Benennung der Vernichtung des Varusheeres als «Schlacht» gab dem politischen Verzicht darüber hinaus eine – aus der Sicht der Germanen – aktive und zugleich heroische Komponente. Erst in dieser stetigen Verdichtung wuchs der «Schlacht im Teutoburger Wald» mit Hilfe des abgeleiteten Tacitusurteils der Rang einer historischen Wendemarke zu.[10]

In der Schlussszene von Claus Peymanns berühmter Inszenierung der Kleistschen Hermannsschlacht im Schauspielhaus Bochum im Jahre 1982 stand Gert Voss als Hermann mit Schild, Flügelhelm und erhobenem Schwert in der Pose des Detmolder Hermannsdenkmals auf der Bühne (Abb. 29) – jenes Denkmals, das bereits Theodor Mommsen als «Satire auf unsere geschichtliche Kenntnis» von Arminius bezeichnet hatte und das dennoch für Generationen geradezu bestimmend für ihr persönliches Bild von dem Cherusker geworden ist.[11] Vor einem scharfen Licht warf der in seiner Pose erstarrte Schauspieler einen Schatten an die Wand. Als das Licht immer dichter an ihn herangeführt wurde, wuchs der Schatten mit den Umrissen des Hermannsdenkmals über die gesamte Projektionsfläche, überstieg sie, ließ schließlich sein Urbild hinter sich und überdeckte alles mit tiefem Schwarz.[12] Die Szene versinnbildlicht in grandioser Weise unsere Schwierigkeiten mit dem historischen Arminius: Nicht nur war der projektierte Gegenstand – mit dem Schauspieler als Arminius der Kleistschen Hermannsschlacht in der Pose des von Bandelschen Denkmals – bereits in mehrfacher Weise das Abbild eines Abbilds, sondern in der wachsenden und jedes Maß übersteigenden Heroisierung, herbeigeführt durch die Annäherung des Lichts, löste sich auch die projizierte Fläche von dem projizierten Gegen-

*Abb. 29* *Schlussbild der Kleistschen «Hermannsschlacht» in der Inszenierung von Claus Peymann, Bochum 1982*

stand ab und verschluckte ihn schließlich selbst. Indirekt ist dieses Bild nicht nur ein Appell zur Einhaltung der ausreichenden Distanz, die stets erforderlich ist, um einen Gegenstand adäquat erfassen zu können, sondern es deutet auch die unabweisliche Notwendigkeit an, jene vielen Schichten sich überlagernder Vorstellungen eine nach der anderen abzutragen, um auf diese Weise den historischen Arminius, die damaligen Ereignisse und die zeitgenössische Dimension der «Schlacht im Teutoburger Wald» wiederzufinden.

# Anmerkungen

## *Einleitung*

1 Th. Mommsen, Die germanische Politik des Augustus, in: Ders., Reden und Aufsätze, 2. Aufl. Berlin 1905, 316–343 (Erstveröffentl. 1871), 341.

2 P. S. Wells, Die Schlacht im Teutoburger Wald, Düsseldorf/Zürich 2005, 7; vgl. etwa auch 10; 34.

3 H.-J. Schalles, Gefürchtete Gegner, gesuchte Kampfgefährten, in: G. Uelsberg (Hg.), Krieg und Frieden. Kelten – Römer – Germanen (Katalog zur Ausstellung im Rheinischen Landesmuseum Bonn, 21.6.2007–6.1.2008), Bonn/Darmstadt 2007, 232–235, 232. Dazu jetzt auch R. Wiegels, Die Varusschlacht – ein unlösbares Rätsel, in: Ders. (Hg.), Die Varusschlacht – Wendepunkt der Geschichte, Stuttgart 2007, 8–22.

4 Th. Mommsen, Die Örtlichkeit der Varusschlacht, in: Ders., Gesammelte Schriften IV, Berlin 1906, 200–246 (Erstveröffentl. 1885), 241.

5 E. Kornemann, P. Quinctilius Varus, Neue Jbb. für d. Klass. Altertum 25, 1922, 42–62, 42.

6 Fr. Koepp, Varusschlacht und Aliso. Vorträge und Nachreden aus drei Jahrzehnten, Münster 1940, 5 f. (Erstveröffentl. 1909). Ebenso: «Wir alle, die wir Deutsche sind, haben Grund und Recht, die Schlacht zu feiern, die unserer Ahnen Freiheit rettete und damit deutsches Wesen, an dem die Welt genesen sollte.»

7 So mehrfach der Direktor des Deutschen Museums Berlin, Prof. Dr. Hans Ottomeyer: «Die schriftlich überlieferte (...) deutsche Geschichte beginnt mit der Varusschlacht» (Osnabrücker Sonntagszeitung vom 4. 3. 2004), bzw. «Kalkriese, das ergrabene historische Schlachtfeld, ist das deutsche Troia» (Spiegel-Interview vom 22. 5. 2006 [S. 170]).

8 Fr. Koepp, Die Römer in Deutschland, 3. Aufl. Bielefeld/Leipzig 1926, 22.

9 W. Hegemann, Entlarvte Geschichte, Prag 1934 (ND Hildesheim 1979), 21.

10 L. Feuchtwanger, Die Geschwister Oppermann (= Gesammelte Werke, Bd. 7, Berlin/Weimar 1993), insbes. 54 ff.; 58; 79; 81 f.

11 Vgl. V. Losemann, Arminius und Augustus. Die römisch-germanische Auseinandersetzung im deutschen Geschichtsbild, in: K. Christ/E. Gabba (Hg.), Caesar und Augustus, Como 1989, 129–163, 147.

## *1. Der Barbar als Nachbar*

1 Dio 54,32,1 ff.

2 Strab. 7,1,3 (290 f.); vgl. Plin. n. h. 4,97.

3 Res Gestae 26. *Gallias et Hispanias provincias, item Germaniam qua includit Oceanus a Gadibus ad ostium Albis fluminis pacavi.* Zur Übersetzung unten Kap. 6.1 Anm. 25.

4 Zur Geschichte: E. M. Wightman, La Gaule chevelue entre César et Auguste, in: Actes du IX[e] congrès international d'études sur les frontières romaines (Mamaia 1972), Bukarest/Köln/Wien 1974, 473–483. Der archäologische Forschungsstand ist jetzt zusammengefasst von: M. Reddé, L'occupation militaire de la Gaule avant l'offensive en Germanie, in: Ders. et alii (Hg.), L'architecture de la Gaule romaine: Les fortifications militaires, Bordeaux 2006, 24–28.

5 Zu den politischen Mitteln Caesars bei der Herrschaftsergreifung: Verf., Römische Eroberung und Herrschaftsorganisation in Gallien und Germanien. Zur Entstehung und Bedeutung der sogenannten Klientel-Randstaaten, Bochum 1990, 30 ff.; 81 ff.

6 Zur Heeresreform: K. A. Raaflaub, Die Militärreformen des Augustus und die politische Problematik des frühen Prinzipats, in: G. Binder (Hg.), Saeculum Augustum I, Darmstadt 1987, 246–307.

7 J. C. Mann, Legionary Recruitment and Veteran Settlement during the Principate, London 1983.

8 Vgl. allgemein: K. Kraft, Zur Rekrutierung der Alen und Kohorten an Rhein und Donau, Bern 1951; P. A. Holder, Studies in the Auxilia of the Roman Army from Augustus to Trajan, Oxford 1980; D. B. Saddington, The Development of the Roman Auxiliary Forces from Caesar to Vespasian (49 B. C.–A. D. 79), Harare 1982; W. Eck/H. Wolff (Hg.), Heer und Integrationspolitik. Die römischen Militärdiplome als historische Quelle, Köln/Wien 1986.

9 In einer lang geführten Diskussion, ob der Auxiliarsold nur 1/3 oder 5/6 des in den Legionen üblicherweise Gezahlten entsprach, darf jetzt die «5/6-These» als gesichert gelten: M. A. Speidel, Roman Army Pay Scales, JRS 82, 1982, 87–106. Zum Übergang der römischen Besoldung auf alliierte Truppen: Verf., Keltische Münzen in römischen Militärstationen und die Besoldung römischer Hilfstruppen in spätrepublikanischer und frühaugusteischer Zeit, Tyche 3, 1988, 261–272.

10 So Tac. ann. 4,5,4 für die tiberische Zeit.

11 Caes. Gall. 1,31,1–53,4; G. Walser, Caesar und die Germanen. Studien zur politischen Tendenz römischer Feldzugsberichte, Wiesbaden 1956, 8 ff.; K. Christ, Caesar und Ariovist, in: Ders., Römische Geschichte und Wissenschaftsgeschichte I, Darmstadt 1982, 92–133 (Erstveröffentl. 1974). Vor allem zu topographischen Fragen: F. Fischer, Caesar und Ariovist. Studien zum Verständnis des Feldzugsberichts, BJ 199, 1999, 31–68.

12 Die Motive in der Rede des Häduers Diviciacus: Caes. Gall. 1,31,3 ff. Vgl. allgemein: Verf., Germanische Mobilität und römische Ansiedlungspolitik: Voraussetzungen und Strukturen germanischer Siedlungsbewegungen im römischen Grenzland, in: Th. Grünewald, Germania Inferior. Besiedlung, Gesellschaft und Wirtschaft an der Grenze der römisch-germanischen Welt, Berlin/New York 2001, 146–168.

13 Caes. Gall. 4,16–19 (erster Rheinübertritt); 6,9–10 (zweiter Rheinübertritt).

14 Caes. Gall. 4,15,3. Die hohe Zahl konkurriert wohl nicht zuletzt mit den 400–500 000 Kimbern und Teutonen, die Marius abwehrte.

15 M. Gechter, Caesars erster Rheinübergang, in: Uelsberg, Krieg und Frieden, 200–202.

16 Caes. Gall. 6,29,1–3.

17 Dio 48,49,2 f.

18 Strab. 4,6,11 (208).

19 E. Hollstein, Dendroarchäologische Daten der Trierer Moselbrücken, in: Trier – Augustusstadt der Treverer. Stadt und Land in vor- und frührömischer Zeit (Ausstellungskatalog Rheinisches Landesmuseum Trier, 4. Mai–10. Nov. 1984), Mainz 1984, 180 f.; J. Morscheiser-Niebergall, Augusta Treverorum (Trier). Zum Beginn des Hauptortes der Treverer, in: Uelsberg, Krieg und Frieden, 250–252.

20 Caes. Gall. 4,4,2; Strab. 4,3,4 (194).

21 ILS 895; Dio 51,20,5; vgl. Verg. Georg. 1, 509: Germanen rüsten zum Krieg (um 29 v. Chr.).

22 CIL $I^2$ p. 76; Dio 51,21,5 f. Hierzu wohl auch Verg. Aen. 8,727.

23 Dio 53,26,4.

24 Dio 54,11,1 f.

25 Das Zusammentreffen von gallischen Unruhen und germanischen Rheinübertritten wiederholt sich beim Kommando des Tiberius nach der *clades Lolliana* (Suet. Tib. 9,1) und abermals am Vorabend der Offensive des Drusus (Dio 54,32,1).

26 Caes. Gall. 1,33,4: Die Verbindung wurde auch dadurch, dass einer der Führer der neu herangerückten Germanenstämme laut Caesar den Namen Cimberius trug (1,37,3), jedem Leser unmittelbar einsichtig gemacht.

27 Erweiterung des Suebenexkurses (Caes. Gall. 4,1,3–3,4) auf den Germanenexkurs (6,21,1–28,6), hier insbes. 6,22,1–4.

28 Vgl. Strab. 4,4,2 (196); 7,1,3 (291).

29 Mit dem Versuch einer Differenzierung unterschiedlicher Phasen römischer Politik: D. Timpe, Zur Geschichte der Rheingrenze zwischen Caesar und Drusus, in: Ders., Römisch-germanische Begegnung in der späten Republik und frühen Kaiserzeit. Voraussetzungen – Konfrontationen – Wirkungen. Gesammelte Studien, München/Leipzig 2006, 147–170 (Erstveröffentl. 1975); dazu Verf., Herrschaftsorganisation, 137 ff.; K.-P. Johne, Die Römer an der Elbe, Berlin 2006, 80 ff.

30 Caes. Gall. 4,19,1.

31 Caes. Gall. 4,8,3.

32 Caes. Gall. 6,34,8: Herbeiführung unterschiedlicher Truppen, damit die Eburonen «mit Stumpf und Stiel ausgerottet werden» *([ut]) stirps ac nomen civitatis tollatur)*.

33 Strab. 4,3,4 (194); App. civ. 5,75 u. 92.

34 J. Heinrichs, Zur Topographie des ubischen Neuss anhand einheimischer Münznominale, BJ 199, 1999, 69–98, gefolgt von W. Eck, Köln in römischer Zeit. Geschichte einer Stadt im Rahmen des Imperium Romanum, Köln 2004, 46 ff. Eine abweichende Beurteilung und Chronologie von Heinrichs als ubisch angesprochener Münzen allerdings bei N. Roymans, The Lower Rhine Triquetrum Coinages and the Ethnogenesis of the Batavi, in: Grünewald, Germania Inferior, 93–144; dazu wiederum J. Heinrichs, Ubier, Chatten, Bataver. Entwicklungen an Mittel- und Niederrhein ca. 70–1 v. Chr. anhand germanischer Münzen, in: Th. Grünewald/S. Seibel (Hg.), Kontinuität und Diskontinuität. Germania Inferior am Beginn und am Ende der römischen Herrschaft, Berlin/New York 2003, 266–344. Ein Hinweis auf bereits vor 27 v. Chr. neu hinzugekommene Siedler links des Rheins bei Dio 53,12,5 f.; vgl. Plin. n. h. 4,106 (was sich allerdings auch etwa auf Bataver oder Oberrheinsueben beziehen kann: vgl. Anm. 37 u. 40).

35 A. Becker, Rom und die Chatten, Darmstadt/Marburg 1992; J. Heinrichs, Ubier: Historisch, RGA 31, 2006, 356–361, 356 f.

36 Vgl. Dio 54,33,2; 36,2.

37 Tac. Germ. 29,1; hist. 4,12,2. Die Erwähnung der Bataver bereits in Caes. Gall. 4,10,2 dürfte, wie das ganze Kapitel, interpoliert sein.

38 Batavische Hilfstruppen: Caes. Alex. 29,2; vgl. App. civ. 5,117. K. Tausend, Caesars germanische Reiter, Historia 37, 1988, 491–497; M. P. Speidel, Riding for Caesar. The Roman Emperors' horse guard, London 1994, 12 f.; Roymans, Triquetrum Coinages (wie Anm. 34), 93 ff., führen die privilegierten Beziehungen der Bataver (und Ubier) bereits auf die Jahre ab 57 v. Chr. zurück.

39 Caes. Gall. 1,28,4; vgl. 1,1,4.

40 R. Nierhaus, Das swebische Gräberfeld von Diersheim. Studien zur Geschichte der Germanen am Oberrhein vom Gallischen Krieg bis zur alamannischen Landnahme, Berlin 1966; H. Bernhard/G. Lenz-Bernhard, Das Oberrheingebiet zwischen Caesars gallischem Krieg und der flavischen Okkupation (58 v. Chr.–73 n. Chr.). Eine siedlungsgeschichtliche Studie, Speyer 1991.

41 Dio 54,20,4–6.

42 F. Kemmers, Coins for a legion. An analysis of the coin finds of the Augustan legionary fortress and Flavian canabae legions at Nijmegen, Diss. Nijmegen 2005, 44 ff.

43 M. Gechter, Die Militärgeschichte am Niederrhein von Caesar bis Traian, in: Uelsberg, Krieg und Frieden, 89–96; ders., Der römische Militärplatz Neuss (Novaesium), ebenda, 207–213.

44 Horaz. carm. 4,2,36; Iul. Obseq. 131.

45 Zuletzt mit umfassender Zusammenstellung der älteren Literatur: Ch. B. Rose, Parthians in Augustan Rome, AJA 109, 2005, 21–75.

46 Suet. Aug. 23,1; Dio 54,20,4; vgl. auch Vell. 2,97,1.

47 Dio 54,20,6; vgl. Prop. 4,6,77: Den Römern dienstbare Sugambrer (ca. 15 v. Chr.); Horaz carm. 4,14,51 f.: Sugambrer huldigen dem Augustus mit gesenkten Waffen. Dazu wohl auch der Denar des Münzmeisters L. Caninius Gallus (RIC $I^2$ 416) von 12 v. Chr. mit dem Bild eines knieenden Nordbarbaren, der ein Feldzeichen darbietet.

48 Zuletzt zusammenfassend: S. v. Schnurbein, De la conquête augustéenne à la fin du règne de Tibère, in: Reddé et alii, Fortifications militaires, 29–32.

49 Allgemein zur antiken Ethnographie: K. Trüdinger, Studien zur Geschichte der griechisch-römischen Ethnographie, Basel 1918; K. E. Müller, Geschichte der antiken Ethnographie und ethnologischen Theoriebildung, 2 Bde., Wiesbaden 1972 u. 1980; A. A. Lund, Zum Germanenbild der Römer. Eine Einführung in die antike Ethnographie, Heidelberg 1990. Besonderer Stellenwert in methodischer Hinsicht kommt den Bemühungen um ein Verständnis der taciteischen Germania zu. Anzuführen sind hier insbesondere: E. Norden, Die Germanische Urgeschichte in Tacitus' Germania, 4. Aufl. Darmstadt 1959; H. Jankuhn/D. Timpe (Hg.), Beiträge zum Verständnis der Germania, Teil I (= Bericht über die Kolloquien der Kommission für die Altertumskunde Nord- und Mitteleuropas im Jahr 1986), Göttingen 1989; dazu die neueren Germania-Kommentare von A. A. Lund (1988), G. Perl (1990) und A. Städele (1991). Eine Reihe souveräner Einzelinterpretationen bei D. Timpe, Romano-Germanica. Gesammelte Studien zur Germania des Taci-

tus, Stuttgart/Leipzig 1995 (dazu: G. Dobesch, Forschungsreferat zur Germania des Tacitus: Dieter Timpe, Romano-Germanica, Tyche 13, 1998, 61–105).

50 Grundlegend: R. Wenskus, Stammesbildung und Verfassung. Das Werden der frühmittelalterlichen gentes, Köln/Graz 1961; A. A. Lund, Die ersten Germanen. Ethnizität und Ethnogenese, Heidelberg 1998; D. Timpe, Germanen, Germania, Germanische Altertumskunde, in: H. Beck/H. Steuer/D. Timpe, Die Germanen, Studienausgabe aus RGA 11, 1998, 2–65; W. Pohl, Die Germanen (= Enzyklopädie deutscher Geschichte 57), München 2000; D. Timpe, Einleitung, in: Ders., Römisch-Germanische Begegnung, 3–18.

51 D. Timpe, Gefolgschaft: Historisches, in: RGA 10, 1998, 537–546; Verf., Mobilität (wie Anm. 12), 149 ff. Vgl. auch D. Timpe, Die germanische Agrarverfassung nach den Berichten Caesars und Tacitus', in: Ders., Romano-Germanica, 169–201 (Erstveröffentl. 1979).

52 Exemplarisch etwa Caes. Gall. 6,35,4 ff.: von Caesar zur Verwüstung des Eburonengebietes herbeigerufene sugambrische Reiter überfallen schließlich in der Hoffnung auf noch größere Beute ein Römerlager. Vgl. auch Dio 54,20,6 mit 54,32,1. Rekonstruktion verschiedener Gruppierungen bei den Ubiern: J. Heinrichs, Zur Verwicklung ubischer Gruppen in den Ambiorix-Aufstand d. J. 54 v. Chr., ZPE 127, 1999, 275–293; zu unterschiedlichen Gruppen bei den Sugambrern: Verf., Mobilität (wie Anm. 12), 163.

53 Zum Germanennamen und -begriff: G. Dobesch, Zur Ausbreitung des Germanennamens, in: Ders., Ausgewählte Schriften, Bd. 2, Köln/Weimar/Wien 2001, 995–1030 (Erstveröffentl. 1982); D. Timpe, Der Namenssatz der taciteischen Germania, in: Ders., Romano-Germanica, 61–92 (Erstveröffentl. 1993); Pohl, Germanen, 51 ff. (Forschungsreferat); Verf., Die Römer in Germanien, 5. Aufl. München 2006, 16 ff.

54 Poseid. FgrHist 87 F 22 (= Athenaios 4, 153 e). Zu den problematischen früheren Nennungen etwa Dobesch, Germanenname (wie Anm. 53), 996 f.

55 D. Timpe, Ethnologische Begriffsbildung in der Antike, in: Ders., Römisch-Germanische Begegnung, 19–41 (Erstveröffentl. 1986); ders., Entdeckungsgeschichte, RGA 7, 1989, 307–389.

56 H. Ament, Der Rhein und die Ethnogenese der Germanen, PZ 59, 1984, 37–47. Zur Theorie des «Nordwestblocks»: R. Hachmann/G. Kossack/H. Kuhn, Völker zwischen Germanen und Kelten. Schriftquellen, Bodenfunde und Namengut zur Geschichte des nördlichen Westdeutschland um Christi Geburt, Neumünster 1962; W. Meid, Hans Kuhns ‹Nordwestblock›-Hypothese. Zur Problematik der Völker zwischen Germanen und Kelten, in: Beck, Germanenprobleme, 183–212; Forschungsüberblick bei Pohl, Germanen, 45 ff.; 51 ff.

57 N. Roymans, The Sword or the Plough. Regional Dynamics in the Romanisation of Belgic Gaul and the Rhineland Area, in: Ders. (Hg.), From the Sword to the Plough. Three Studies on the Earliest Romanisation of Northern Gaul, Amsterdam 1996, 9–126; ders., Ethnic Identity and Imperial Power. The Batavians in the Early Roman Empire, Amsterdam 2004.

58 Verf., Römer in Germanien, 18 ff.; vgl. auch D. Timpe, Die Söhne des Mannus, in: Ders., Romano-Germanica, 1–60 (Erstveröffentl. 1991).

59 Caes. Gall. 5,2,4; 6,32,1; vgl. 6,24,1 (Kelten rechts des Rheins); H. v. Petrikovits; Ger-

mani cisrhenani, in: H. Beck (Hg.), Germanenprobleme in heutiger Sicht (= RGA Ergänzungsbd. 1), Berlin/New York 1986, 88–106.

60 Caes. Gall. 1,33,4; vgl. auch Cic. prov. 13,33.

61 Detaillierte theoretische Argumentation des Poseidonios bei Vitruv 6,1,3 f.; ähnlich etwa Strab. 4,4,2 (195 f.); 7,1,2 (290); Mela 3,3,26 ff.; Sen. prov. 4,14 f.; Plin. n. h. 16,2 ff. Vgl. B. Kremer, Das Bild der Kelten bis in augusteische Zeit, Stuttgart 1994; G. Dobesch, Das europäische «Barbaricum» und die Zone der Mediterrankultur. Ihre historische Wechselwirkung und das Geschichtsbild des Poseidonios (= Tyche Suppl. 2), Wien 1995; Verf., Römer in Germanien, 12 ff.

62 R. Trzaska-Richter, Furor teutonicus. Das römische Germanenbild in Politik und Propaganda von den Anfängen bis zum 2. Jahrhundert n. Chr., Trier 1991 (zur inhaltlichen Auswertung die berechtigten methodischen Einwände von P. Kehne, Die Eroberung Galliens, die zeitweilige Unterwerfung Germaniens, die Grenzen des Imperium Romanum und seine Beziehungen zu den germanischen gentes im letzten Jahrzehnt der Forschung, Germania 75, 1997, 265–284, 278).

63 Caes. Gall. 6,24,4 ff.; Strab. 4,4,2 (195 f.). Auf Barbaren und Griechen bezogen findet sich die Argumentation bereits bei Thuk. 1,6.

64 Strab. 7,1,2 (290); vgl. Manil. 4,715 f. Strabon sieht die Namensgebung als eine Fremdbezeichnung durch die Römer.

65 Vgl. Caes. Gall. 1,39,1–7: Angst der Soldaten vor Vesontio; 40,1–15: Gegenrede Caesars. Die caesarische Darstellung lenkt allerdings davon ab, dass der Widerstand der Offiziere sich gegen die mangelnde Rechtmäßigkeit des Krieges richtete. Anders: Dio 38,35,1 f. Dort 38,45,4 f. jedoch auch zur Bedeutung des planvollen Vorgehens im Kampf gegen die Germanen.

66 D. Timpe, Kimberntradition und Kimbernmythos, in: Ders., Römisch-Germanische Begegnung, 63–113 (Erstveröffentl. 1994).

67 Mit den Quellen: Verf., Herrschaftsorganisation, 138 f.; Tausend, Reiter (wie Anm. 38), 491 ff.

68 Dio 46,32,2: Mutina; 47,48,2: Philippi; App. civ. 5,117 (485 f.): Naulochos.

69 H. Bellen, Die germanische Leibwache der römischen Kaiser des julisch-claudischen Hauses, Wiesbaden 1981; Speidel, Riding (wie Anm. 38), 12 ff.

70 Ios. Iud. 1,33,9 (672); Ant. 17,8,3 (198 f).

## *2. Roms Vordringen bis zur Elbe*

1 Vgl. dazu die Diskussion um das Buch von H.-D. Meyer, Die Außenpolitik des Augustus und die augusteische Dichtung, Köln 1961; D. Kienast, Augustus. Prinzeps und Monarch, 3. Aufl. Darmstadt 1999, 332 ff.

2 Zusammenfassend zu den Feldzügen des Drusus: P. Moeller (= P. Kehne), Drusus (maior), RGA 6, 1986, 204–215; Verf., Herrschaftsorganisation, 157 ff.; Becker, Chatten, 125 ff.; Johne, Elbe, 83 ff. Vgl. auch Kehne, Eroberung, 265 ff.

3 Dio 54,32,1 f.; Liv. Per. 139.

4 Suet. Claud. 1,2. Der Versuch einer Rekonstruktion unterschiedlicher Altarweihungen, um die für Herbst 12 v. Chr. sehr gedrängten Ereignisse zeitlich zu entzerren, bei Moeller, Drusus, 206.

5 Dio 54,32,2 f.

6 Suet. Claud. 1,2; Tac. ann. 2,8,1: *fossa Drusiana*. Skeptischer bezüglich des Kanalbaus bereits zu dieser Zeit: P. Kehne, Limitierte Offensiven: Drusus, Tiberius und die Germanienpolitik im Dienste des augusteischen Prinzipats, in: J. Spielvogel (Hg.), Res publica reperta. Zur Verfassung und Gesellschaft der römischen Republik und des frühen Prinzipats (= FS Jochen Bleicken), Stuttgart 2002, 297–321, 307.

7 Tac. ann. 4,72,1.

8 Strab. 7,1,3 (290 f.); Plin. n. h. 4,97 (Brukterer). Die Unterwerfung der Chauken berichtet Liv. Per. 140 zum Jahr 11 v. Chr.: Vgl. dazu hier weiter unten.

9 Caes. Gall. 6,10,4 f.

10 Arist. Meteor. 1,13 p. 350 a 36–350 b 10.

11 Strab. 7,1,3 (290).

12 Strab. 7,1,4 (291); Plin. n. h. 4,98; vgl. Cons. ad Liviam 19 f.; 313 f.; 391; Sen. Dial. 11,15,5.

13 Plin. n. h. 4,81. Dazu jetzt K. Brodersen, Terra Cognita. Studien zur römischen Raumerfassung, Hildesheim u. a. 1995, 268 ff.

14 J. Kunow, Der römische Import in der Germania libera bis zu den Markomannenkriegen, Neumünster 1983, 53 ff.

15 Dio 54,33,1–4 (Feldzugsverlauf).

16 So wohl richtig: Moeller, Drusus, 207.

17 Liv. Per. 140.

18 Kehne, Limitierte Offensiven, 306 f.

19 Diesbezüglich skeptisch: Johne, Elbe, 93.

20 Zuletzt: J.-S. Kühlborn, Zwischen Herrschaftssicherung und Integration: Die Zeugnisse der Archäologie, in: Wiegels, Varusschlacht, 65–94, 71 ff.; s. u. Kap. 3.2.

21 Ebenda, 79 f.

22 Vermutet wird die Seseke, was freilich die Identifikation von Oberaden mit der von Drusus errichteten Festung voraussetzt.

23 E. Hollstein, Bauholzdaten aus augusteischer Zeit, Arch.Korrbl. 9, 1979, 131–133; B. Schmidt, Jahrringanalytische Untersuchungen an Eichenfunden aus den Grabungen in Oberaden, in: J.-S. Kühlborn, Das Römerlager in Oberaden III, Münster 1992, 217–236.

24 Verf., Kalkriese und die Datierung okkupationszeitlicher Militäranlagen, in: G. A. Lehmann/R. Wiegels (Hg.), Römische Präsenz und Herrschaft im Germanien der augusteischen Zeit, Göttingen 2007, 135–160, 150 ff.

25 Möller, Drusus, 208.

26 Dio 54,36,3.

27 Flor. 2,30,23 f.; Oros. 6,21,15 f. Zur Überlieferung: Verf., Herrschaftsorganisation, 168 ff.

28 So etwa noch zugrunde gelegt in der Rekonstruktion von D. Timpe, Drusus' Umkehr an der Elbe, in: Ders., Römisch-germanische Begegnung, 171–190, 179 ff. (Erstveröffentl. 1967); vgl. jetzt von archäologischer Seite J.-S. Kühlborn, Germaniam pacavi – Germanien habe ich befriedet, Münster 1995, 122 ff.

29 Dio 55,1,1–2,1.

30 Dio 55,1,3 (Übers.: Goetz/Welwei); vgl. Suet. Claud. 1,2; Zusammenfassung der Forschung bei Johne, Elbe, 50 ff.

31 Plin. n. h. 11,55; Obseq. 132; Johne, Elbe, 93.

32 Timpe, Umkehr (wie Anm. 28), 171 ff., mit Nachtrag 189 f.

33 Strab. 7,1,3 (293); Liv. Per. 142; vgl. Sen. ad Marc. 3,1.

34 Val. Max. 5,5,3; Sen. dial. 11,15,5.

35 Gäbe es nicht den Hinweis Strabons auf die Saale, so wäre man versucht, die singuläre Niederlegung des großen Lagers von Oberaden mit der Nachricht über das «Unglückslager» zu verbinden.

36 D. Lebek, Die Mainzer Ehrungen für Germanicus, den älteren Drusus und Domitian, ZPE 78, 1979, 45–82.

37 Flor. 2,30,28; vgl. Suet. Claud. 1,3.

38 Für die minimalistische Position exemplarisch: K.-W. Welwei, Römische Weltherrschaftsideologie und augusteische Germanienpolitik, Gymnasium 93, 1986, 118–137; für eine Expansion ggf. auch noch über den Kaukasus hinaus: G. Dobesch, Die Rolle Europas in der Reichskonzeption des Augustus und Tiberius, in: Ders., Ausgewählte Schriften 1, 527–539 (Erstveröffentl. 1985); A. Mehl, Imperium sine fine dedi – die augusteische Vorstellung von der Grenzenlosigkeit des Römischen Reiches, in: E. Olshausen/H. Sonnabend (Hg.), Stuttgarter Kolloquium zur historischen Geographie des Altertums 4 (1990), Amsterdam 1994, 431–464. Ausführliche Referate der Forschungspositionen bieten J. Deininger, Germaniam pacare. Zur neueren Diskussion über die Strategie des Augustus gegenüber Germanien, Chiron 30, 2000, 749–773, insbes. 757 ff; Kehne, Limitierte Offensiven, 297 ff.; Johne, Elbe, 109 ff.

39 Plut Caes. 58,6; vgl. FgrH 90 F 130 (Nikolaos von Damaskus).

40 Flor. 2,30,21 f.

41 So J. Morgan, Imperium sine finibus. The Romans and World Conquest in the 1st Century B. C., in: L. A. Okin (Hg.), Panhellencia. Essays in Ancient History and Historiography in Honour of T. S. Brown, Lawrence 1980, 143–154, 148.

42 So zuletzt Deininger, Strategie, 757.

43 Anders: Kienast, Augustus, 355 ff. Dort ausführlich zur Diskussion mit der älteren Literatur.

44 Zum folgenden: P. Kehne, Augustus und ‹seine› spolia opima: Hoffnungen auf den Triumph des Nero Claudius Drusus? In: Th. Hantos/G. A. Lehmann (Hg.), Althistorisches Kolloquium aus Anlass des 70. Geburtstages von Jochen Bleicken (29.–30. Nov. 1996), Stuttgart 1998, 187–211; Verf., Germanien im Jahre 8 v. Chr., in: W. Schlüter/R. Wiegels (Hg.), Rom, Germanien und die Ausgrabungen von Kalkriese, Osnabrück 1999, 591–635; Kehne, Limitierte Offensiven, 305 ff. Skeptisch bezüglich unterschiedlicher Phasen der Drususfeldzüge bleibt Deininger, Strategie, 762.

45 Dio 54,36,2.

46 Dio 54,36,3 f.

47 Dio 54,36,2 f.

48 Kehne, Spolia opima, 187 ff.

49 Zuletzt E. Nedergaard, Restructuring the Fasti Capitolini, Analecta Romana Instituti Danici 30, 2004, 83–99.

50 M. Spannagel, Exemplaria Principis. Untersuchungen zur Entstehung und Ausstattung des Augustusforums, Heidelberg 1999.

51 Suet. Claud. 1,4.

52 Insoweit scheint es gut möglich, dass für die 752 v. Chr. mit dem Triumph des Romulus beginnenden *Fasti triumphales* statt des – aus augusteischer Perspektive – wenig befriedigenden Abschlusses mit dem Triumph des Balbus von 19 v. Chr. am Ende der Kolumne noch ein letzter Eintrag für Drusus vorgesehen war, der mit der gleichzeitigen Weihung der *spolia opima* wieder den Bogen zum Romulustriumph geschlagen hätte.

## *3. Römische Herrschaft in Germanien*

1 Vell. 2,97,4: ... *sic perdomuit eam, ut in formam paene stipendiariae redigeret provinciae.*

2 Peter, HRR II 96,3 (= Cassidor, Chron. a. u. c. 746 [Aufidius Bassus]): *His conss.* (scil.: C. Asinius et C. Marcius) *inter Albim et Rhenum Germani omnes Tiberio Neroni dediti.*

3 Strab. 7,1,3 (290); Suet. Aug. 21,1; Tib. 9,2; Tac. ann. 2,26,3 u. ö.: Verf., Herrschaftsorganisation, 175 ff. Sueton nennt Sugambrer und Sueben, doch ungeachtet der suebischen Ansiedlungen am Oberrhein dürfte es sich um eine Maßnahme gehandelt haben.

4 Verf., Germanien 8 v. Chr., 603 ff.; anders: J. Heinrichs, Römische Perfidie und germanischer Edelmut? Zur Umsiedlung protocugernischer Gruppen in den Raum Xanten 8 v. Chr., in: Grünewald, Germania Inferior, 54–92.

5 Dio 55,6,1–3.

6 Res Gestae 32: Der zu Augustus geflohene Sugambrerfürst Maelo.

7 Dio 55,8,3.

8 Dio 55,9,1.

9 P. Kehne, Sentius Saturninus, RGA 28, 2005, 179–182.

10 Kehne, Limitierte Offensiven, 319.

11 Dio 55,10 a,2 f.

12 Tac. ann. 4,44,2.

13 Strab. 7,1,4 (291).

14 Vell. 2,104,2–107,3.

15 Vell. 2,105,1–3. Einem Vorschlag W. Hartkes folgend spricht sich Johne, Elbe, 145 ff. für eine andere Konjektur der korrupten Stelle aus und vermutet die Errichtung eines Winterlagers an der Ems. Der Verweis auf Bentumersiel ist allerdings nicht geeignet, eine solche Deutung zu stützen.

16 Vell. 2,106, 3; vgl. Res Gestae 26; Plin. n. h. 2,167. Möglicherweise erfolgte die Erkundungsfahrt bereits im Jahr zuvor: Johne, Elbe, 141 f.

17 Zuletzt Johne, Elbe, 15; 119 ff.; 127 ff. mit der älteren Literatur.

18 Vell. 2,104,3.

19 Vell. 2,105,3; 106,2.

20 Dio 55,28,5 ff.; vgl. Strab. 7,1,4 (291).

21 Vell. 2,107,3.

22 Aktionen des Vinicius im hessischen Raum vermutet Kehne, Eroberung Galliens, 280.

23 So auch D. Timpe, Römische Geostrategie im Germanien der Okkupationszeit, in: Ders., Römisch-Germanische Begegnung, 265–317, 297 f., der hinsichtlich der Größe der Erhebung zu anderen Ergebnissen kommt.

24 Vell. 2,108,1 ff.; zu Maroboduus auch Strab. 7,1,3 (290); J. Dobiás, King Maroboduus as a Politican, Klio 38, 1960, 155–166; Verf., Herrschaftsorganisation, 192 ff.; P. Kehne, Marbod, RGA 19, 2001, 258–262.

25 Vell. 2,109,2.

26 Eine erste Konfrontation mit Kriegern des Maroboduus-Reiches stellte möglicherweise der Aufmarsch der Heere 5 n. Chr. an der Elbe dar: Vell. 2,107,1 ff.; zum Problem allgemein: Timpe, Geostrategie (wie Anm. 23), insbes. 291 ff..

27 Das bei Vell. 2,109,5 genannte Carnuntum ist nicht mit dem späteren Carnuntum (Bad Deutsch Altenburg) identisch, da die archäologischen Funde dieses Platzes erst in nachaugusteischer Zeit einsetzen.

28 Das «*Nihil erat iam in Germania, quod vinci posset*» des Velleius (2,108,1) scheint eine Arrondierung auszudrücken. Wörtlich nimmt das «*vinci*» Kehne, Limitierte Offensiven, 315 ff., wonach es nur um eine entscheidende Schwächung des Markomannenkönigs ging.

29 Tac. ann. 2,26,3; 45,3 und 63,1 mit jeweils unterschiedlichen Wertungen aus der Sicht des Tiberius, Arminius und Maroboduus.

30 Zusammenfassende Darstellungen bieten Kühlborn, Germaniam pacavi; ders., Lippelager, RGA 18, 2001, 498–502; ders., Herrschaftssicherung, 65 ff.; S. v. Schnurbein, Augustus in Germanien. Neue archäologische Forschungen, Amsterdam 2002; ders., Conquête, (wie Kap. 1, Anm. 48), 29 ff.

31 E. Bremer, Die Nutzung des Wasserweges zur Versorgung der römischen Militärlager an der Lippe, Siedlung und Landschaft in Westfalen 31, 2001, 1–111.

32 J.-S. Kühlborn, Rüthen, RGA 25, 2003, 449–452.

33 S. o. Kap. 2.1 mit Anm. 20 ff.

34 S. v. Schnurbein, Halterner Sigillata-Produkte in rheinischen Stützpunkten, Germania 64, 1986, 45–59.

35 Zuletzt A. Becker/G. Rasbach, Zwischen Mittelrhein und Elbe. Einheimische Siedlungsplätze und römische Präsenz, in: Wiegels, Varusschlacht, 95–101.

36 K. Grote, Römerlager Hedemünden. Vor 2000 Jahren: Römer an der Werra. Ein herausragendes archäologisches Kulturdenkmal und seine Funde, Hann. Münden 2005.

37 Skeptisch – nicht nur in dieser Beziehung – dem Fundplatz Hedemünden gegenüber bleiben Becker/Rasbach, Mittelrhein (wie Anm. 35), 98 f.

38 K. Grote, Das Römerlager Hedemünden (Werra). Die archäologischen Arbeiten bis Jahresende 2007. – 3. Vorbericht, in: Göttinger Jahrbuch 55, 2007, 5–17, 15 ff.

39 A. Becker, Neue Aspekte zur Chronologie der augusteischen Germanienpolitik. Wirtschaftliche, topographische und politische Standortfaktoren einer urbanen römischen Siedlung in Waldgirmes, MBAH XXIV 2 (2005), 161–174; ders./G. Rasbach, Waldgirmes, RGA 33, 2006, 131–136; diess., «Städte in Germanien». Der Fundplatz Waldgirmes, in: Wiegels, Varusschlacht, 102–116.

40 S. u. Kap. 3.3 mit Anm. 63 f.

41 A. Mlasowsky, Nomini ac fortunae Caesarum proximi. Die Sukzessionspropagan-

da der römischen Kaiser von Augustus bis Nero im Spiegel der Reichsprägung und der archäologischen Quellen, JDAI 111, 1996, 249–388, 290 ff.; R. Scharf, Conobaria 5 v. Chr. – Der erste römische «Kaisereid», in: P. Defosse (Hg.), Hommages à Carl Deroux. III – Histoire et épigraphie, droit (= Coll. Latomus 270), Brüssel 2003, 415–424; vgl. auch Kap. 4.1 mit Anm. 18 ff.

42 F. R. Herrmann, Numismatik und Archäologie. Vorbericht über ein neu entdecktes römisches Lager bei Oberbrechen (Kreis Limburg-Weilburg), in: R. Cunz/R. Polley/A. Röpcke (Hg.), Fundamenta Historiae: Geschichte im Spiegel der Numismatik und ihrer Nachbarwissenschaften. Festschrift für Niklot Klüßendorf zum 60. Geburtstag, Hannover 2004, 435–445.

43 M. Pietsch, Das augusteische Legionslager Marktbreit. Aktuelles zum Forschungsstand, in: Wiegels/Woesler, Varusschlacht, 41–66.

44 D. Timpe, Wegeverhältnisse und römische Okkupation Germaniens, in: Ders., Römisch-Germanische Begegnung, 114–146 (Erstveröffentl. 1989).

45 G. Moosbauer/J.-S. Kühlborn/G. Rasbach, Kommunikationslinien, in: Wiegels, Varusschlacht, 44–49.

46 Mit der älteren Forschung Johne, Elbe, 118 ff.; v. Schnurbein, Augustus in Germanien, 7 ff.; ders., Conquête (wie Kap. 1, Anm. 48), 29 f. Als Basis umfassender chronologischer Analysen nimmt die mutmaßliche Zäsur E. Sauer, Coins, Cult and Cultural Identity: Augustan coins, hot springs and the early Roman baths at Bourbonne-les-Bains, Leicester 2005, insbes. 124 ff. Dort zugleich die ältere Literatur.

47 Vgl. jetzt etwa mit dem Vorschlag einer insgesamt früheren Datierung von Dangstetten: K. Roth-Rubi, Dangstetten III: Das Tafelgeschirr aus dem Militärlager von Dangstetten, Stuttgart 2006.

48 W. Ebel-Zepezauer, Die augusteischen Marschlager in Dorsten-Holsterhausen, Germania 81, 2003, 539–555.

49 Gechter, Militärgeschichte, 90; 92 vermutet, dass in den Jahren der Okkupation eine sehr weitgehende Ablösung der Standorte am Rhein durch jene im Inneren Germaniens stattgefunden hat. In diesem Sinne auch die Vermutung von B. Steidl, Gaukönigshofen und die Besiedlung Mainfrankens um Christi Geburt, in: Uelsberg, Krieg und Frieden, 328–331, Marktbreit sei die vorgesehene Nachfolgeanlage von Mainz gewesen.

50 Deininger, Strategie, 757.

51 P. Rothenhöfer, Geschäfte in Germanien, ZPE 143, 2003, 277–286; A. Hanel/P. Rothenhöfer, Germanisches Blei für Rom. Zur Rolle des römischen Bergbaus im rechtsrheinischen Germanien im frühen Prinzipat, Germania 83, 2005, 53–65.

52 Flor. 2,30,29: *Difficilius est provincias optinere quam facere.* Zur rhetorischen Zuspitzung bei Florus unten Kap. 5.2 mit Anm. 31 ff.

53 Vell. 2,97,4; zu *stipendiaria* – als eigentlichem Kern der Feststellung des Velleius – auch Vell. 2,37,5; 38,4; vgl. 38,5 u. 39,2; Tac. ann. 1,58,5.

54 Als «Provinz» sah Germanien bereits Mommsen für die Jahre 12 v. bis 9 n. Chr.: Vgl. zur Diskussion K. Christ, Zur augusteischen Germanienpolitik, in: Ders., Wissenschaftsgeschichte I, 183–239 (Erstveröffentl. 1977), 223 ff. Zuletzt eindeutig bejahend: Eck, Köln, 72 ff.; anders R. Wiegels, Römische Germanienpolitik in nachcaesarischer Zeit, in: Ders., Varusschlacht, 64.

55 Nicht auf Germanien bezieht die Erweiterung des *pomerium* Kehne, Limitierte Offensiven, 314; zurückhaltend auch Johne, Elbe, 118. Zu weiteren Symbolisierungen eines besiegten Germaniens: Verf., Germanien 8 v. Chr., insbes. 606 ff.

56 Zum politischen Germania-Begriff: Verf., Germanien 8 v. Chr., 621. Dieser Germania-Begriff dann auch bei Dio 55,8,3 u. 9,1 zu den Jahren 7 und 6 v. Chr. Ablehnend Johne, Elbe, 152, allerdings ohne Berücksichtigung von Plin. n. h. 4,98 sowie Strab. 7,1,3 (290 f.) u. 7,1,4 (291 f.) bzw. 7,2,4–7,3,1 (294 f.).

57 Deutlich: Aufidius Bassus (vgl. oben Anm. 2); dazu die Rede des Arminius bei Tac. ann. 1,59,4: *inter Albim et Rhenum vinges et securas et togam viderint.* Vgl. auch Res Gestae 26 (dazu unten Kap. 6.1 mit Anm. 25).

58 Vgl. oben Anm. 28.

59 HA Prob. 13,7; 14,5.

60 Timpe, Römisch-Germanische Begegnung, 15.

61 Verf., Herrschaftsorganisation, 208 ff.; Kehne, Eroberung, 276 f.

62 So jetzt Eck, Köln, 77 ff. mit der Ableitung der Datierung aus der Stadtentwicklung und Dendrodaten.

63 Dio 56,18,2; ähnlich Tac. ann. 1,59,6: *coloniae novae.*

64 Vgl. etwa v. Schnurbein, Augustus in Germanien, 30 f.; D. Krausse, Das Phänomen der Romanisierung. Antiker Vorläufer der Globalisierung, in: Uelsberg, Krieg und Frieden, 14–24, 22; G. Rasbach, Waldgirmes, ebenda, 253–257.

## *4. Karrieren im Dienste Roms*

1 Dio 56,19,2.

2 Allgemein: W. John, P. Quinctilius Varus, RE XXIV 1, 1963, 907–984; R. Syme, Quinctilius Varus, in: Ders., The Augustan Aristocracy, Oxford 1986, 313–328; W. Eck, P. Quinctilius Varus, DNP 10, 2001, 702–704; Verf., Varus, RGA 32, 2006, 81–86; vgl. auch Kornemann, Varus, 42 ff.

3 Caes. civ. 1,23,1–3.

4 Vell. 2,71,3.

5 Horat. carm. 1,18,24; Ovid ars poet. 438 ff. Gedankenreich, doch das durch Quellen Gesicherte oft verlassend: M. Hofmann, Die letzten Quintilii Vari und ihre Villa in Tivoli, Hist. Vierteljahrschrift 30, 1935, 193–232.

6 Syme, Augustan Aristocracy, 315 ff.

7 OGIS II 463 f.; CIA III 584.

8 ILS 88.

9 Kölner Papyri 6, 1987, Nr. 249.

10 Res Gestae 12: «Unter dem Konsulat des Tiberius Nero und des P. Quinctilius (Varus) beschloß der Senat zum Dank für meine Rückkehr einen Altar des Augustusfriedens zu weihen».

11 Vgl. K. Bringmann/Th. Schäfer, Augustus und die Begründung des römischen Kaisertums, Berlin 2002, 254 ff. (mit der älteren Literatur).

12 Vgl. J. Pollini, Ahenobarbi, Appuleii and Some Others on the Ara Pacis, AJA 90, 1986, 453–460, 459 f.; J. Koeppel, Die historischen Reliefs der Römischen Kaiserzeit V: Ara Pacis Augustae, Teil 1, BJ 187, 1987, 101–157, 125.

13 B. E. Thomasson, Die Statthalter der römischen Provinzen Nordafrikas von Augustus bis Diocletianus, Lund 1960, Bd. I, 20 ff.; II, 13 f.

14 RPC 776.

15 RPC 775.

16 RPC 798.

17 Thomasson, Nordafrika (wie Anm. 13), Bd. II, 13 f.; E. Dabrowa, The Governors of Roman Syria from Augustus to Septimius Severus, Bonn 1998, 22 ff.: 8–7 v. Chr.

18 Mlasowsky, Sukzessionspropaganda (wie Kap. 3, Anm. 41), 290 ff.; Verf., Gaius und Lucius Caesar als designierte Konsuln und principes iuventutis. Die lex Valeria Cornelia und RIC $I^2$ 205 ff., Chiron 32, 2002, 297–323.

19 Kienast, Augustus, 128 ff. B. Buxton/R. Hannah, OGIS 458, the Augustan Calendar, and the Succession, Latomus 287, 2005, 290–306, 290 ff. verfechten jetzt die Meinung, dass Tiberius durch den Rückzug seinerseits Augustus unter Druck gesetzt hätte, worauf diesem nichts anderes als die Förderung seiner Enkel übrig geblieben sei.

20 Formales Vorbild der Münze ist zwar der bereits 13 v. Chr. in Rom geprägte Denar des Münzmeisters C. Marius mit dem Kopf der Iulia zwischen jenen des Gaius und Lucius auf dem Revers (RIC $I^2$ 404), doch ist diese Münze fest in einen auf Agrippa Bezug nehmenden Kontext eingebunden: Die Nachfolgefrage für Augustus wurde in diesem Jahr, in dem Agrippa die tribunizische Gewalt und das *imperium proconsulare* um weitere 5 Jahre verlängert bekam, noch ganz anders beantwortet. Die erste Hervorhebung des Gaius Caesar in der Münzprägung, die geeignet ist, eine künftige Sonderstellung anzuzeigen, ist der in Gold und Silber 8 v. Chr. in Lugdunum ausgeprägte Münztyp mit dem vor Feldzeichen auf einem Pferd hinwegsprengenden Gaius. Die Ausbringung der Münze steht im Kontext mit einem Geldgeschenk an die Rheinlegionen, das im Namen des Gaius Caesar ausgezahlt wurde: RIC $I^2$ 198 f.; Dio 55,6,4.

21 M. Grant, From Imperium to Auctoritas, Cambridge 1946, 328 ff.

22 Dabrowa, Governors (wie Anm. 17), 23.

23 Zusammenstellung der provinzialrömischen Prägungen für Gaius und Lucius Caesar: Verf., Gaius und Lucius (wie Anm. 18), 315 f.

24 Dabrowa, Governors (wie Anm. 17), 23: ab Herbst 7 v. Chr.

25 RPC 4242; 4245; 4252.

26 Ios. ant. Iud. 17,89–133; bell. Iud. 1,617–639; zum Prozess E. M. Smallwood, The Jews under Roman Rule, Leiden 1976, 106 ff.

27 Nikolaos von Damaskus, Leben des Kaisers Augustus. Herausgegeben, übersetzt und kommentiert von J. Malitz, Darmstadt 2003.

28 Ios. ant. Iud. 17,206 ff.; bell. Iud. 2,1 ff.

29 RPC 4246 ff.; K. Butcher, Coinage in Roman Syria. Northern Syria, 64 BC–AD 253, London 2004, 321 ff.

30 RPC 4392; 4442; vgl. ebenda S. 635 f.

31 RPC 4150 ff.

32 Berytos: RPC 4535; Gegenstempel: C. J. Howgego, Greek Imperial Countermarks. Studies in the Provincial Coinage of the Empire, London 1985, Nr. 658 f. Zu Varus als Reformer des Münzwesens auch ders., Coinage and Military Finances: The Imperial Bronze Coinage of the Augustan East, NC 142, 1982, 1–20, 12 ff.

33 Siehe Kap. 6.3. S. 146 ff.

34 Matth. 2,1; Luk. 1,5. Vgl. auch Luk. 3,1 u. 23: Erstes öffentliches Wirken von Jesus im Alter von ungefähr 30 Jahren im 15. Regierungsjahr des Tiberius (28/29 n. Chr.). Zum Problem mit weiterer Literatur: John, Varus, 918 f.

35 So Hofmann, Quintilii Vari, 222.

36 R. Wiegels, Zwei Bleimarken aus dem frührömischen Truppenlager Dangstetten, Fundber. Bad.-Württ. 14, 1989, 427–456, 430 ff.: P(ublii) Q(...) VARI LEG(IONE) XIX.

37 Wiegels, Bleimarke, 438 bleibt diesbezüglich sehr zurückhaltend.

38 [Nachtrag:] Eine Neulesung der Inschrift wird von H. U. Nuber vorbereitet: Der Bezug zu P. Quinctilius Varus erscheint demnach gesichert.

39 Horat. epist. 1,15,1; 21; 45; vgl. oben Anm. 5. Zu Vala: Verf., C. Numonius Vala und Drusus. Zur Auflösung zweier Kontermarken augusteischer Zeit, Germania 73, 1995, 145–150.

40 Vell. 2,113,1, nach Velleius das größte Heer seit den Bürgerkriegen. Zur Kriegsführung detailliert: E. Koestermann, Der Pannonisch-dalmatinische Krieg, Hermes 81, 1953, 345–378.

41 Dio 56,18,3 f. S. o. Kap. 3.1 u. 3.3.

42 Vgl. oben Kap. 3.2.

43 Vell. 2,119,2; vgl. 2,116,1.

44 Vell. 2,117,2: *vir ingenio mitis, moribus quietus et corpore et animo immobilior*. Zur weiteren Charakterisierung unten Kap. 6.3, S. 146 f.

45 RPC 776 (Hadrumetum); 798 (Achulla); F. J. Hassel, Zur Münze des Varus im RGZM, JbRGZM 20, 1973, 191–192 mit Taf. 55; V. Zedelius, P. Quinctilius Varus in Achulla. Bemerkungen zum sogenannten Varusporträt auf Münzen aus Africa Proconsularis, BJ 183, 1983, 469–474.

46 So bereits K. Regling, Münzkabinett. Varus auf Münzen. Amtl. Ber. a. d. Königl. Kunstsammlung 35, 1914, 326.

47 Versuch einer Unterscheidung in vier Typen bei Zedelius, Varus, 471 f.

48 V. Gardthausen, Augustus und seine Zeit 1, Leipzig 1896, 1195. Ähnlich etwa Kornemann, Varus, 43: «Das bartlose Gesicht des damals etwa vierzigjährigen Prokonsuls macht mit der scharf hervorspringenden geraden Nase und den breiten Lippen gerade keinen hervorragend sympathischen Eindruck».

49 Vell. 2,117,2–4: vgl. Kap. 7.4 mit Anm. 40.

50 Tac. ann. 2,10,3: lateinische Sprache; Militärdienst; 88,2 f.: Alter, Tod und Jahre der *potentia*; 11,16,1: *stirps regia*.

51 Mit Hinweisen zur Arbeitsweise des Tacitus und Parallelen: E. Sander, Zur Arminius-Biographie, Gymnasium 62, 1955, 82–99, 84 ff.

52 Vell. 2,118,2.

53 Ebenda.

54 Etwas Ordnung in die Fülle der Literatur und die unterschiedlichsten biographischen Entwürfe bringen die zusammenfassenden Darstellungen von P. v. Rohden, Arminius, RE II 1, 1896, 1190–1200; H. v. Petrikovits, Arminius, BJ 166, 1966, 175–193; D. Timpe, Arminius-Studien, Heidelberg 1970; H. Callies, Arminius, RGA 1, 1973, 417–420; V. Losemann, Arminius, DNP 2, 1999, 14–16.

55 E. Bickel, Der Sohn des Sigimer, der Befreier Germaniens, sein Römername Armi-

nius und der Siegfriedmythos, RhM 84, 1935, 1–16; ders., Arminiusbiographie und Sagensigfrid, Bonn 1949; ders., Römisch-germanischer Namen-Nimbus im Mittelalter, RhM 98, 1955, 193–258, insbes. 223–239. Für die auf das frühe 19. Jahrhundert zurückgehende Verbindung von Arminius und Siegfriedsage vgl. auch O. Höfler, Siegfried, Arminius und die Symbolik, Heidelberg 1961. Weitere Literatur bei Timpe, Arminius, 11 ff.; J. Haustein, Sigfrid, RGA 28, 2005, 380–382.

56 E. Hohl, Zur Lebensgeschichte des Siegers im Teutoburger Wald, HZ 167, 1942, 457–475.

57 Vell. 2,101,2 f.; 104,3; 111,3 f.

58 Zur Geiselstellung Res Gestae 32, 2; Suet. Aug. 21,2.

59 Zuvor war der ältere Velleius zunächst noch Militärtribun in Thrakien und Makedonien. Sander, Arminius-Biographie, 92 setzt die Parallelbiographie von Arminius und Velleius bereits an dieser Stelle an.

60 «In Rom aufgewachsen, hatte der helläugige Cherusker mit dem klaren Kopf und dem heißen Herzen als römischer Offizier in des Kaisers Dienst die Welt kennen gelernt und seinen Horizont geistig wie räumlich geweitet; diese Weltläufigkeit verschaffte dem ohnehin zum Führer geborenen Edeling bei seinen in ihrem Gesichtskreis beschränkten Landsleuten alsbald eine Autorität, der sich auch die ältere Generation bis auf wenige Ausnahmen gebeugt hat, obschon kaum so willig wie die hingerissene Jugend» (Hohl, Lebensgeschichte, 461).

61 Timpe, Arminius-Studien; ders., Neue Gedanken zur Arminius-Geschichte, in: Ders., Römisch-Germanische Begegnung, 216–241 (Erstveröffentl. 1973).

62 Timpe, Neue Gedanken (wie Anm. 61), 222.

63 Für die Schwierigkeiten, den Ritterrang des Arminius – über das Bürgerrecht – regelhaft aus dem Status als Führer eines Volksaufgebots abzuleiten, vgl. Sander, Arminius-Biographie, 95, dem sich Bickel, Namen-Nimbus, 227 anschließt.

64 Timpe, Arminius, 38 ff.; 64 f.; 80.

65 Vgl. Kap. 1.1 mit Anm. 8 sowie G. Alföldy, Zur Beurteilung der Militärdiplome der Auxiliarsoldaten, in: Ders., Römische Heeresgeschichte, Amsterdam 1987, 51–65.

66 Vgl. dazu die auf Reaktionen zu seinem in Detmold gehaltenen Vortrag «Neue Gedanken» antwortende «Vorbemerkung» von Dieter Timpe in den Lippischen Mitteilungen aus Geschichte und Landeskunde 42, 1973, 5, die beim Wiederabdruck in den Gesammelten Schriften leider nicht mehr aufgenommen wurde.

67 G. Neumann/R. Wenskus/R. v. Uslar, Cherusker, RGA 4, 1981, 430–435; W. Will, Römische ‹Klientel-Randstaaten› am Rhein? Eine Bestandsaufnahme, BJ 187, 1987, 1–61, 44 ff.; vgl. oben Kap. 2.1 mit Anm. 17.

68 Z. B. Caesars Festhalten an der Privilegierung der Häduer: Verf., Herrschaftsorganisation, 30 ff.; vgl. 72 ff.

69 Dio 55,10 a,3; s. o. Kap. 3.1, S. 55 f.

70 Ebenda.

71 Vell. 2,105,1; dazu auch Timpe, Arminius, 74 f.

72 Tac. ann. 1,57,2.

73 Dio 56,19,4.

74 Dio 54,32,3 (Friesen); Tac. ann. 1,60,2; vgl. 2,17,5 (Chauken).

75 Tac. ann. 1,58,1.

76 Tac. ann. 1,60,1: *vetere apud Romanos auctoritate.*

77 Für zahlreiche Parallelen: J. F. Drinkwater, The Rise and Fall of the Gallic Iulii: Aspects of Development of the Aristocracy of the Three Gauls under the Early Roman Empire, Latomus 37, 1978, 817–850.

78 H. Beck/H. Kuhn, Arminius: Namenskundliches, RGA 1, 1973, 420–421. Beck erwägt, dass «Arminius» in Ablaut zum germanischen «Ermen-» steht.

79 Beispiele bei v. Petrikovits, Arminius, 177: Iulius Africanus, Alpinus, Briganticus, Calenus, Cimber, Cottius, Creticus, Italicus, Sabinus etc. Anderseits stammte der Name Iulius Indus sicherlich nicht von «Indien», sondern hat eine keltische Wurzel.

80 Anders zuletzt H. Wolff, Arminius und die Gründung der Provinz Germanien, in: A. Coskun (Hg.), Roms auswärtige Freunde in der späten Republik und im frühen Prinzipat, Göttingen 2005, 225–252, 231 ff.

81 Vgl. die Inkonsequenzen bei einigen Namen, o. Anm. 79.

82 Tac. ann. 2,9,3; vgl. auch 11,16,3: Bezeichnung als *explorator* (Kundschafter); D. Timpe, Flavus, RGA 9, 1995, 174–175.

83 Vgl. oben Anm. 65; H. Callies, Die fremden Truppen im römischen Heer des Prinzipats und die sogenannten nationalen Numeri, BerRGK 45, 1964, 130–227; G. Alföldy, Die Hilfstruppen der römischen Provinz Germania Inferior, Bonn 1968; Saddington, Auxiliary Forces; Verf., Volksaufgebote, RGA 32, 2006, 575–578.

84 S. Demougin, L'ordre équestre sous les Julio-Claudians (= Collection de l'école française de Rome 108), Rom 1988, 344 ff.

85 Vell. 2,118,2; vgl. Kap. 6.2.

86 Für Wolff, Arminius, 233 ff. ist der Ritterrang des Arminius die Konsequenz aus der Führung im Stamm.

87 Dio 56,19,2 sowie Vell. 2,118,2. Jetzt eingehend: G. Dobesch, Segimer, RGA 28, 2005, 108–110, auch mit der Möglichkeit, dass es drei Cherusker dieses Namens gab.

88 Tac. ann 1,55,3: *gener invisus inimici soceri*. Goetz/Welwei, Altes Germanien, I 2, 81 übersetzen: «Der Schwiegersohn war verhasst, die Schwiegereltern verfeindet»; E. Heller, Tacitus: Annalen, 81: «Er war der verhasste Schwiegersohn eines feindlich gesinnten Schwiegervaters». Beim Zwiegespräch des Arminius mit seinem Bruder Flavus 16 n. Chr. wird nur noch die Mutter genannt: Tac. ann. 2,10,1.

89 Zur *stirps regia*: Wenskus, Stammesbildung, 421 ff.; als «königswürdig» übersetzt Timpe, Arminius, 15.

90 Vell. 2,108,2: *Maroboduus (...) non tumultuarium neque fortuitum neque mobilem et ex voluntate parentium constantem inter suos occupavit principatum.*

91 Tac. ann. 2,45 f.

92 Tac. ann. 2,88,3. Auch die Umstände der Ermordung des Arminius deuten in diese Richtung: vgl. Kap. 6.2., S. 141 f.

93 Inguiomer stand 15 n. Chr. noch auf der Seite des Segestes, bevor er dann zu Arminius wechselte (Tac. ann. 1,60,1). Nichts wird über Flavus bekannt, der bei den ersten Feldzügen nach 9 n. Chr. bereits wieder im römischen Heer stand und gegen seinen eigenen Stamm kämpfte. Er war wohl auch zum Zeitpunkt des Überfalls im römischen Heer, möglicherweise außerhalb des Kriegsschauplatzes.

94 Vell. 2,118,3 f. (Übers.: M. Giebel).

95 Vgl. Flor. 2,30,33; Dio 56,19,3.

96 Tac. ann. 1,55,3.

97 Strab. 7,1,4 (292); s. u. S. 130; 139 f.; 142 f.

98 Tac. ann. 1,58,2.

99 Tac. ann. 1,59,4.

## *5. Die schriftliche Überlieferung zur Varuskatastrophe*

1 CIL XIII 8648; CSIR Deutschland III 1, Nr. 1 (19–22); U. Schillinger-Häfele, Varus und Arminius in der Überlieferung. Zwei Quellenbeobachtungen, Historia 32, 1983, 123–128.

2 E. Bickel, Das Denkmal der Varusschlacht in Bonn, RhM 95, 1952, 97–135, 100 ff.

3 Tac. Germ. 2,2: *quod unum apud illos memoriae et annalium genus est*; vgl. 3,1.

4 Tac. ann. 2,88,3.

5 Dio 56,18,1–3. S. o. Kap. 3.3 insbes. S. 74.

6 Dio 56,18,4.

7 Dio 56,18,5.

8 Dio 56,19,2 f.; vgl. Kap. 4.2, Anm. 93 ff.

9 Die Übersetzung auch im folgenden nach Otto Veh (Cassius Dio, Römische Geschichte, 5 Bde., Zürich/München 1985–1987) unter Berücksichtigung der Übertragungen von R. u. K. P. Johne, Cassius Dio, in: J. Herrmann (Hg.), Griechische und lateinische Quellen zur Frühgeschichte Mitteleuropas bis zur Mitte des 1. Jahrtausends u. Z., Teil 3: Von Tacitus bis Ausonius, Berlin 1991, 266–335 sowie H.-W. Goetz/K.-W. Welwei, Altes Germanien. Auszüge aus den antiken Quellen über die Germanen und ihre Beziehungen zum Römischen Reich, Bd. 1.2, Darmstadt 1995, 52 ff.

10 Verf., Kampf und Kampfweise, in: RGA 16, 2000, 208–214.

11 Zonaras 10,37 = Dio 56,22,2 a.

12 Vell. 2,120,3.

13 B. Manuwald, Politisches Ungeschick oder vorbestimmtes Verhängnis? Cassius Dios Bericht über die Varusschlacht, in: Lehmann/Wiegels, Präsenz und Herrschaft, 431–449, 436 ff. vgl. aber auch Anm. 49.

14 S. Kap. 5.3.

15 Timpe, Arminius, 127; Manuwald, Varusschlacht, 430 f.; s. u. Kap. 6.3, S. 149.

16 Tac. ann. 1,60,3–62,2: Die Übersetzung folgt der Ausgabe von Erich Heller: P. Cornelius Tacitus, Annalen. Lat. u. dt. hrsg. v. E. Heller, Zürich/München 1982.

17 Tac. ann. 1,61,1; vgl. Dio 56,20,1.

18 Dio 56,21,1 f.

19 Vell. 2,119,4; Flor. 2,30,34.

20 Tac. ann. 1,62,1.

21 Vell. 2,119,1–5.

22 Vell. 2,119,2.

23 Vell. 2,119,3.

24 Vell. 2,119,4.

25 Vell. 2,120,4; vgl. 119,4; Front. Strateg. 4,7,8. PIR II², S. 23 (Nr. 113) und III², S. 68 (Nr. 4) unterscheidet mit L. Caedicius und L. Eggius zwei Lagerpräfekten.

26 Vell. 2,119,1.

27 Front. Strateg. 2,7,8.
28 Front. Strateg. 3,15,4.
29 Front. Strateg. 2,9,4.
30 S. u. Kap. 6.1.
31 Flor. 2,34 f.
32 Vgl. Dio 56,22,2 a = Zonaras 37.
33 Flor. 2,29–39.
34 So etwa auch H. v. Petrikovits, Clades Variana, RGA 5, 1984, 14–20, 17.
35 Vell. 2,118,1.
36 Florus 2,30,36.
37 Tac. ann. 1,51,2–4; 63,1 f.; 63,4–68,5.
38 Tac. ann. 1,65,4; vgl. 65,2.
39 Tac. ann. 1,63,3–69,3; W. Schetter/R. v. Uslar, Zu den pontes longi (Tac. ann. 1,63,3), Gymnasium 78, 1971, 201–224, 202.
40 Verf., Hermeneutik des Hinterhalts: Die antiken Berichte zur Varuskatastrophe und der Fundplatz von Kalkriese, Klio 85, 2003, 131–170; der Versuch, beide Berichte zur Erzielung eines Gesamtbildes in Form einer Collage zusammenzuziehen bei: Verf., Varusschlachten – oder: Neues zur Örtlichkeit der Varusschlacht, Die Kunde NF 44, 1993, 167–183; als Parallelbericht zur Varuskatastrophe auch bei Johne, Elbe, 186.
41 Tac. ann. 1,66,2–67,3.
42 Vell. 2,120,5; vgl. auch die sofortige Errichtung eines Lagers bei Entdeckung eines Hinterhalts bei Tac. ann. 1,54,4.
43 J. Fried, Der Schleier der Erinnerung. Grundzüge einer historischen Memorik, München 2004.
44 Tac. ann. 1,61,4.
45 Dio 56,22,4.
46 Tac. ann. 12,27,3, mit dem merkwürdigen Umstand, dass diese römischen «Gefangenen» die Chatten auf ihrem Raubzug begleiteten.
47 Vgl. S. 139 f.
48 Vell. 2,119,1.
49 In diesem Sinne zu weitgehend: John, Varus, 925 ff., der sich dem Urteil von Ed. Schwartz (Cassius Dio Cocceianus, RE III, 1899, 1684–1722) anschließt: «Die Schlachtbeschreibungen Dios sind ausnahmslos rhetorische Schildereien ohne jeden Wert.» Zuletzt J. Gruber, Tacitus und der Ort der Varus-Schlacht. Vom Zeugniswert der literarischen Quellen (http://www.klassphil.uni-muenchen.de/~gruber/tacitus.pdf).
50 Ovid, Trist. 4,2,31–33. *Ille ferox et adhuc oculis hostilibus ardens / hortator pugnae consiliumque fuit / perfidus hic nostros inclusit fraude locorum / (...).*
51 Strab. 1,1,17 (10) [Übersetzung nach Goetz/Welwei].
52 Manil. 3,633 f.
53 Z. B.Strab. 4,4,2 (195); Seneca ira 1,11,2 ff.; Tac. Germ. 4; ann. 2,14,3 f.; Dio 38,47,5; Herod. 8,1,3; vgl. Dio 38,45,4 f.
54 Tac. hist. 2,22,1; 4,18,2 f.; 20,3 f.
55 Oros. 6,21,17; vgl. 4,16 f.
56 Vgl. z. B. Dio 54,33,3 f. (Arbalo); zu anderen Parallelen des Tacitus oben Anm 37 f. Dem mehrfach angeführten Bericht bei Caes. Gall. 5,31–37 können zwar für die

Varus-Tradition einzelne Elemente entnommen sein, doch ist der Gesamtablauf ein anderer.

57 Der andere Weg, die Spiegelung des Caecina-Ereignisses im Werk des Cassius Dio, kann ausgeschlossen werden, zumal die von Dio in diesem Abschnitt benutzten Quellen deutlich vor Tacitus datieren.

58 Vgl. Tac. ann. 1,3,6, der einleitende Hinweis auf die Germanienfrage als außenpolitisches Erbe des Augustus.

59 Herod. 7,2,5.

60 Vell. 2,122,2; Sen. ep. 47,10; Plin. n. h. 7,150; Front. Strateg. 3,15,4; 4,7,8; Tac. ann. 1,10,4; 57; 61,4; 62,1; 12,27; Suet. Aug. 23,1; 49,1; Tib. 17,3; 18,1; Cal. 3,2; 31; Flor. 2,30,39. V. Rosenberger, Bella et expeditiones. Die antike Terminologie der Kriege, Stuttgart 1992, 68 ff.

61 Vell. 2,117,1.

62 Vell. 2,117,1; Flor. 2,30,36. Suet. Tib. 17,1.

63 S. o. Anm. 1.

64 Tac. ann. 1,60,3; vgl. Kap. 7.1., S. 153.

65 Ovid, Trist. 3,12,47; vgl. 4,2,1: *fera Germania.*

66 Manilius 1,899; Strab. 7,1,4 (291).

67 Tac. ann. 1,57,3.

68 Dio 56,18,2 ff.; vgl. Vell. 2,118,1 mit Betonung der römischen Rechtssprechung. Zur sachlichen Analyse des Cassius Dio: Manuwald, Varusschlacht, 436 ff.

69 Tac. ann. 2,15,1.

70 St. L. Dyson, Native Revolts in the Roman Empire, Historia 20, 1971, 239–274; ders., Native Revolt Patterns in the Roman Empire, ANRW II 3, 1973, 138–175; J. Daumer, Aufstände in Germanien und Britannien. Unruhen im Spiegel antiker Zeugnisse, FFM u. a. 2005.

71 Dazu insbes. die Arbeiten von Dyson (wie Anm. zuvor).

72 Instruktiv ist der Ausbruch des Aufstands in Pannonien, als Folge von Rom für den Krieg in Germanien geforderter Truppen: Dio 55,29,1 f.; vgl. auch Timpe, Arminius, 137 ff.

73 Dio 56,19,2.

74 Tac. ann. 1,60,3 (Brukterer); 2,25,1 (Marser). Zum dritten Legionsadler: Dio 60,8,7 mit der korrupten Angabe «Maurousioi». Die Beteiligung der Marser scheint auch durch Dio 55,6,3 angedeutet zu werden, den Ausblick auf die spätere schwere Vergeltung der Sugambrer – deren rechtsrheinisch verbliebene Nachfahren die Marser wohl waren – für die Missachtung ihrer Gesandten unter Augustus.

75 Verschwägerungen: Strab. 7,1,4 (292); Tac. ann. 11,16,1; 17,1; Boiocalus: Tac ann. 13,55,1.

76 Tac. ann. 1,38,1; 60,2; 4,72,1 f. Verf., Herrschaftsorganisation, 251 ff.

77 Vell. 2,120,3.

78 Dio 56,21,4.

79 Strab. 7,1,4 (291) sieht als Aufständische die Cherusker mit den von ihnen Abhängigen.

80 Tac. ann. 1,56,6.

81 Verf., Herrschaftsorganisation, 208 ff.

82 Die Ausbreitung der Verschwörung bei den Cheruskern beschreibt Vell. 2,118,2 ff.; vgl. Tac. ann. 1,55,2 f.

83 So etwa auch Callies, Arminius, 419.

84 Tac. ann. 1,71,1.

85 Ovid, Trist. 4,2,13 ff.; Tac. ann. 1,61,3; Flor. 2,30,37. Die Opferung von Zenturionen erfolgte schon als Vorgeschichte zur *clades Lolliana* Flor. 2,30,24 f.; Dio 54,20,4; vgl. oben Kap. 1.1, S. 26 f.

86 So auch Vell. 2,118,3: «Die Römer könnten vernichtet werden, das war seine Behauptung, mit der er auch überzeugte, und er ließ den Beschlüssen Fakten folgen» *(opprimi posse Romanos et dicit et persuadet, decretis facta iungit).*

87 Tac. ann.1,55,3: Arminius als «Aufwiegler Germaniens» *(turbator Germaniae).*

88 Auch sind in Reaktion auf 9 n. Chr. keine Änderungen in Bezug auf das Verhältnis zwischen Legionen und Hilfstruppen, in der Art der Hilfstruppenforderung, ihrer Organisation oder Dislokation erkennbar, ganz im Gegensatz etwa zu den weitreichenden Reformen nach dem Bataveraufstand.

89 Vell. 2,118,2: Die Betonung, dass der Überfall aus dem Eindruck völliger Sicherheit stattfand.

### *6. Die Varuskatastrophe als epochale Wende?*

1 Suet. Aug. 23,2; vgl. Dio 56,23,1 ff.; Oros. 6,21,26 f. Vgl. S. 9 f.

2 B. R. van Wickevoort Crommelin, Quintili Vare, legiones redde! Die politische und ideologische Verarbeitung einer traumatischen Niederlage, in: G. Franzius (Hg.), Aspekte römisch-germanischer Beziehungen in der Frühen Kaiserzeit, Espelkamp 1995, 1–43.

3 Ovid, Trist. 3,12,45–48; nach Dio 56,24,6 erfolgte noch kein Rheinübergang.

4 Ovid, Trist. 4,2,1–2; 4,2,37–46; Dio 56,25,2 f.

5 Vell. 2,122,2; Dio 56,25,2 f.

6 Tac. ann. 1,50,1: *limites* durch den südlich der Lippe gelegenen Caesischen Wald; Tac. ann. 1,38,1; 4,72 f.: Kastelle; Vell. 2,121,1: Flotte; Johne, Elbe, 146; 162 f. u. 188 geht darüber hinaus von einem seit dem Tiberiuszug 4/5 n. Chr. durchgehend besetzten Stützpunkt im Bereich der Ems aus.

7 Grundlegend und auf neuestem Stand: P. Kehne, Germanicus, in: RGA 11, 1998, 438–448; dazu D. Timpe, Der Triumph des Germanicus. Untersuchungen zu den Feldzügen der Jahre 14–16 n. Chr., Bonn 1968.

8 Zur Datierung der imperatorischen Akklamation zuletzt Johne, Elbe, 182 f., mit weiterer Literatur. Bereits das Jahr 11 n. Chr. hält Kehne, Germanicus, 439 f. für möglich.

9 Tac. ann. 1,49,3–51,4; vgl. Dio 57,6,1; Timpe, Germanien, trennt scharf zwischen 14 n. Chr. und den Feldzügen der beiden folgenden Jahre.

10 Tac. ann. 1,51,2; vgl. 13,55,2.

11 Tac. ann. 1,55,1–72,1. Nach Tacitus beschleunigte die erkennbar werdende Spaltung bei den Cheruskern den Beginn des Feldzugs (1,55,1 ff.). Andererseits folgte die Feldzugseröffnung auch des kommenden Jahres demselben Schema, das durchaus als Zangenangriff auf das cheruskisch-chattische Grenzgebiet im Mittelgebirgsraum angesehen werden kann.

12 Vgl. S. 107 f. u. 160 ff.

13 Tac. ann. 1,63,3–69,2, vgl. oben S. 111 ff. Zur strittigen Lokalisierung Johne, Elbe, 187.

14 Tac. ann. 1,55,1; 72,1. Grundlegend Timpe, Germanicus, 51 ff.

15 Tac. ann. 2,5,1–26,5.

16 Tac. ann. 1,71,1.

17 Tac. ann. 2,8,1–24,4. Zur Konzeption und zum Verlauf des Feldzugs Verf., *Integrum equitem equosque … media in Germania fore*: Der Germanicusfeldzug im Jahre 16 n. Chr., in: J. Bérenger (Hg.), Rom auf dem Weg nach Germanien: Geostrategie, Vormarschwege und Logistik (= Internationales Kolloquium Delbrück, 4.–6.11.2004), (im Druck).

18 Detaillierte Schlachtenschilderungen bei Tac. ann. 2,11,1–18,2; 19,1–22,2.

19 Tac. ann. 2,25,1–3.

20 Tac. ann. 2,26,1–5.

21 Tac. ann. 2,41,2 f.; vgl. 2,22,1; Strab. 7,1,4; Oros. 7,4,3.

22 G. A. Lehmann, Tacitus und die Dokumente – einige Überlegungen, in: Lehmann/Wiegels, Präsenz und Herrschaft, 2007, 419–430; Johne, Elbe, 192 f.

23 Vgl. Vell. 2,123,1.

24 Tac. ann. 1,31,3; 33,2; 34,1 ff.; 40 ff.; 43,3; 2,7,3; 8,1; 14,4.

25 Res Gestae 26; s. o. Kap. 1.1 Anm. 3.

26 Vgl. Kap. 3.3.

27 Vgl. etwa Timpe, Germanicus, 30 ff.; G. Dobesch, Europa in der Reichskonzeption bei Caesar, Augustus und Tiberius, in: Ders., Ausgewählte Schriften 1, 541–552 (Erstveröffentl. 1989), insbes. 548 ff.

28 Tac. ann. 2,21,2.

29 *«cum is Germanis bello superatis [et longissime] a Gallia summotis receptisque signis militaribus et vindicata frau[dulenta clade] … ob rem publicam mortem obisset»* (Tab Siar. Frg. I Z. 12–15, ed. J. S. Richardson/M. H. Crawford, in: M. H. Crawford [Hg.], Roman Statutes I [= BICS Suppl. 64], London 1996, 515–527). Die unterschiedlichen Ergänzungsvorschläge und daraus resultierenden Interpretationen bei Johne, Elbe, 194 ff.

30 Für diese Deutung: G. A. Lehmann, Das Ende der römischen Herrschaft über das «westelbische» Germanien: Von der Varus-Katastrophe zur Abberufung des Germanicus-Caesar 16/17 n. Chr., in: Wiegels/Woesler, Varusschlacht, 123–145; Verf., Der Germanicus-Dupondius, die Tabula Siarensis und der römische Verzicht auf die Okkupation Germaniens, NZ 101, 1990, 7–16.

31 Zur diesbezüglichen Charakterisierung des Arminius auch Vell. 2,118,2.

32 Tac. ann. 1,68,1; vgl. etwa 1,51,2 ff.; 63,4 ff.

33 Tac. ann. 2,11,1; 12,1; 16 ff. (Idistaviso); 19 ff. (Angrivarierwall); 2,45,2. Zu den Zahlen: Johne, Elbe, 189.

34 Tac. ann. 1,63,1 f.; 2,11,2.

35 Tac. ann. 1,65,4.

36 Tac. ann. 1,63,4 ff.; 2,7,2 f.; 15,1; 45,2 f.

37 Tac. ann. 2,13,2.

38 Tac. ann. 2,17,4 f.

39 Tac. ann. 1,55,2 f.

40 Tac. ann. 1,55,3; 57,1 ff.; vgl. Strab. 7,1,4 (292); Verf., Thusnelda, RGA 30, 2005, 556–557.

41 Strab. 7,1,4 (291 f.); vgl. Tac. ann. 2,41,2; Verf., Thumelicus, RGA 30, 2005, 552.

42 Vgl. Tac. ann. 2,10,1: Dies dürfte auch für die Zeit nach dem Triumph gegolten haben.

43 Tac. ann. 1,58,6; 11,16,1; vgl. 11,16,3.

44 Tac. ann. 1,59,2.

45 Tac. ann. 1,60,1: *vetere apud Romanos auctoritate.*

46 Tac. ann. 1,68,5; 2,17,5; 21,1.

47 Tac. ann. 2,46,1.

48 So auch Callies, Arminius, 418.

49 Tac. ann. 2,45,1: *Cherusci sociique eorum, vetus Arminii miles.* Vgl. auch Strab. 7,1,4 (291).

50 Tac. ann. 1,68,1.

51 Tac. ann. 2,44,1–46,5.

52 Tac. ann. 2,44,2; 46,5.

53 Tac. ann. 2,62 f.

54 Tac. ann. 2,88,1–3.

55 Charakteristischerweise war es neben dem cheruskischen auch der chattische Adel, der sich beim Triumph des Germanicus auf Seiten der Sieger und der Besiegten befand: vgl. Strab. 7,1,4 (291 f.).

56 Tac. ann. 1,58,1–4; 2,9 f.; 45,3–46,3.

57 Tac. ann. 2,10,1.

58 Tac. ann. 2,46,1.

59 An der *superbia* scheiterte auch Italicus, der Sohn des Flavus, nachdem er zum Herrscher über die Cherusker eingesetzt worden war (Tac. ann. 11,17,3). Ähnlich Tac. ann. 12,29,1 (Vannius); 12,30,2 (Vangio und Sido): Abermals bleibt undeutlich, ob hier ein Topos auf Arminius angewendet wird oder durch die anderen germanischen Herrscher Dubletten zu Arminius geschaffen werden.

60 Tac. ann. 2,26,3.

61 Tac. ann. 2,63,3; vgl. Vell. 2,108,1 ff., vermutlich in Anlehnung an die Rede des Tiberius.

62 Strab. 7,1,4 (291 f.).

63 Vell. 2,119,5.

64 Vgl. Vell. 2,118,4; Tac. ann. 1,55,3; Dio 54,24,2; Timpe, Arminius, 120 ff.

65 Syme, Aristocracy, 318.

66 Tac. ann. 4,52,1 f.; vgl. Timpe, Arminius, 123 f.

67 Sen. contr. 1,3,10.

68 Tac. ann. 4,52,1 ff.

69 Tac. ann. 4,66,1 f.

70 Timpe, Arminius, 120 ff.

71 Vell. 2,117,2–4 (Übers. M. Giebel).

72 Vell. 2,118,2; vgl. auch U. Schmitzer, Tatsachenbericht oder literarische Fiktion? Velleius Paterculus über die clades Variana, in: Lehmann/Wiegels, Präsenz und Herrschaft, 399–417.

73 Ios. ant. Iud. 17,307; bell. Iud. 2,86; Vell. 2,97,1.

74 Vell. 2,120,5.

75 Mommsen, Germanische Politik, 340.

76 Hohl, Lebensgeschichte, 472.

77 So endet etwa der Überblick von v. Schnurbein, Augustus in Germanien, 31, mit dem Urteil, dass der gescheiterte Ausbau einer Provinz Germanien «nur den Fehlern des Varus zuzuschreiben» sei.

78 Eingehend: Manuwald, Varusschlacht, 436 ff. Eine unter Varus beschleunigte Provinzialisierung, wie dieses häufig aus dieser Passage abgeleitet wird, gibt die Beschreibung Cassius Dios nicht her. Anders etwa v. Schnurbein, Augustus in Germanien, 7; 13; Johne, Elbe, 159.

79 Suet. Tib. 18,1 f.

80 Vgl. S. 114 f.

### *7. Die Suche nach dem Ort der Varuskatastrophe*

1 H. C. Seeba, Hermanns Kampf für Deutschlands Not. Zur Topographie der nationalen Identität, in: Wiegels/Woesler, Arminius, 355–365; D. Timpe, Die Schlacht im Teutoburger Wald. Geschichte – Tradition – Mythos, in: Ders., Römisch-Germanische Begegnung, 429–456 (Erstveröffentl. 1999), 449.

2 Überblicke bei John, Varus, 951 ff.; R. Wiegels, ‹Varusschlacht› und ‹Hermann›-Mythos – Historie und Historisierung eines römisch-germanischen Kampfes im Gedächtnis der Zeit, in: E. Stein-Hölkeskamp/K.-J. Hölkeskamp (Hg.), Erinnerungsorte der Antike. Die römische Welt, München 2006, 503–525, 518 ff.

3 Tac. ann. 1,60,3: *ductum inde agmen ad ultimos Bructerorum quantumque Amisiam et Lupiam amnes inter vastatum haud procul Teutoburgiensi saltu, in quo reliquiae Vari legionumque insepultae dicebantur.*

4 Verf., Teutoburger Wald/Teutoburgium, RGA 30, 2005, 364–368.

5 Nicht anders verhält es sich mit dem «Taunus»: Auch diese geographische Angabe bietet keine Anhaltpunkte etwa zur Bestimmung des Verlaufs der Germanicusfeldzüge, sondern die Benennung der bis dahin als «Höhe» bekannten Hügelkette erfolgte erst in der Neuzeit u. a. anhand des Tacitustextes.

6 Dio 56,18,5; Strab. 7,1,4 (291).

7 Vgl. Kap. 6,1.

8 Front. Strateg. 3,15,4; Tac. ann. 2,7,2 f.: Die Überlegung des Germanicus zur Wiedererrichtung auch des zerstörten *tumulus* für Varus setzt prinzipiell eine Erreichbarkeit dieses Platzes von seinem Standort an der Lippe voraus.

9 W. Winkelmann, 700 Theorien – doch keine führt zum Schlachtfeld, Westfalenspiegel 32, 1983, 41–46.

10 v. Petrikovits, Arminius, 178 f.

11 Vgl. A. Franke, Teutoburgiensis saltus, RE V A1, 1934, 1166–1171, sowie oben Anm. 4.

12 W. Leise, Wo Arminius die Römer schlug, Münster 1986.

13 FAZ 18.12.1986.

14 Zu dem auch in der Datierung strittigen Fund R. Stupperich, Römische Toreutik und augusteische Feldzüge in Germanien: Der Fall Hildesheim, in: Wiegels/Woesler, Arminius, 97–122.

15 Maßgeblich in der Fülle der Kalkriese-Literatur werden nach und nach die Kalkriese-Bände im Rahmen der Schriftenreihe «Römisch-Germanische Forschun-

gen»: F. Berger, Kalkriese 1. Die römischen Fundmünzen, Mainz 1996; J. Harnecker/E. Tolksdorf-Lienemann, Kalkriese 2. Sondierungen in der Kalkrieser-Niewedder Senke, Archäologie und Bodenfunde, Mainz 2004; S. Wilbers-Rost/B. Großkopf/H. P. Uerpmann u. Mitarbeiter/E. Tolksdorf-Lienemann, Kalkriese 3: Interdisziplinäre Untersuchungen auf dem «Oberesch» in Kalkriese – Archäologische Befunde und naturwissenschaftliche Begleituntersuchungen, Mainz 2007. Vgl. dazu auch W. Schlüter/R. Wiegels, Kalkriese, RGA 16, 2000, 180–199, sowie die Beiträge in Lehmann/Wiegels, Präsenz und Herrschaft.

16 Th. Mommsen, Die Örtlichkeit der Varusschlacht, in: Ders., Gesammelte Schriften IV, Berlin 1906, 200–246 (Erstveröffentl. 1885), 234.

17 Um die Rekonstruktion des Wegesystems hat sich insbesondere Wolfgang Schlüter verdient gemacht: Vgl. W. Schlüter, Zum Stand der Erforschung der Kalkrieser-Niewedder Senke, in. Schlüter/Wiegels, Kalkriese, 13–60.

18 R. Wiegels, Legio I. in Kalkriese? Zu einer Ritzinschrift auf dem Mundblech einer Schwertscheide, in: Lehmann/Wiegels, Präsenz und Herrschaft, 89–111.

19 Dazu insbesondere die verschiedenen Beiträge in Wilbers-Rost et alii, Kalkriese 3, 84 ff.

20 S. Wilbers-Rost, Der Hinterhalt gegen Varus. Zur Konstruktion und Funktion der germanischen Wallanlage auf dem «Oberesch» in Kalkriese, Die Kunde NF 54, 2003, 123–142; zuletzt dies., in: Wilbers-Rost et alii, Kalkriese 3, insbes. 74 ff.

21 Die Gräben verlaufen allerdings nicht geradlinig.

22 Zur diesbezüglichen Kritik bereits an der Barenau-These Mommsens: John, Varus, 955, mit der älteren Literatur.

23 P. Kehne, Vermarktung contra Wissenschaft: Kalkriese und der Versuch zur Vereinnahmung der Varusschlacht, Die Kunde NF 54, 2003, 93–112, 102; vgl. auch mit weiterer Literatur Verf., Militäranlagen (wie Kap. 2, Anm. 24), 136 ff.

24 Vgl. Harnecker/Tolksdorf-Lienemann, Kalkriese 2, insbes. 123 ff.; E. Tolksdorf-Lienemann, Ergebnisse der Bodenkunde und der Untersuchungen an bodenlagernden Knochen am Oberesch, in: Wilbers-Rost et alii, Kalkriese 3, 179 ff. (mit CD-ROM); S. Wilbers-Rost, Total Roman Defeat at the Battle of Varus (9 AD), in: D. Scott/L. Babits/Ch. Haecker (Hg.), Fields of Conflict. Battlefield Archaeology from the Roman Empire to the Korean War, Westport/Connecticut 2007, 121–131, 122 ff.

25 Etwa G. A. Lehmann, Römische Präsenz und Herrschaft in Germanien und die Ausgrabungen von Kalkriese, Jb. d. Akad. Wiss. Göttingen 2000, 173–189, 176: «50 km und mehr».

26 M. Junkelmann, Die Legionen des Augustus. Der römische Soldat im archäologischen Experiment, Mainz 1986, 235 schätzt die Länge einer Legion auf 4,2 Kilometer, wovon 1/3 der Tross ausmachte.

27 Harnecker/Tolksdorf-Lienemann, Kalkriese 2, 120 ff.

28 G. Moosbauer, Römerschlacht im Osnabrücker Land: Forschungsstand und Perspektiven der Untersuchungen in Kalkriese, Stadt Bramsche, Ldkr. Osnabrück, in: A. Friedrichs/B. Igel/B. Zehm (Hg.), Vom Großsteingrab zur Domburg. Forschungsorientierte Denkmalpflege im Osnabrücker Land. Festschrift für Wolfgang Schlüter zum 65. Geburtstag, Rahden/Westf. 2002, 93–100, 96 – vorbehaltlich der Repräsentativität der Suchgrabungen.

29 Harnecker/Tolksdorf-Lienemann, Kalkriese 2, 123.

30 Lehmann, Präsenz und Herrschaft (wie Anm. 25), insbes. 186; B. Dreyer, Zum Verlauf der Varusniederlage. Die Einordnung der Ausgrabungen von Kalkriese, in: Lehmann/Wiegels, Präsenz und Herrschaft, 363–397, insbes. 395 f.

31 K. Bringmann, Augustus, Darmstadt 2007, 190 f.; ähnlich Eck, Köln, 110.

32 Wilbers-Rost, Hinterhalt, 139; vgl. Wilbers-Rost et alii, Kalkriese 3, 81. Übernommen etwa von Johne, Elbe, 169 f.; Gechter, Militärgeschichte, 92.

33 Wells, Teutoburger Wald, Zitate auf S. 8; 10; 240; 221; 231; 177.

34 Wells, Teutoburger Wald, 177: «Etwa 5000 Römer wurden innerhalb dieser einen Stunde, die der Kampf wütete, getötet, weitere 10 000 lagen tödlich verwundet im Sterben. 2000 waren lebendig ergriffen worden und warteten auf ihr Schicksal.»

35 Vell. 2,117,1; vgl. auch Manil. 1,896 ff.; Strab. 7,1,4 (291), die Vernichtung von drei Legionen im Gebiet der Cherusker (ähnlich Tac. ann. 2,46,1) sowie Tac. ann. 1,62,1, die Bestattung der Überreste von drei Legionen durch Germanicus. Zur Totalität und Größe der Niederlage: Suet. Aug. 23,1; Tac. Germ. 37,4.

36 Vgl. dazu grundsätzlich Kehne, Vermarktung, 105 ff. Die etwa auch noch in Wilbers-Rost et alii, Kalkriese 3, insbes. 78 f. praktizierte Erklärung archäologischer Befunde mit Hilfe isolierter Passagen der literarischen Überlieferung ist kontraproduktiv.

37 Berger, Kalkriese 1; dazu die Beiträge in R. Wiegels (Hg.), Die Fundmünzen von Kalkriese und die frühkaiserzeitliche Münzprägung. Akten des wissenschaftlichen Symposions in Kalkriese (15.–16. April 1999), Möhnesee 2000; Berger, Unverändert: Die Datierung der Varusschlacht, in: Lehmann/Wiegels, Präsenz und Herrschaft, 113–117.

38 Berger, Kalkriese 1, 51 ff.; Verf., Numonius Vala (wie Kap. 4, Anm. 39), 145 ff.

39 Zum Problem: Verf., Anmerkungen zur Münzdatierung spätaugusteischer Fundplätze in: Wiegels, Fundmünzen, 81–117; P. Kehne, Zur Datierung von Fundmünzen aus Kalkriese und zur Verlegung des Enddatums des Halterner Hauptlagers in die Zeit der Germanienkriege unter Tiberius und Germanicus (10–16 n. Chr.), ebenda, 47–79; H. Chantraine, Varus oder Germanicus? Zu den Fundmünzen von Kalkriese, Thetis 9, 2002, 81–93.

40 Gechter, Militärgeschichte, 92 sieht die römischen Truppen zwischen 9–13 n. Chr. nicht am Rhein stationiert. Erst ab 17 n. Chr. hätten sie hier feste Standlager bezogen: Das diskutierte Problem wird dadurch nicht gerade kleiner.

41 Chantraine, Varus, 84; 86.

42 So etwa auf den Informationstafeln im neuen Westfälischen Landesmuseum für Archäologie in Herne. Zu den Phasen: W. Ebel-Zepezauer, Dorsten-Holsterhausen als Waffenplatz in augusteischer Zeit, in: Lehmann/Wiegels, Präsenz und Herrschaft, 213–224, 223.

43 Berger, Datierung (wie Anm. 37), 116.

44 St. Berke, Requies aeterna! Der Grabbau 12/1998 und die relative Chronologie innerhalb der römischen Gräberstraße von Haltern, in: T. Mattern (Hg.), Munus. Festschrift für Hans Wiegartz, Münster 2000, 27–37; Kühlborn, Herrschaftssicherung, 83.

45 Zusammenfassend: S. v. Schnurbein, Zur Geschichte der römischen Militärlager an der Lippe, BerRGK 62, 1981, 5–101, 79 ff.; Kehne, Enddatum, 61 ff.; Verf., Anmerkungen, 103 f. (jeweils: wie Anm. 39).

46 S. o. S. 65 ff.

47 A. Becker, Lahnau-Waldgirmes. Eine römische Stadtgründung im Lahntal aus der Zeit um Christi Geburt, in: Lehmann/Wiegels, Präsenz und Herrschaft, 321–330, 327.

48 Kehne, Enddatum, 56 ff.; Verf., Anmerkungen, 100 ff. (jeweils: wie Anm. 39).

49 Wilbers-Rost et alii, Kalkriese 3, 92 ff.; 163 ff. (B. Großkopf).

50 Wiegels, Legio I, 89 ff. setzt ein Enddatum von 9 n. Chr. für Kalkriese voraus und versucht die Existenz einer *Legio I* für die augusteische Zeit sowie die Anwesenheit an diesem Ort wahrscheinlich zu machen. Vielleicht spricht die nicht ganz deutlich werdende Fundlage dagegen, den einfacheren Weg zu gehen und die Inschrift als Verlust der Germanicus-Legionen bei ihrem Besuch des «Schlachtfelds» zu interpretieren.

## *8. Von Arminius dem Cherusker zum deutschen Hermann*

1 Tac. ann. 1,16,1 f. (Übers.: E. Heller).

2 Tac. ann. 11,17,3.

3 Dio 67,5,1.

4 Tac. Germ. 36,1: *ita, qui olim boni aequique Cherusci, nunc inertes ac stulti vocantur.*

5 R. Wenskus, Cherusker, RGA 4, 1981, 431–435, 434.

6 Vgl. oben S. 142 f.

7 W. Haubrichs/H. Wolfram, Theodiscus, RGA 30, 2005, 421–433; vgl. auch D. Geuenich, Karl der Große, Ludwig «der Deutsche» und die Entstehung eines «deutschen» Gemeinschaftsbewußtseins, in: M. Beck/D. Geuenich/H. Steuer/D. Hackelberg (Hg.), Zur Geschichte der Gleichsetzung «germanisch-deutsch», Berlin/New York 2004, 185–197.

8 Vgl. zur Rezeption J. Ridé, L'image du Germain dans la pensée et la littérature allemandes de la redécouverte de Tacite à la fin du XVIéme siècle, Bd. 1–3, Paris/Lille 1977; dazu die verschiedenen Beiträge in: Fansa, Varusschlacht; Wiegels/Woesler, Varusschlacht, sowie G. Unverfehrt, Arminius als nationale Leitfigur. Anmerkungen zu Entstehung und Wandel eines Reichssymbols, in: E. Mai/St. Waetzoldt (Hg.), Kunstverwaltung, Bau- und Denkmalpolitik im Kaiserreich, Berlin 1981, 315–340; Losemann, Arminius; W. M. Doyé, Arminius, in: E. François/H. Schulze (Hg.), Deutsche Erinnerungsorte, Bd. III, München 2001, 587–602; K. von See, «Hermann der Cherusker» in der deutschen Germanenideologie, in: Ders., Texte und Thesen. Streitfragen der deutschen und skandinavischen Geschichte, Heidelberg 2003, 63–100; Timpe, Teutoburger Wald (wie Kap. 7, Anm. 1).

9 Vgl. etwa U. Muhlack, Die Germania im deutschen Nationalbewusstsein vor dem 19. Jahrhundert, in: Jankuhn/Timpe, Beiträge, 128–154.

10 T. Kaufmann, Edler Wilder, grausiger Heide, Fürstenknecht und Kämpfer für die Nation: Der Germane in den Bildprojektionen von der Bauernkriegszeit bis zur Romantik, in: Fansa, Germanenmythos, 45–70, 48.

11 Mit Textedition und Übersetzung: H. G. Roloff, Der Arminius des Ulrich von Hutten, in: Wiegels/Woesler, Varusschlacht, 211–238.

12 J. Ridé, Arminius in der Sicht der deutschen Reformatoren, in: Wiegels/Woesler, Varusschlacht, 239–248.

13 Martin Luther: Werke. Kritische Ausgabe, Weimar 1883 ff., Abt. I, Bd. 31/1, S. 205; Abt. II, Bd. 5, S. 415, Nr. 5982.

14 Dazu die verschiedenen Beiträge in dem Band von Beck/Geuenich/Steuer/Hackelberg, Germanisch-Deutsch.

15 G. Spellerberg, Daniel Caspars von Lohenstein Arminius-Roman: Frühes Zeugnis des deutschen Chauvinismus oder Beispiel eines barockhumanistischen Patriotismus? in: Wiegels/Woesler, Varusschlacht, 249–263.

16 R. Krebs, Von der Liebestragödie zum politisch-vaterländischen Drama. Der Hermannstoff im Kontext der deutsch-französischen Beziehungen. Zu Johann Elias Schlegels und Justus Mösers Hermannstücken, in: Wiegels/Woesler, Varusschlacht, 291–308.

17 R. Stauf, «... und die kleinen städtischen Republiken der Griechen waren gewiß nur Puppenwerke gegen die nordischen Staaten ...». Germanenmythos und Griechenmythos als nationale Identitätsmythen bei Möser und Winckelmann, in: Wiegels/Woesler, Varusschlacht, 309–322.

18 A. Forchert, Arminus auf der Opernbühne, in: G. Engelbert (Hg.), Ein Jahrhundert Hermannsdenkmal 1875–1975, Detmold 1975, 43–57; P. Barbon/B. Plachta, «Chi la dura la vince» – «Wer ausharrt, siegt». Arminius auf der Opernbühne des 18. Jahrhunderts, in: Wiegels/Woesler, Varusschlacht, 265–290.

19 Doyé, Arminius, 593.

20 J. E. Schlegel, Herrmann, 1741 (Erstveröffentl. 1743), 3. Akt, Szene 4; Krebs, Liebestragödie (wie Anm. 16), 295 ff.

21 Kaufmann, Bildprojektionen, 59.

22 Timpe, Mythos (wie Kap. 1, Anm. 66), 440 f.

23 Seeba, Hermanns Kampf, 355 ff.

24 Unverfehrt, Arminius, 319.

25 Wiegels, ‹Varusschlacht› (wie Kap. 7, Anm. 2), 523.

26 Zu gegenteiligen Positionen: R. Ch. Zimmermann, Die kritische Replik der deutschen Spätaufklärung und Klassik auf Arminius-Enthusiasmus und Germanen-Utopie der Epoche, in: W. Wittkowski (Hg.), Verantwortung und Utopie. Zur Literatur der Goethezeit, Tübingen 1988, 109–133.

27 Ernst Moritz Arndt, Vom Geist der Zeit, 1813, Bd. 2, 223.

28 L. Ehrlich, Christian Dietrich Grabbes Hermannsschlacht. Werk und Mythos, in: Wiegels/Woesler, Varusschlacht, 389–397.

29 Mit zahlreichen Textbeispielen: W. Woesler, «Enkel Hermans und Thusneldens». Heines Kritik an der Funktionalisierung des Hermann-Mythos, in: Wiegels/Woesler, Varusschlacht, 399–409.

30 H. Heine, Historisch-kritische Gesamtausgabe der Werke, Hamburg 1973 ff., Bd. 7, 34.

31 Th. Nipperdey, Nationalidee und Nationaldenkmal in Deutschland im 19. Jahrhundert, HZ 206, 1968, 529–585, 567 ff.; zu den Denkmalplänen und zur Standortwahl: G. Unverfehrt, Ernst von Bandels Hermannsdenkmal – Ein ikonographischer Versuch, in: Engelbert, Hermannsdenkmal, 129–149.

32 Unverfehrt, Arminius, 329. Dort auch zur weiteren Rezeption Wilhelms I. als Neubegründer des Deutschen Reiches.

33 von See, Hermann der Cherusker, 89.

34 von See, Hermann der Cherusker, 89.

35 Unverfehrt, Arminius, 323 ff.; Kaufmann, Edler Wilder, 65 ff.

36 Doyé, Arminius, 599.

37 P. Veddeler, Nationale Feiern am Hermannsdenkmal in früherer Zeit, in: Engelbert, Hermannsdenkmal, 167–182.

38 Festschrift zur Neunzehnhundertjahr-Feier der Schlacht im Teutoburger Wald, 15.

39 Veddeler, Nationale Feiern, 175.

40 Seeba, Hermanns Kampf, 358 (Zitat nach G. Paeschke, Heinrich von Kleists Hermannsschlacht als Freilichtspiel, Die Woche Nr. 30 [30.7.1921], 659 f.).

41 D. Hoffmann, Der Teutoburger Wald und andere Orte der Erinnerung, in: Fansa, Germanenmythos, 87–107; V. Losemann, Nationalistische Interpretationen der römisch-germanischen Auseinandersetzung, in: Wiegels/Woesler, Varusschlacht, 419–432, 422 mit weiterer Literatur; K. von See, Kulturkritik und Germanenforschung zwischen den Weltkriegen, HZ 245, 1987, 343–362, 346 ff.

42 Saalburg-Jahrbuch 6, 1914–1924, 12.

43 Lippische Landeszeitung, 159. Jg., Nr. 187, vom 11.8.1925.

44 Lippischer Dorfkalender, 11. Jg., Detmold 1926, 108 ff.

45 von See, Hermann der Cherusker, 93.

46 J. A. Gobineau, Essai sur l'inégalité des races humaines, 4 Bde., 1853–1855.

47 H. S. Chamberlain, Der Eintritt der Germanen in die Weltgeschichte, in: Ders., Die Grundlagen des neunzehnten Jahrhunderts, München 1899, 463–534, 503.

48 Tac. Germ. 4. Die Parallelen – so etwa auch Herodot über die Skythen – bei Norden, Urgeschichte, 48 ff.

49 Losemann, Nationalistische Interpretationen, 420.

50 Unverfehrt, Arminius, 330 f.

51 Doyé, Arminius, 600; Timpe, Mythos (wie Kap. 1, Anm. 66), 451 f. Zu entsprechenden Akzentuierungen in Teilen der Geschichtswissenschaften vgl. allerdings Losemann, Nationalistische Interpretationen, 425 ff. Zur Instrumentalisierung von Kleists Hermannsschlacht für Führergedanken und Antisemitismus: Seeba, Hermanns Kampf, 361 ff.

52 M. Fuhrmann, Die Germania in der Forschung der klassischen Philologie und im gymnasialen Unterricht, in: Jankuhn/Timpe, Beiträge, 180–197, 196 f.

53 Auf verbliebene Kontinuitäten in der Fachwissenschaft von den 40er bis in die 50er Jahre verweist Losemann, Arminius, 145 f. Dort auch zu Spuren unreflektierter Germanenverehrung und Arminiusbegeisterung in populärwissenschaftlichen Darstellungen.

54 Wenskus, Stammesbildung; Timpe, Arminius; K. von See, Deutsche Germanen-Ideologie vom Humanismus bis zur Gegenwart, Frankfurt/Main 1970.

55 Veddeler, Nationale Feiern, 180 ff.; von See, Hermann der Cherusker, 95 f.

56 Ch. Jaletzke, Varusschlacht soll Marke werden, Varuskurier 7, 2001, 17.

1 Tac. ann. 4,72,1–74,1; 11,18,1–20,1; Dio 60,30,4.; vgl. auch Tac. ann. 13,54 f.

2 B.-J. Wendt, Roms Anspruch auf Germanien. Untersuchungen zur römischen Außenpolitik im ersten Jahrhundert n. Chr., Diss. Hamburg 1960; Verf., «Tam diu Germania vincitur». Römische Germanensiege und Germanensieg-Propaganda bis zum Ende des 1. Jahrhunderts n. Chr., Bochum 1989.

3 Becker, Chatten, 247 ff.; E. Schallmayer/M. Becker, Limes, RGA 18, 2001, 403–442, 416 ff.

4 H. Nesselhauf, Tacitus und Domitian, in: V. Pöschl (Hg.), Tacitus, Darmstadt 1969, 208–240, (Erstveröffentl. 1952).

5 Tac. ann. 2,88,2 f. (Übers.: Goetz/Welwei).

6 Timpe, Arminius, 130 ff.

7 Vgl. Liv. 9,18,9; Lucilius 613 f. (ed. Marx).

8 Timpe, Arminius, 132 f. Auch die anderen Autoren des frühen 2. Jahrhunderts, wie etwa Sueton oder Florus, sehen im Vergleich zu ihren Vorgängern die Varuskatastrophe jetzt erstmals als einen tatsächlichen Einschnitt.

9 Zuletzt etwa F. M. Ausbüttel, Germanische Herrscher. Von Arminius bis Theoderich, Darmstadt 2007, 23.

10 von See, Hermann der Cherusker, 68: «Alle späteren Versuche, Arminius zum Nationalhelden oder gar zum Gründungsheros der deutschen Geschichte zu machen, haben in diesen wenigen lateinischen Worten ihre einzige und dazu nur scheinbare Legitimation».

11 Th. Mommsen, Römische Kaisergeschichte. Nach den Vorlesungs-Mitschriften von Sebastian und Paul Hensel 1882/86, hg. v. B. u. A. Demandt, München 1992, 158.

12 Vgl. auch H. C. Seeba, Schwerterhebung. Zur Topographie des heroischen Subjekts, in: Fansa, Varusschlacht, 71–86.

# Quellen und Nachschlagewerke

Die literarischen und ausgewählte inschriftliche Quellen zu den Germanen und den römisch-germanischen Beziehungen sind in zwei umfassenden Quellensammlungen zusammengestellt, welche die Texte zweisprachig wiedergeben und kommentieren. Auf sie wurde im vorliegenden Text immer wieder zurückgegriffen: J. Herrmann (Hg.), Griechische und lateinische Quellen zur Frühgeschichte Mitteleuropas bis zur Mitte des 1. Jahrtausends u. Z., 4 Bde., Berlin 1988-1992; H.-W. Goetz/K.-W. Welwei (Hg.), Altes Germanien, Bd. 1 in 2 Teilbänden, Darmstadt 1995.

Als Übersetzungen wurden ergänzend herangezogen für Velleius Paterculus die Ausgabe von M. Giebel, C. Velleius Paterculus: *Historia Romana* – Römische Geschichte. Lateinisch und deutsch, Stuttgart 1989; für die *Germania* des Tacitus insbesondere A. A. Lund, P. Cornelius Tacitus: *Germania*. Interpretiert, herausgegeben, übertragen, kommentiert und mit einer Bibliographie versehen, Heidelberg 1988; G. Perl, Tacitus: *Germania*. Lateinisch und deutsch, Berlin 1990 sowie A. Städele, Cornelius Tacitus: *Agricola – Germania*. Lateinisch und deutsch, München/Zürich 1991; für die Annalen des Tacitus die Ausgabe von E. Heller, P. Cornelius Tacitus: *Annalen*, München/Zürich 1982 sowie für Cassius Dio die Übertragung von O. Veh, Cassius Dio: *Römische Geschichte*, 5 Bde., Zürich/München 1985–1987.

Grundlegend in allen Bereichen sind darüber hinaus die Artikel des Reallexikons der Germanischen Altertumskunde (*RGA*), 37 Bde., Berlin/New York 1973–2008.

# Literaturverzeichnis

H. Ament, Der Rhein und die Ethnogenese der Germanen, PZ 59, 1984, 37–47.

H. Beck (Hg.), Germanenprobleme in heutiger Sicht, Berlin/New York 1986.

M. Beck/D. Geuenich/H. Steuer/D. Hackelberg (Hg.), Zur Geschichte der Gleichsetzung «germanisch-deutsch», Berlin/New York 2004.

A. Becker, Rom und die Chatten, Darmstadt/Marburg 1992.

H. Bellen, Die germanische Leibwache der römischen Kaiser des julisch-claudischen Hauses, Wiesbaden 1981.

F. Berger, Kalkriese 1. Die römischen Fundmünzen, Mainz 1996.

E. Bickel, Der Sohn des Sigimer, der Befreier Germaniens, sein Römername Arminius und der Siegfriedmythos, RhM 84, 1935, 1–16.

E. Bickel, Arminiusbiographie und Sagensigfrid, Bonn 1949.

E. Bickel, Das Denkmal der Varusschlacht in Bonn, RhM 95, 1952, 97–135.

E. Bickel, Römisch-germanischer Namen-Nimbus im Mittelalter, RhM 98, 1955, 193–258.
K. Brodersen, Terra Cognita. Studien zur römischen Raumerfassung, Hildesheim u. a. 1995.
H. Callies, Die fremden Truppen im römischen Heer des Prinzipats und die sogenannten nationalen Numeri, BerRGK 45, 1964, 130–227.
H. Callies, Arminius, RGA 1, 1973, 417–420.
H. Chantraine, Varus oder Germanicus? Zu den Fundmünzen von Kalkriese, Thetis 9, 2002, 81–93.
K. Christ, Zur augusteischen Germanienpolitik, in: Ders., Römische Geschichte und Wissenschaftsgeschichte I, Darmstadt 1982, 183–239 (Erstveröffentl. 1977).
J. Daumer, Aufstände in Germanien und Britannien. Unruhen im Spiegel antiker Zeugnisse, FFM u. a. 2005.
J. Deininger, Germaniam pacare. Zur neueren Diskussion über die Strategie des Augustus gegenüber Germanien, Chiron 30, 2000, 749–773.
S. Demougin, L'ordre équestre sous les Julio-Claudians, Rom 1988.
G. Dobesch, Das europäische «Barbaricum» und die Zone der Mediterrankultur. Ihre historische Wechselwirkung und das Geschichtsbild des Poseidonios, Wien 1995.
G. Dobesch, Ausgewählte Schriften, 2 Bde., hg. v. H. Heftner u. K. Tomaschitz, Köln/Weimar/Wien 2001.
J. Dobiás, King Maroboduus as a Politican, Klio 38, 1960, 155–166.
W. M. Doyé, Arminius, in: E. François/H. Schulze (Hg.), Deutsche Erinnerungsorte, Bd. III, München 2001, 587–602
B. Dreyer, Zum Verlauf der Varusniederlage. Die Einordnung der Ausgrabungen von Kalkriese, in: Lehmann/Wiegels, Präsenz und Herrschaft, 363–397.
St. L. Dyson, Native Revolts in the Roman Empire, Historia 20, 1971, 239–274.
W. Ebel-Zepezauer, Die augusteischen Marschlager in Dorsten-Holsterhausen, Germania 81, 2003, 539–555.
W. Eck, P. Quinctilius Varus, DNP 10, 2001, 702–704.
W. Eck, Köln in römischer Zeit. Geschichte einer Stadt im Rahmen des Imperium Romanum, Köln 2004.
G. Engelbert (Hg.), Ein Jahrhundert Hermannsdenkmal 1875–1975, Detmold 1975.
M. Fansa (Hg.), Varusschlacht und Germanenmythos, Oldenburg 1994 ($^3$2001).
M. Fuhrmann, Die Germania in der Forschung der klassischen Philologie und im gymnasialen Unterricht, in: Jankuhn/Timpe, Beiträge, 180–197.
M. Gechter, Die Militärgeschichte am Niederrhein von Caesar bis Traian, in: Uelsberg, Krieg und Frieden, 89–96.
D. Geuenich, Karl der Große, Ludwig «der Deutsche» und die Entstehung eines «deutschen» Gemeinschaftsbewußtseins, in: Beck et alii, Germanisch-deutsch, 185–197.
K. Grote, Römerlager Hedemünden. Vor 2000 Jahren: Römer an der Werra. Ein herausragendes archäologisches Kulturdenkmal und seine Funde, Hann. Münden 2005.
J. Gruber, Tacitus und der Ort der Varus-Schlacht. Vom Zeugniswert der literarischen Quellen (http://www.klassphil.uni-muenchen.de/~gruber/tacitus.pdf).
Th. Grünewald (Hg.), Germania Inferior. Besiedlung, Gesellschaft und Wirtschaft an der Grenze der römisch-germanischen Welt, Berlin/New York 2001.
Th. Grünewald/S. Seibel (Hg.), Kontinuität und Diskontinuität. Germania Inferior am Beginn und am Ende der römischen Herrschaft, Berlin/New York 2003.
R. Hachmann/G. Kossack/H. Kuhn, Völker zwischen Germanen und Kelten. Schriftquellen,

Bodenfunde und Namengut zur Geschichte des nördlichen Westdeutschland um Christi Geburt, Neumünster 1962.
A. Hanel/P. Rothenhöfer, Germanisches Blei für Rom. Zur Rolle des römischen Bergbaus im rechtsrheinischen Germanien im frühen Prinzipat, Germania 83, 2005, 53–65.
J. Harnecker/E. Tolksdorf-Lienemann, Kalkriese 2. Sondierungen in der Kalkrieser-Niewedder Senke, Archäologie und Bodenfunde, Mainz 2004.
F. J. Hassel, Zur Münze des Varus im RGZM, JbRGZM 20, 1973, 191–192.
J. Heinrichs, Römische Perfidie und germanischer Edelmut? Zur Umsiedlung protocugernischer Gruppen in den Raum Xanten 8 v. Chr., in: Grünewald, Germania Inferior, 54–92.
J. Heinrichs, Ubier, Chatten, Bataver. Entwicklungen an Mittel- und Niederrhein ca. 70–1 v. Chr. anhand germanischer Münzen, in: Grünewald/Seibel, Kontinuität, 266–344.
F. R. Herrmann, Numismatik und Archäologie. Vorbericht über ein neu entdecktes römisches Lager bei Oberbrechen (Kreis Limburg-Weilburg), in: R. Cunz/R. Polley/A. Röpcke (Hg.), Fundamenta Historiae: Geschichte im Spiegel der Numismatik und ihrer Nachbarwissenschaften. Festschrift für Niklot Klüßendorf zum 60. Geburtstag, Hannover 2004, 435–445.
O. Höfler, Siegfried, Arminius und die Symbolik, Heidelberg 1961.
M. Hofmann, Die letzten Quintilii Vari und ihre Villa in Tivoli, Hist. Vierteljahrschrift 30, 1935, 193-232.
E. Hohl, Zur Lebensgeschichte des Siegers im Teutoburger Wald, HZ 167, 1942, 457-475.
H. Jankuhn/D. Timpe (Hg.), Beiträge zum Verständnis der Germania, Teil I (= Bericht über die Kolloquien der Kommission für die Altertumskunde Nord- und Mitteleuropas im Jahr 1986), Göttingen 1989.
W. John, P. Quinctilius Varus, RE XXIV 1, 1963, 907–984.
K.-P. Johne, Die Römer an der Elbe, Berlin 2006.
T. Kaufmann, Edler Wilder, grausiger Heide, Fürstenknecht und Kämpfer für die Nation: Der Germane in den Bildprojektionen von der Bauernkriegszeit bis zur Romantik, in: Fansa, Varusschlacht, 45-70.
P. Kehne, Die Eroberung Galliens, die zeitweilige Unterwerfung Germaniens, die Grenzen des Imperium Romanum und seine Beziehungen zu den germanischen gentes im letzten Jahrzehnt der Forschung, Germania 75, 1997, 265–284.
P. Kehne, Augustus und «seine» spolia opima: Hoffnungen auf den Triumph des Nero Claudius Drusus? In: Th. Hantos/G.A. Lehmann (Hg.), Althistorisches Kolloquium aus Anlass des 70. Geburtstages von Jochen Bleicken (29.–30. Nov. 1996), Stuttgart 1998, 187–211.
P. Kehne, Germanicus, in: RGA 11, 1998, 438–448.
P. Kehne, Limitierte Offensiven: Drusus, Tiberius und die Germanienpolitik im Dienste des augusteischen Prinzipats, in: J. Spielvogel (Hg.), Res publica reperta. Zur Verfassung und Gesellschaft der römischen Republik und des frühen Prinzipats (= FS Jochen Bleicken), Stuttgart 2002, 297–321, 307.
P. Kehne, Vermarktung contra Wissenschaft: Kalkriese und der Versuch zur Vereinnahmung der Varusschlacht, Die Kunde NF 54, 2003, 93–112.
D. Kienast, Augustus. Prinzeps und Monarch, 3. Aufl. Darmstadt 1999.
Fr. Koepp, Die Römer in Deutschland, 3. Aufl. Bielefeld/Leipzig 1926.
Fr. Koepp, Varusschlacht und Aliso. Vorträge und Nachreden aus drei Jahrzehnten, Münster 1940.
E. Kornemann, P. Quinctilius Varus, Neue Jbb. f. d. Klass. Altertum 25, 1922, 42–62.

K. Kraft, Zur Rekrutierung der Alen und Kohorten an Rhein und Donau, Bern 1951.

B. Kremer, Das Bild der Kelten bis in augusteische Zeit, Stuttgart 1994.

J.-S. Kühlborn, Germaniam pacavi – Germanien habe ich befriedet, Münster 1995.

J.-S. Kühlborn, Zwischen Herrschaftssicherung und Integration: Die Zeugnisse der Archäologie, in: Wiegels, Varusschlacht, 65-94.

D. Lebek, Die Mainzer Ehrungen für Germanicus, den älteren Drusus und Domitian, ZPE 78, 1979, 45–82.

G. A. Lehmann, Das Ende der römischen Herrschaft über das «westelbische» Germanien: Von der Varus-Katastrophe zur Abberufung des Germanicus-Caesar 16/17 n. Chr., in: Wiegels/Woesler, Arminius, 123–145.

G. A. Lehmann/R. Wiegels (Hg.), Römische Präsenz und Herrschaft im Germanien der augusteischen Zeit, Göttingen 2007.

V. Losemann, Arminius und Augustus. Die römisch-germanische Auseinandersetzung im deutschen Geschichtsbild, in: K. Christ/E. Gabba (Hg.), Caesar und Augustus, Como 1989, 129–163.

V. Losemann, Nationalistische Interpretationen der römisch-germanischen Auseinandersetzung, in: Wiegels/Woesler, Arminius, 419–432.

A. A. Lund, Zum Germanenbild der Römer. Eine Einführung in die antike Ethnographie, Heidelberg 1990.

A. A. Lund, Die ersten Germanen. Ethnizität und Ethnogenese, Heidelberg 1998.

B. Manuwald, Politisches Ungeschick oder vorbestimmtes Verhängnis? Cassius Dios Bericht über die Varusschlacht, in: Lehmann/Wiegels, Präsenz und Herrschaft, 431–449.

P. Moeller (= P. Kehne), Drusus (maior), RGA 6, 1986, 204–215.

Th. Mommsen, Die Germanische Politik des Augustus, in: Ders., Reden und Aufsätze, Berlin $^{2}$1905, 316–343 (Erstveröffentl. 1871).

Th. Mommsen, Die Örtlichkeit der Varusschlacht, in: Ders., Gesammelte Schriften IV, Berlin 1906, 200–246 (Erstveröffentl. 1885).

G. Moosbauer, Römerschlacht im Osnabrücker Land: Forschungsstand und Perspektiven der Untersuchungen in Kalkriese, Stadt Bramsche, Ldkr. Osnabrück, in: A. Friedrichs/B. Igel/B. Zehm (Hg.), Vom Großsteingrab zur Domburg. Forschungsorientierte Denkmalpflege im Osnabrücker Land. Festschrift für Wolfgang Schlüter zum 65. Geburtstag, Rahden/Westf. 2002, 93–100.

U. Muhlack, Die Germania im deutschen Nationalbewusstsein vor dem 19. Jahrhundert, in: Jankuhn/Timpe, Beiträge, 128–154.

H. Nesselhauf, Tacitus und Domitian, in: V. Pöschl (Hg.), Tacitus, Darmstadt 1969, 208–240, (Erstveröffentl. 1952).

Th. Nipperdey, Nationalidee und Nationaldenkmal in Deutschland im 19. Jahrhundert, HZ 206, 1968, 529–585.

E. Norden, Die Germanische Urgeschichte in Tacitus' Germania, 4. Aufl. Darmstadt 1959.

H. v. Petrikovits, Arminius, BJ 166, 1966, 175–193.

H. v. Petrikovits, Clades Variana, RGA 5, 1984, 14–20.

W. Pohl, Die Germanen, München 2000.

M. Reddé et alii (Hg.), L'architecture de la Gaule romaine: Les fortifications militaires, Bordeaux 2006.

M. Reddé/S. v. Schnurbein (Hg.), Alésia et la betaille du Teutoburg. Un parallèle critique des sources, Ostfildern 2008.

J. Ridé, L'image du Germain dans la pensée et la littérature allemandes de la redécouverte de Tacite à la fin du XVI[éme] siècle, Bd. 1–3, Paris/Lille 1977.
V. Rosenberger, Bella et expeditiones. Die antike Terminologie der Kriege, Stuttgart 1992.
P. Rothenhöfer, Geschäfte in Germanien, ZPE 143, 2003, 277–286.
N. Roymans, The Sword or the Plough. Regional Dynamics in the Romanisation of Belgic Gaul and the Rhineland Area, in: Ders. (Hg.), From the Sword to the Plough. Three Studies on the Earliest Romanisation of Northern Gaul, Amsterdam 1996, 9–126.
N. Roymans, Ethnic Identity and Imperial Power. The Batavians in the Early Roman Empire, Amsterdam 2004.
D. B. Saddington, The Development of the Roman Auxiliary Forces from Caesar to Vespasian (49 B.C.–A.D. 79), Harare 1982.
E. Sander, Zur Arminius-Biographie, Gymnasium 62, 1955, 82–99.
U. Schillinger-Häfele, Varus und Arminius in der Überlieferung. Zwei Quellenbeobachtungen, Historia 32, 1983, 123–128.
W. Schlüter/R. Wiegels, Kalkriese, RGA 16, 2000, 180–199.
W. Schlüter, Zum Stand der Erforschung der Kalkrieser-Niewedder Senke, in: W. Schlüter/Wiegels, Kalkriese, 13–60.
U. Schmitzer, Tatsachenbericht oder literarische Fiktion? Velleius Paterculus über die clades Variana, in: Lehmann/Wiegels, Präsenz und Herrschaft, 399–417.
S. von Schnurbein, Zur Geschichte der römischen Militärlager an der Lippe, BerRGK 62, 1981, 5–101.
S. von Schnurbein, Augustus in Germanien. Neue archäologische Forschungen, Amsterdam 2002.
K. von See, Deutsche Germanen-Ideologie vom Humanismus bis zur Gegenwart, Frankfurt/Main 1970.
K. von See, Kulturkritik und Germanenforschung zwischen den Weltkriegen, HZ 245, 1987, 343–362.
K. von See, «Hermann der Cherusker» in der deutschen Germanenideologie, in: Ders., Texte und Thesen. Streitfragen der deutschen und skandinavischen Geschichte, Heidelberg 2003, 63–100.
H. C. Seeba, Hermanns Kampf für Deutschlands Not. Zur Topographie der nationalen Identität, in: Wiegels/Woesler, Arminius, 355–365.
R. Stauf, «... und die kleinen städtischen Republiken der Griechen waren gewiß nur Puppenwerke gegen die nordischen Staaten ...». Germanenmythos und Griechenmythos als nationale Identitätsmythen bei Möser und Winckelmann, in: Wiegels/Woesler, Arminius, 309–322.
R. Stupperich, Römische Toreutik und augusteische Feldzüge in Germanien: Der Fall Hildesheim, in: Wiegels/Woesler, Arminius, 97–122.
R. Syme, Quinctilius Varus, in: Ders., The Augustan Aristocracy, Oxford 1986, 313–328.
D. Timpe, Der Triumph des Germanicus. Untersuchungen zu den Feldzügen der Jahre 14–16 n. Chr., Bonn 1968.
D. Timpe, Arminius-Studien, Heidelberg 1970.
D. Timpe, Romano-Germanica. Gesammelte Studien zur Germania des Tacitus, Stuttgart/Leipzig 1995.
D. Timpe, Römisch-Germanische Begegnung in der späten Republik und frühen Kaiserzeit. Gesammelte Studien, München/Leipzig 2006.

K. Trüdinger, Studien zur Geschichte der griechisch-römischen Ethnographie, Basel 1918.
G. Uelsberg (Hg.), Krieg und Frieden. Kelten – Römer – Germanen (Katalog zur Ausstellung im Rheinischen Landesmuseum Bonn, 21.6.2007–6.1.2008), Bonn/Darmstadt 2007.
G. Unverfehrt, Arminius als nationale Leitfigur. Anmerkungen zu Entstehung und Wandel eines Reichssymbols, in: E. Mai/St. Waetzoldt (Hg.), Kunstverwaltung, Bau- und Denkmalpolitik im Kaiserreich, Berlin 1981, 315–340.
P. Veddeler, Nationale Feiern am Hermannsdenkmal in früherer Zeit, in: Engelbert, Hermannsdenkmal, 167–182.
G. Walser, Caesar und die Germanen. Studien zur politischen Tendenz römischer Feldzugsberichte, Wiesbaden 1956.
P.S. Wells, Die Schlacht im Teutoburger Wald, Düsseldorf/Zürich 2005.
K.-W. Welwei, Römische Weltherrschaftsideologie und augusteische Germanienpolitik, Gymnasium 93, 1986, 118–137.
R. Wenskus, Stammesbildung und Verfassung. Das Werden der frühmittelalterlichen gentes, Köln/Graz 1961.
B. R. van Wickevoort Crommelin, Quintili Vare, legiones redde! Die politische und ideologische Verarbeitung einer traumatischen Niederlage, in: G. Franzius (Hg.), Aspekte römisch-germanischer Beziehungen in der Frühen Kaiserzeit, Espelkamp 1995, 1–43.
R. Wiegels, Zwei Bleimarken aus dem frührömischen Truppenlager Dangstetten, Fundber. Bad.-Württ. 14, 1989, 427–456.
R. Wiegels (Hg.), Die Fundmünzen von Kalkriese und die frühkaiserzeitliche Münzprägung. Akten des wissenschaftlichen Symposions in Kalkriese (15.–16. April 1999), Möhnesee 2000.
R. Wiegels, Legio I. in Kalkriese? Zu einer Ritzinschrift auf dem Mundblech einer Schwertscheide, in: Lehmann/Wiegels, Präsenz und Herrschaft, 89–111.
R. Wiegels (Hg.), Die Varusschlacht – Wendepunkt der Geschichte? Stuttgart 2007.
R. Wiegels/W. Woesler (Hg.), Arminius und die Varusschlacht. Geschichte – Mythos – Literatur, Paderborn u. a. 1995.
S. Wilbers-Rost, Der Hinterhalt gegen Varus. Zur Konstruktion und Funktion der germanischen Wallanlage auf dem «Oberesch» in Kalkriese, Die Kunde NF 54, 2003, 123–142.
S. Wilbers-Rost, Total Roman Defeat at the Battle of Varus (9 AD), in: D. Scott/L. Babits/Ch. Haecker (Hg.), Fields of Conflict. Battlefield Archaeology from the Roman Empire to the Korean War, Westport/Connecticut 2007, 121–131.
S. Wilbers-Rost/B. Großkopf/H. P. Uerpmann u. Mitarbeiter/E. Tolksdorf-Lienemann, Kalkriese 3: Interdisziplinäre Untersuchungen auf dem „Oberesch" in Kalkriese – Archäologische Befunde und naturwissenschaftliche Begleituntersuchungen, Mainz 2007.
W. Will, Römische «Klientel-Randstaaten» am Rhein? Eine Bestandsaufnahme, BJ 187, 1987, 1–61.
H. Wolff, Arminius und die Gründung der Provinz Germanien, in: A. Coskun (Hg.), Roms auswärtige Freunde in der späten Republik und im frühen Prinzipat, Göttingen 2005, 225–252.
R. Wolters, «Tam diu Germania vincitur». Römische Germanensiege und Germanensieg-Propaganda bis zum Ende des 1. Jahrhunderts n. Chr., Bochum 1989.
R. Wolters, Römische Eroberung und Herrschaftsorganisation in Gallien und Germanien. Zur Entstehung und Bedeutung der sogenannten Klientel-Randstaaten, Bochum 1990.

R. Wolters, Varusschlachten – oder: Neues zur Örtlichkeit der Varusschlacht, Die Kunde NF 44, 1993, 167–183.
R. Wolters, Germanien im Jahre 8 v. Chr., in: W. Schlüter/R. Wiegels (Hg.), Rom, Germanien und die Ausgrabungen von Kalkriese, Osnabrück 1999, 591–635.
R. Wolters, Hermeneutik des Hinterhalts: Die antiken Berichte zur Varuskatastrophe und der Fundplatz von Kalkriese, Klio 85, 2003, 131–170.
R. Wolters, Die Römer in Germanien, 5. Aufl. München 2006.
V. Zedelius, P. Quinctilius Varus in Achulla. Bemerkungen zum sogenannten Varusporträt auf Münzen aus Africa Proconsularis, BJ 183, 1983, 469–474.

# Personen- und Ortsregister

# Sachregister

# Bildnachweis

*Abb. 1, 2, 4, 5, 13:* Peter Palm, Berlin
*Abb. 3:* akg-images/Erich Lessing
*Abb. 6:* LWL – Archäologie für Westfalen (D. Jaszczurok/J.-S. Kühlborn)
*Abb. 7, 8:* Römische Präsenz und Herrschaft im Germanien der augusteischen Zeit, hrsg. von Gustav Adolf Lehmann und Rainer Wiegels, Vandenhoeck & Ruprecht, 2001, S. 323, 329 (Armin Becker)
*Abb. 9, 10, 11, 15, 19 (unten):* Archiv des Autors
*Abb. 12:* bpk, Ursula Hoffmann
*Abb. 14:* Archivi Alinari, Florenz
*Abb. 16:* Varusschlacht im Osnabrücker Land GmbH und Universität Osnabrück (Alte Geschichte: Archäologie der Römischen Provinzen)
*Abb. 17:* Varusschlacht im Osnabrücker Land GmbH (Susanne Wilbers-Rost und Klaus Fehrs) und Universität Osnabrück (Alte Geschichte: Archäologie der Römischen Provinzen)
*Abb. 18:* Klaus Fehrs, Axel Thiele, Susanne Wilbers-Rost, Museum und Park Kalkriese, Abteilung Archäologie, Bramsche
*Abb. 19 (oben):* Römisch-Germanische Kommission des Deutschen Archäologischen Instituts, Frankfurt am Main
*Abb. 20:* Ambrosius Holbein, Herrmannsschlacht, 1514; Erstedition Velleius Paterculus
*Abb. 21:* Bayerische Staatsbibliothek, München
*Abb. 22:* Punch, 11. März 1871
*Abb. 23:* bpk
*Abb. 24:* akg-images/H. Bock
*Abb. 25:* Oldenburg Landesmuseum, bpk
*Abb. 26:* Neue Pinakothek, München. Photo: akg-images
*Abb. 27:* Galerie Neuer Meister Dresden. © Staatliche Kunstsammlungen Dresden/The Bridgeman Art Library
*Abb. 28:* Fahrenkrog, Hermann der Befreier, Göttingen, Privatbesitz
*Abb. 29:* Deutsches Theatermuseum München, Archiv Abisag Tüllmann